buch & media

Ursula Benard

WENN EINEM HÖREN UND SEHEN VERGEHEN

Taubblind leben in Deutschland – ein Erfahrungsbericht

Weitere Informationen über den Verlag und sein Programm unter:
www.buchmedia.de

Februar 2017

Umschlaggestaltung: Johanna Conrad, Augsburg
Printed in Germany
ISBN 978-3-95780-075-6
ISBN ePub 978-3-95780-076-3
ISBN PDF 978-3-95780-077-0

Inhalt

Vorbemerkung

Wann immer ich das Thema »Taubblindheit« angesprochen habe, kam die überraschte Frage: »Gibt es das denn überhaupt noch, Menschen, die nicht hören und nicht sehen können? Wie ist das möglich, bei den Fortschritten in der Medizin?« Und gleich vermuteten die Gesprächspartner, wohl aus Unbehagen über diese beängstigende Vorstellung und zur eigenen Beruhigung: »Aber für diese Menschen ist in unserem Sozialstaat doch gesorgt. Bei uns fällt niemand durch das soziale Netz.«

Dem ist leider nicht so. Taubblind leben in Deutschland, das ist ein Leben am äußersten Rand der Gesellschaft, vielfach ein Leben in menschenunwürdigen Verhältnissen, eine Lebenswelt, die von der Öffentlichkeit nicht wahrgenommen wird.

In den vergangenen Jahren schlossen sich in ganz Deutschland aktive Taubblinde zusammen, kämpften für mehr Selbstbestimmung und Teilhabe und konnten ihre Lebensbedingungen verbessern. Die digitale Revolution veränderte auch die Lebenswelt taubblinder Menschen. Computer und Internet ermöglichen eine selbstbestimmte und von fremder Hilfe unabhängige Kommunikation und Information. Mithilfe der persönlichen Assistenz wurde ein weiterer Schritt auf dem mühsamen Weg zu Eigenständigkeit und Unabhängigkeit getan. Assistenz beseitigt Kommunikationsbarrieren und gleicht Einschränkungen in der Mobilität aus. Taubblindenassistenten ermöglichen ein Leben nach eigenen Wünschen und Vorstellungen. Inzwischen gibt es in fünf Bundesländern Zentren, in denen Taubblindenassistenten qualifiziert werden. Diese positive Entwicklung, an der ich Anteil hatte, versuche ich in diesem Buch aus meiner ganz persönlichen Sicht aufzuzeichnen.

Trotz aller Erfolge und positiven Entwicklungen: Es bleibt noch viel zu tun! Noch immer ist Taubblindheit nicht als eine eigenständige Behinderung mit besonderem Unterstützungsbedarf anerkannt und das Recht auf persönliche Assistenz ist in keinem Gesetz verankert. Immer noch ist die Teilhabe taubblinder Menschen abhängig von den Zufälligkeiten ehrenamtlichen Engagements, dem Goodwill der Behörden und zuständigen Sachbearbeiter. Verlässliche Strukturen gibt es nicht.

Dennoch, und das möchte ich in diesem Buch zeigen: Ein selbstbestimmtes Leben in Würde und Zufriedenheit kann gelingen, wenn Unterstützung durch Assistenz, Rehabilitation, Hilfsmittel und Beratung gewährt wird.

Ursula Benard
November 2016

1. Was wird nun werden?

Ein Dröhnen und Krachen ließ Anna aus ihrem Gespräch mit Sabine hochfahren. Sie wandte den Kopf zu dem Treppenaufgang an der Längswand des Foyers, an der die drei übereinanderliegenden Galerien aus hellem Buchenholz mit den dunklen Natursteinen der Wand kontrastierten, den Raum belebten und ihm trotz seiner hohen bahnhofsartigen Ausmaße eine wohnliche Atmosphäre verliehen. »Verdammt!«, dachte sie, »Was um Gottes Willen ist dort los? Bisher ist alles so gut gelaufen. Das ist unser letzter Abend, morgen reisen wir ab.« Sie sah einen großen, länglich geformten Schemen von der Höhe der obersten Galerie ins Foyer herabstürzen, dabei die Geländer der beiden unteren Galerien berührend. Das Dröhnen und Krachen war unerträglich laut. Dann war es still.

Es war alles sehr schnell gegangen. Die Sanitäter hatten Otto und Manfred auf Tragbahren hinausgebracht. Das Heulen der Sirene schrillte noch in Annas Ohren, als der Krankentransporter sich längst entfernt hatte. Ingrid, die in Begleitung von Manfred, ihrem hörenden und sehenden Partner, zum ersten Mal an dem Seminar teilgenommen hatte und deren kräftiges Lachen von überall zu hören gewesen war, erzählte, wie sie an dem langen Tisch vor dem offenen Kamin gesessen hatte und mit Manfred und einer Flasche Wein ihre Silberhochzeit feiern wollte. Von seinem Platz aus hatte Manfred den Treppenaufgang im Blick und sah, wie Otto aus seinem Zimmer kam, den Flur der obersten Galerie entlang schlenkerte, zögernd stehenblieb und dann ein Bein über das Geländer schwang. Da war Manfred losgelaufen, zwei, drei lange Schritte. Gerade rechtzeitig war er da, fing ihn auf. Beide stürzten mit großer Wucht zu Boden. »Manfred ist vor drei Wochen am Knie operiert worden. Ich gehe jetzt auf unser Zimmer. Gebt mir Bescheid, wenn es etwas Neues gibt.« Ingrid ließ die noch ungeöffnete Flasche und die beiden Gläser auf dem Tisch zurück.

Sabine sagte, sie wolle kurz hinausgehen und zu ihrem Gott beten. Anna schaute überrascht; sie hatte nicht gewusst, dass Sabine gläubig war. Sie beneidete Sabine ein wenig um den Halt, den sie in ihrem Glauben fand. Sie selbst glaubte nicht an eine Macht, die schützend ihre Hand über sie und die Menschheit hielt. Sie zog sich wieder an ihren Platz im Erker zurück, überließ sich ihren Gedanken und durchlebte noch einmal die Schrecknisse der letzten, langen Minuten. Das Geräusch des krachenden Holzes, das Entsetzen darüber, dass der Körper eines lebendigen Menschen und nicht irgendein Gegenstand gegen das Geländer geschleudert und ins Leere gestürzt war. Dieses Geräusch würde noch lange in ihr widerhallen, sie würde es nicht vergessen können.

Sie war so stolz gewesen, dass es ihr gelungen war, einen Schnupperkurs »Computer« einzurichten. Sie hatte alle skeptischen Kommentare überhört und es war ein großer Erfolg gewesen. Die Teilnehmer hatten eine nahezu uneingeschränkte Kommunikation in der virtuellen Welt erleben können, wo in der Realität sich Kommunikationsbarrieren auftun. Das war ein Anfang und sie war fest entschlossen, den Wunsch der Teilnehmer als ihren Auftrag anzunehmen und Computerkurse zu organisieren.

Sie war so stolz gewesen, Karen Finke vom Institut für Rehabilitation Sehgeschädigter in Hamburg für den Infoblock Mobilität zu gewinnen. Sie hatte bei den Mobilitätstrainern aus der Region nachgefragt und nur Absagen bekommen. Mobilitätstraining bei Taubblinden – das war nicht unumstritten, erschien einigen wenig sinnvoll, anderen sogar gefährlich. Sie hatte ihr eigenes Mobilitätstraining in Hamburg absolviert und Karen Finke danach gefragt. Es stellte sich heraus, dass Karen Finke mit dem Thema »Taubblindheit« vertraut war; sie hatte zwei Jahre im Deutschen Taubblindenwerk in Hannover gearbeitet. In der zurückliegenden Woche wurden durch einen Vortrag und viele Einzelberatungen Wege zu mehr Selbstständigkeit aufgezeigt und Hoffnung gemacht auf ein wenig mehr Eigenständigkeit und Sicherheit. Sieben gehörlose Teilnehmer würden in den nächsten Monaten ein von Gebärdensprachdolmetschern unterstütztes Mobilitätstraining bekommen.

Sie war so stolz gewesen, dass es ihr in dem ersten von ihr organisierten Seminar gelungen war, 14 taubblinde Teilnehmer zu gewinnen, gegenüber maximal sechs Taubblinden in den Vorjahren. Es hatte so etwas wie einen Generationswechsel gegeben: Menschen in der Lebensmitte, deren allmählicher Sehverlust zum Verlust des Berufs und des sozialen Umfeldes geführt hatte. Menschen, die ohne Beratung und Unterstützung zunehmend in Isolation geraten waren. Sie hatte diese neue Generation um die vierzig mit dem Computer-Workshop angelockt und sie hatten angebissen. Und sie würden weitermachen. Sie würden die Blindenschrift lernen, um mithilfe der Braillezeile den Computer zu bedienen. Sie würden ihr Leben ein wenig mehr in die eigene Hand nehmen können.

Und sie war so froh gewesen, Otto als Teilnehmer dabei zu haben. Otto, Mitte vierzig, mittelgroß, kräftig und breitschultrig, mit seinen klaren, regelmäßigen Gesichtszügen jünger aussehend, jungenhaft wirkend mit seinem schlenkernden, für Menschen mit Gleichgewichtsstörungen typischem Gang. Typisch für ihn auch die wegwerfende Handbewegung, mit der er sich von einem Gesprächspartner abwandte, wenn seine Gebärden nicht verstanden wurden – was allzu häufig vorkam.

Otto hatte sich nach dem Verlust seines Arbeitsplatzes in einer Schreinerei immer mehr in sich selbst zurückgezogen und sein Elternhaus kaum noch verlassen, niedergedrückt von seiner ausweglosen Situation, verbittert und mit seinem Schicksal hadernd. Er hatte allen Mut verloren, sprach wiederholt davon, diesem Elend ein Ende machen zu wollen. Bisher hatte er sich konsequent geweigert, an der Seminarwoche teilzunehmen. Er wollte sich keinen weiteren Enttäuschungen und Frustrationen aussetzen. Dieses Mal hatte er sich überreden lassen und war mit seiner anfangs sehr besorgten Mutter gekommen.

Anna, die wie die Mutter im nachträglich errichteten Anbau mit den Einzelzimmern untergebracht war, hatte am vierten Seminartag zufällig Teile eines Gesprächs mitgehört, das diese wegen des besseren Empfangs im Hausflur mit ihrer Tochter führte. »Es geht viel besser, als ich dachte. Otto ist ganz entspannt. Er ist viel unterwegs mit Sabine. Scheint sich hier wohl zu fühlen. Ich bin sehr erleichtert.« Sabine hatte ihn in dieser Woche oft begleitet und die Mutter hatte zu Anna gesagt: »Sabine ist ein Geschenk des Himmels.« Anna konnte ihr da nur zustimmen. Sabine, Studentin der Sozialarbeit mit sehr guten Gebärdensprachkenntnissen, hatte am ersten Taubblindenstammtisch im September des vergangenen Jahres für die Gehörlosenfraktion gebärdet und die Handhabung der Wahlschablonen für blinde Menschen erklärt. Diese Schablonen ermöglichten zum ersten Mal in der Geschichte der Bundesrepublik eine geheime Wahl auch für blinde Wähler, da mit dieser einfachen Pappschablone das Kreuz ohne fremde Hilfe an der gewünschten Stelle gemacht werden kann. Seitdem hatte Sabine bei den unterschiedlichsten Veranstaltungen assistiert und Anna konnte sich nicht vorstellen, wie sie ohne ihre Unterstützung auskommen sollte. Sabine war bei allen beliebt. Ihre heitere Gelassenheit, ihre Zuwendungsbereitschaft ohne jede Zudringlichkeit machten sie zu einer angenehmen Begleiterin. Alles, was sie tat, tat sie mit großer Selbstverständlichkeit. Unbefangen und unangestrengt. Ihre freundliche, unaufdringliche Zuwendung und ihr stets bereites Lachen schienen auch Otto gut zu tun. Er erzählte von sich selbst, von seinem Onkel und von dessen Wandergruppe, mit der er oft unterwegs war. »Wenn sich der Vater doch nur halb so sehr kümmern würde wie mein Bruder«, hatte die Mutter geseufzt.

Sabine war von draußen hereingekommen und hatte sich zu ihr gesetzt. »Du sitzt hier so allein ...« Anna richtete sich auf, versuchte die durcheinander wirbelnden Bilder in ihrem Kopf zu ordnen. »Ich weiß nicht, was ich denken soll. Was haben wir falsch gemacht?« Sabine hatte den Tag über eine Veränderung in Ottos Verhalten bemerkt: »Heute war Otto wie durch den Wind, nervös, unwirsch und unzugänglich, ganz anders als in den Tagen zuvor. Eigentlich wollten wir ein letztes Mal ein Eis essen im Parkcafé. Es ist nichts daraus geworden. Keine Lust, will nicht, hat er mir gebärdet. Nach dem Abendessen ist er sofort auf sein Zimmer gegangen, um seine Koffer zu packen.« Anna versuchte nachzuvollziehen, was in ihm am letzten Tag vorgegangen sein mochte. Hatten die Erlebnisse dieser Woche ihm die Realität seines Alltags vor Augen geführt, die Monotonie und Leere, die Freudlosigkeit und den Mangel an sozialen Kontakten, seinen Alltag ohne Aufgaben, seine Tage ohne Struktur? Hatte er sein Leben mit dem seiner Geschwister verglichen, die beide verheiratet waren, Kinder hatten und einen Beruf?

Ein Bild vom Abschlussabend drängte sich in Annas Bewusstsein. Otto, in einem karierten, locker über der Jeans hängenden Hemd, wie er mit einem Luftballon in den erhobenen Händen die Schwingungen aus den unter der Decke hängenden Lautsprechern aufzufangen versuchte. An diesem Abend war Werner, Leiter eines benachbarten Blindenvereins, mit seiner Hammond-Orgel gekommen und hatte zum Tanz aufgespielt. Sie hatten alle, mit oder ohne Luftballons in den Händen, getanzt. Helga und Jürgen, sie gehörlos, er taubblind, hatten ineinander versunken im schwingenden Gleichmaß des Swing-Rhythmus auch dann noch weitergetanzt, als Werner eine Pause einlegte. Einige hatten nicht aufhören wollen, als der Musiklieferant nach Hause fuhr, hatten CDs organisiert und auf der Anlage im großen Seminarraum abgespielt. Der Raum mit seinem Parkettboden war ohnehin viel besser geeignet, Vibrationen zu übertragen, als der Steinfußboden im Foyer. Anna hatte Werner verabschiedet und war zum Seminarraum hinübergegangen. Staunend hatte sie Otto beobachtet, seine gelösten, harmonischen Bewegungen, seine glückliche Selbstvergessenheit. Sie war zu ihm gegangen und beide hatten sie sich, den Luftballon zwischen sich haltend, miteinander im Rhythmus der Musik bewegt.

Anna fühlte eine heiße Scham in sich aufsteigen. Was hatte sie sich denn gedacht? Was hatte sie getan aus purer Überheblichkeit und Selbstüberschätzung? Sie hatte den taubblinden Personen eine Woche lang eine lebendige bunte Welt gezeigt, voller neuer Erfahrungen und Herausforderungen, hatte sie wie durch einen Spalt in einem Theatervorhang blicken lassen: Schaut euch an, so kann das Leben sein. Nur um dann den Vorhang zu schließen und sie im dunklen Raum ihres Alltags zurückzulassen. Hatte sie sich vorgestellt, dass eine Woche Trallala reichen würde, um ein Leben zu füllen? Würde sie ihre Versprechungen auch nur annähernd halten können? Wie konnte sie sich anmaßen, in das Leben anderer einzugreifen? Es wurde ihr ganz elend, sie fasste alle Gefühle und Gedanken zusammen und sagte zu Sabine: »Wenn Otto und Manfred etwas Ernsthaftes passiert ist, ziehe ich mich sofort von allem zurück.«

Manfred kam durch die Tür, Sabine sprang auf: »Wie geht es ...« Manfred winkte ab: »Alles in Ordnung mit mir.« Er schaute sich im Raum um. »Ist Ingrid auf unserem Zimmer?« Hinter ihm trat Elisabeth, Ottos Mutter, durch die Eingangstür ins Foyer, sie war allein aus dem Krankenhaus zurückgekommen. Beklommenheit machte Anna das Sprechen unmöglich. Elisabeth setzte sich erschöpft zu ihnen: »Otto geht es soweit gut, er hat nur ein paar Prellungen. Sonst ist ihm nichts passiert. Dank Manfred. Seine schnelle und mutige Reaktion hat Schlimmeres verhindert. Otto bleibt diese Nacht im Krankenhaus. Er hat eine Beruhigungsspritze bekommen und wird beobachtet. Morgen fahren wir dann direkt vom Krankenhaus nach Hause zurück.«

Sie saßen eine Zeitlang schweigend. »Wir waren so glücklich über die Geburt unseres Erstgeborenen.« Elisabeth sprach schnell, fasste im Zeitraffer zusammen: Die ersten Sorgen, die Beschwichtigungen der Ärzte: Das wird schon werden. Dann die Diagnose fast zwei Jahre nach der Geburt: Ein behindertes, ein gehörloses Kind. Später in der Pubertät die ersten, nicht erkannten Symptome einer Sehbehinderung, die Hänseleien der Mitschüler, das Unverständnis und die Bestrafungen der Lehrer, Ottos bis heute nicht verwundene Verbitterung über diese Ungerechtigkeiten, Ausbildung und Arbeit in der Schreinerei, schließlich die zweite Diagnose: Eine unheilbare Augenerkrankung mit der Perspektive einer völligen Erblindung. »Wir haben in dieser Situation keinerlei Hilfe gefunden.« Elisabeth verstummte. Was wird nun werden? Eine Antwort darauf gab es nicht, konnte es nicht geben.

Ingrid und Manfred kamen die Treppe herunter, gingen zu ihrem Platz am Kamin. Manfred entkorkte die Flasche, füllte die beiden Gläser. Sie stießen miteinander an und umarmten sich.

2. Am Bootshaus

Sie war spät dran; sie hätte doch einen früheren Zug nehmen sollen. Der Weg zwischen den mit hochwachsendem Mais bepflanzten Feldern zog sich länger hin als gedacht. Die Sonne brannte vom ungetrübt blauen Himmel. Der Asphalt gab die Hitze zurück. Sie musste sich beeilen. Schließlich erreichte sie den schmalen Fußweg, den Zugang zum Bootshaus. Die mächtigen Bäume in den Gartenanlagen schützten sie mit ihren überhängenden Zweigen vor dem Zugriff der Sonne. Vorbei an den sorgfältig gepflegten Jägerzäunen hetzte sie unter den neugierigen Blicken der Nachbarn weiter und fand schließlich, wie auf der Wegbeschreibung ausführlich erklärt, zu dem letzten Gartentor in der Reihe.

Als sie die Gartentür öffnete und auf die ersten Steinplatten trat, war sie verwirrt und fragte sich, ob sie sich nicht doch im Weg geirrt habe. Sie vermisste das Stimmengewirr und Gelächter von vielen Menschen in angeregtem Gespräch. Nur ab und zu waren leise Wortfetzen zu hören. Man hatte ihr gesagt, dass etwa mit 20 Personen zu rechnen sei. Sie tastete sich den holprigen, mit unregelmäßigen Steinplatten belegten Weg entlang, vorbei an einer überdachten, wie eine Rotunde geformten Terrasse, vorbei an dem langgestreckten Bootshaus. Rechts von ihr war das Geräusch des gegen den Bootssteg klatschenden Wassers zu hören, wenn die Boote dicht daran vorbeizogen, das Auf- und Abschwellen der weithin über das Wasser hallenden Rufe der Ruderer und das Gelächter vom gegenüberliegenden Ufer.

Sie fand die Gruppe, die meisten in einem großen Kreis unter den Bäumen sitzend, andere um einen Tisch versammelt. Alle hatten den kühlen Baumschatten gesucht. Eine sehr kleine, kompakte Person in einer dreiviertellangen grauen Hose und einem weißen XXL-T-Shirt kam mit flinken, entschiedenen Schritten auf sie zu und fragte mit einer Stimme, in der ein überlegenes Lächeln und leiser Spott mitschwangen, wo sie denn so lange abgeblieben sei und ob sie ihre Hausaufgaben gemacht und das Lormen geübt habe. Ja, das hatte sie getan. Noch während der Zugfahrt hatte sie die Buchstaben wiederholt, die Begrüßungsworte in die Hand geschrieben, ihren Namen in die linke Hand getippt: Mit dem rechten Zeigefinger auf die Spitze des linken Daumens für das »A«, zweimal auf die Wurzel des linken Zeigefingers für das Doppel-»N« und noch einmal auf die Spitze des linken Daumens für das »A«. Sie hatte versucht, ihre Hände ein wenig unter der Jacke zu verstecken, um ihr seltsames Gebaren vor den Mitreisenden zu verbergen. Das Handbuch zum Erlernen des Lormens hatte sie gründlich durchgearbeitet und alle Buchstaben auswendig gelernt. Dieses Mal wollte sie gewappnet sein. Bei ihrer ersten Begegnung mit einem Taubblinden hatte sie sich so hilflos gefühlt, unfähig, in seine Wahrnehmungswelt vorzudringen.

Als Vera nun auf sie zueilte, erinnerte sie sich an ihre erste Begegnung. Sie hatte Veras Aufruf in der Kassettenzeitung des Blindenvereins, der händeringend ehrenamtliche Mitarbeiter suchte, aufmerksam abgehört. Eine sehr klare, entschiedene Stimme, eine sehr prononcierte, fast pedantisch deutliche Aussprache. Sie hatte sich die Sprecherin ganz anders vorgestellt. Nun sah sie sich überrascht einer Person gegenüber, die kleiner war als sie selbst, was selten genug vorkam, mit einer voluminösen Figur, pfeffer- und salzfarbenem Stoppelhaar, einem runden Gesicht mit ausgeprägtem Kinn und Damenbart und vielen Lachfalten um die kleinen Augen.

Sie hatte Vera von ihren Vorbehalten erzählt und wie sie sich erst nach langem Zögern entschließen konnte, sich bei der Taubblindengruppe zu melden. »Ich wollte ja gern etwas tun, etwas Sinnvolles möglichst und etwas, was ich auch aus eigener Kraft und selbstständig tun kann. Da war es mir schon recht, innerhalb der Blindenselbsthilfe eine Aufgabe zu finden. Aber Taubblindheit? Das war mir viele Nummern zu groß!« Wie sollte sie mit Menschen umgehen, die weder hören noch sehen können? Sie hatte genug damit zu tun, die eigene Angst vor dem völligen Verlust ihres Sehrestes auszuhalten. Die Vorstellung, nicht hören zu können, konnte sie nicht zulassen. Ein Leben ohne Radio und Telefon, ohne Hörbücher und Musik, ohne den Klönschnack mit Nachbarn im Hausflur, ein Leben ohne Lachen und Gespräche mit Freunden. Und das Schlimmste: ein Leben in Abhängigkeit, nicht ohne fremde Hilfe das Haus verlassen können ... Nein, ein Leben mit solchen Einschränkungen konnte und wollte sie sich nicht vorstellen. Das machte ihr Angst, schreckliche Angst!

Vera hatte ihr vorgeschlagen, im Juli zum Treffen der Taubblindengruppe am Bootshaus zu kommen. »Dort kannst du viele Taubblinde kennenlernen und selbst entscheiden, ob du deine Ängste überwinden kannst. Und ich wüsste schon, was zunächst einmal deine Aufgabe sein könnte. Du kannst doch Punktschrift, oder? ... Ja, das ist doch prima. Dann übernimmst du den Punktschriftunterricht während des jährlichen Taubblindenseminars.« Danach waren sie ins Haus gegangen, um mit den anderen Teilnehmern des Seminars das Mittagessen im Speiseraum einzunehmen. Eine Hand legte sich auf ihre Schulter. »Da bist du ja, wie schön, dass du zu uns stoßen und uns helfen willst ...« Sie schaute den Handaufleger an und stellte fest, dass sie zumindest optisch auf Augenhöhe waren. Veras Mann, klein, schlank und mit Ulbricht-Bärtchen, brachte die beiden Frauen in den Speisesaal. »Du wirst bei uns mit Robert und Rosemarie am Tisch sitzen.« Vera hatte berichtet, dass Robert vor seiner Erblindung ein erfolgreicher und geschätzter Vorsitzender des Kreisverbandes der Gehörlosen gewesen war. Als seine Augen immer schlechter wurden und er die Außenwelt nur noch durch eine winzige kreisförmige Öffnung wahrnahm, konnte er die großräumig und schnell ausgeführten Gebärden nicht mehr erkennen. Er konnte seine gehörlosen Freunde nicht verstehen, bei ihren Unterhaltungen nicht mitreden. Er musste sein Amt als Vorsitzender, wie vorher schon seinen Beruf als technischer Zeichner, aufgeben. Seine Verzweiflung schlug um in Aggression gegen sich und seine Angehörigen, bis er schließlich durch einen Zufall auf die Taubblindengruppe traf, das Lormen lernte und neue Freunde fand.

Gerhard hatte sie an den Tisch geführt, an dem das Ehepaar saß. Vera ergriff Roberts Hand und tippte mit flinken Tipp- und Streichbewegungen auf die Handinnenfläche. Alle Wörter, die sie so in Roberts Hand schrieb, sagte sie laut vor sich hin, damit Anna es hören konnte: »Heute ist eine Frau zu Besuch. Sie will unsere Gruppe kennenlernen. Sie heißt Anna.« Robert, mit seinem vollen weißen Haar und seiner kräftigen Gestalt eine würdige Erscheinung, gab diese Information mit weit ausholenden Gebärden an seine gehörlose Frau weiter. Dann stand er höflich auf, um Anna zu begrüßen. Kräftiges Händeschütteln, eine kurze Umarmung und Begrüßungsformeln, von Anna ein gemurmeltes »Guten Tag, ich freue mich ...«, von Robert der Willkommensgruß in Gebärdensprache. Beide Begrüßungsformeln gingen ins Leere: Die eine wurde nicht gehört, die andere nicht gesehen. Vera musste vermittelnd eingreifen, nahm Roberts Hand und lormte: »Anna kann deine Gebärden nicht verstehen, sie kennt die Gebärdensprache nicht. Sie ist fast blind.« Robert nahm Veras Hand und tippte seine Frage ein: »Ist sie hörend?« Vera bejahte. Wieder gab Robert die Info an seine Frau weiter; Anna vermeinte, in seinen heftigen Bewegungen die Ungeduld eines Mannes zu spüren, den es nach unmittelbarer Begegnung drängte. Anna fühlte sich hilflos und beschämt über ihre Unfähigkeit, einen direkten Kontakt herzustellen. Es würde nicht leicht sein, in diese ihr fremde Welt vorzudringen.

Vera holte sie in die Gegenwart zurück: »Komm, wir gehen zu den Taubblinden, die warten alle schon auf dich.« Anna versuchte, ihre Erinnerungen und die ängstlich kreisenden Gedanken abzuschütteln, die Sorge, ihre Befangenheit könnte spürbar werden, die Angst, die Gehörlosen wegen ihrer ungewohnten und oft undeutlichen Aussprache nicht zu verstehen und keinen Zugang zu finden. Was, wenn es ihr nicht gelang, das Vertrauen dieser Menschen zu gewinnen, wenn ihr Interesse als Einmischung missverstanden würde? Sie hätte gern noch nach dem stillen Örtchen gefragt, um den Moment der Begegnung hinauszuschieben, aber Vera hatte sie schon zu Robert geführt und angemerkt: »Nun versuch mal dein Glück ...« Rosemarie, die sie sofort wiedererkannte, umarmte sie kurz, lächelte freundlich, deutete auf den Gartenstuhl neben Robert, den sie für Anna geräumt hatte, und lormte ihrem Mann, dass er eine neue Sitznachbarin hatte.

Robert tastete vorsichtig mit seiner rechten Hand zur Armlehne ihres Gartenstuhls, Anna überließ ihm ihre linke Hand und Robert lormte: »Mein Name ist Robert.« Und weil er sich noch an ihre erste Begegnung und daran erinnerte, dass Anna hörend war, sprach er gleichzeitig laut mit. Das war, trotz seiner schwer verständlichen Aussprache, als Ergänzung zum Lormen für Anna eine große Hilfe. Dann deutete er mit der Hand in ihre Richtung und fragte: »Dein Name?« Anna ergriff vorsichtig und ängstlich besorgt, etwas falsch zu machen, Roberts Hand, die er ihr bereitwillig mit der nach oben geöffneten Handinnenfläche überließ. Er spreizte sogar ein wenig die Finger, sodass sie bequem ihren Namen in seine Hand eintippen konnte. Gleich kam die nächste Frage: »Wie alt?« Oh je, über die Schreibweise der Zahlen stand nichts im Handbuch. Was nun? Fragend schaute sie sich um und Gerhard, der ihr Gespräch beobachtete, rief ihr zu: »Du schreibst die Zahlen einfach nacheinander in die Hand.« Anna fragte nun nach Roberts Alter. So folgten Frage und Rückfrage nach Familienstand, Kindern und Beruf. Anna erfuhr, dass Robert seit 40 Jahren verheiratet war, einen erwachsenen Sohn und seit Kurzem eine kleine Enkeltochter hatte. Sein Gesicht leuchtete auf, als er davon erzählte.

Es entstand eine kleine Pause, die wichtigsten Fragen waren gefragt, Anna holte tief Luft, geschafft. Verständigung gelungen! Anna wollte sich gerade entspannt zurücklehnen, da stand schon eine andere Frau vor ihr, lächelte freundlich, nahm ihre Hand, »Komm mit!« Gerhard, der sie immer noch beobachtete und dem es nicht entgangen war, wie sehr sie sich hatte konzentrieren müssen und wie sehr sie sich über eine Atempause gefreut hätte, lachte leise vor sich hin: »Da musst du jetzt durch, jeder möchte hier wissen, wer du bist, und das musst du jetzt alles nacheinander jedem einzeln erzählen.« Und schon saß Anna in einem anderen Gartenstuhl, ein Stückchen weiter in der Reihe, neben sich einen älteren Mann, der sie mit einem Lachen begrüßte. »Guten Tag, mein Name ist Hermann, wie heißt du?« Anna war erleichtert, sie hatte die Frage verstanden, der Fragende hatte zwar eine sehr verwaschene, aber doch viel verständlichere Aussprache für ihre ungeübten Ohren. Sie lormte die Antwort und gleich kam die nächste Frage: »Wo wohnst du?« Anna stutzte, als sie den ersten Buchstaben lormen wollte. Es war kein Finger da, nur ein kurzer Stummel. Hermann lachte vergnügt, hielt ihr aber dann doch die andere Hand hin, damit sie ungehindert lormen konnte. Anna erfuhr, dass Hermann sein Haus auf dem Land mit viel Eigenarbeit gebaut hatte, als er noch einen Sehrest hatte. Dabei war ihm der Finger abhandengekommen.

Wieder wurde sie eindringlich und ausführlich zu ihrer Person befragt: Wie alt bist du, bist du verheiratet, hast du Kinder, lebst du allein, was machst du beruflich? Fragen, die Anna in anderen Zusammenhängen als unverschämt und indiskret zurückgewiesen hätte. Hier erschien ihr das eine durchaus vernünftige Vorgehensweise. Wie sollte jemand wissen und einschätzen können, mit wem er es zu tun hatte, wenn er sich weder über das Erscheinungsbild, das Aussehen, die Kleidung, noch über die Körpersprache oder die Art zu sprechen, ein Bild von einer Person machen konnte?

Als Anna zum dritten Mal in einen anderen Gartenstuhl wechselte, entspannte sie sich. Sie wusste, welche Fragen gestellt und welche Antworten erwartet wurden. Sie konnte verstehen und, trotz der immer noch holprigen Kommunikation, am Leben der Gesprächspartner teilhaben. Und als der nächste Partner, nach seinem Alter gefragt, ihr die Zahl 17 in die Hand schrieb, stutzte sie nur kurz, lachte leise auf und schrieb zurück: »Dann bin ich 16.« Lachend kam die Antwort: »Dann bin ich zehn Jahre älter als du!«

Da zog vom Bootshaus Kaffeeduft herüber, und Anna wurde sich ihrer Umgebung bewusst: Der paradiesisch schöne Garten mit seinen mächtigen, schattenspendenden Bäumen, die im Zusammensein heiter gestimmten Menschen, der feuchtmodrige Geruch des Flusses, das rhythmische Schlagen der Ruder vorbeiziehender Boote. Sie spürte zufriedene Gelassenheit und Ruhe, das Gefühl, am richtigen Ort zu sein.

Ein Boot legte am Steg an; lachend und lärmend kamen die Ruderer an den Tisch. »Wir wären fast mit einem Kajak zusammengestoßen!« Ein großer, kräftiger Mann fragte Anna: »Willst du auch mal mitkommen?« Anna schaute zweifelnd zu dem Mann hoch, sie hatte immer ein Faible für Männer mit breiten Schultern gehabt und dieser sah zuverlässig aus, aber der Modergeruch des Flusses verlockte sie nicht. Gerhard, der ihr Tun noch immer beobachtete, beruhigte sie: »Die Ruderboote sind richtige, schwere Appelkähne, die bringt niemand so leicht zum Kentern.«

Anna saß mit geschlossenen Augen auf der hinteren Sitzbank, fühlte die Sonnenstrahlen, die sich durch das Blätterdach hindurch stahlen, über ihr Gesicht gleiten, spürte das leichte Schwanken des schweren Bootes, die im gleichmäßigen Takt schwingenden Ruder und träumte sich Jahre zurück in die weite, romantische Landschaft des Burgunds, träumte sich zurück in das kleine, gelbe Schlauchboot: Lautloses Gleiten auf dem silbrig schimmernden Wasser der Cure, sanfte Berührung tiefhängender Weidenzweige, die grüne Stille des weiten, burgundischen Hügellandes, das tiefe Gefühl des Einverständnisses mit sich selbst und der Natur, unterbrochen nur durch den gutmütigen Zuruf eines vereinzelten Anglers. Der Ruderer vor Anna hatte sein Ruder tief ins Wasser getaucht, ein Sprühregen durchnässte Annas linke Seite und holte sie in die Gegenwart zurück. Lachend beruhigte sie den Ruderer, der sich besorgt zu ihr zurückgewandt hatte: »Eine kleine Abkühlung bei der Hitze tut nur gut!«

Im Garten hatte sich die Szenerie verändert. Gerhard stand mit einer Kerze und einem in Geschenkpapier eingewickelten Päckchen vor Mechthild, der taubblinden Partnerin von Horst, der Anna ins Ruderboot geschleust und den taubblinden Ruderern als Steuermann gedient hatte. Mechthild saß still da, ein strahlendes Lächeln auf ihrem schönen Gesicht mit dem energischen Kinn, und hielt sich das Geburtstagskärtchen in Blindenschrift zu ihrem runden Geburtstag dicht an die Augen. Gerhard war ärgerlich, dass sie immer noch versuchte, mit den Augen statt mit den Fingern zu lesen. Anna konnte sie gut verstehen, sie wusste, wie schwer es war, das Unvermögen zu akzeptieren und sich auf den Tastsinn zu konzentrieren. Wider besseres Wissen hatte sie anfangs die Punktschriftfibel immer wieder unter das Bildschirmlesegerät gelegt, um die Anordnung der winzigen sechs Punkte zu entschlüsseln.

Mechthild packte das Geschenk aus, ein aus Holz geschnitztes Mensch-Ärger-dich-nicht-Spiel, von Hermann hergestellt, die Püppchen mit unterschiedlich geformten Köpfchen und von Renate, seiner Frau, gelb, rot, grün und schwarz eingefärbt. Mechthild war glücklich und gerührt, bedankte sich bei jedem mit einer kräftigen Umarmung und schmatzenden Wangenküssen.

Den Rückweg zwischen den mit hochwachsendem Mais bepflanzten Feldern legte sie gedankenverloren zurück. Ihre Besorgnis und ihre Ängste waren vergessen, sie fühlte sich den Menschen, die sie soeben kennengelernt hatte, vertraut und nahe. Sie war voller Respekt für den Mut und die Würde, mit denen diese Menschen ihr Leben meisterten. Die Erfahrung, wie viel Lachen und Lebensfreude durch die Gemeinschaft möglich werden, machte sie glücklich und gaben ihrem zukünftigen Tun ein potenzielles Ziel.

3. Kommunikation – Kommunikation – Kommunikation

3.1 Fehlgeschlagene Kommunikation

Berlin, Bahnhof Zoo – das Jahr 2002 hat einen sonnigen, warmen Juni bereitgestellt. Auf Gleis 3 drängt sich im Schatten eines Vordachs eine Ansammlung heftig gestikulierender und durch geheimnisvolle Handzeichen miteinander kommunizierender Menschen, teilweise mit langen, weißen Stöcken bewaffnet, auf den Zug via Ruhrgebiet wartend. Ein Mann mit grauem, zerzaustem Lockenschopf spricht einen aus der Gruppe an: »Ich sammle für die Obdachlosen, ein Euro für die Obdachlosen!« Keine Reaktion. Ein wenig lauter wiederholt er den Spruch. Vergeblich! Der Angesprochene muckst sich nicht, zuckt nicht einmal. »Verdammt nochmal, blödes Schwein! Wenigstens antworten könntest du!«

Ein Beispiel einer fehlgeschlagenen Kommunikation, so geschehen auf der Rückfahrt der Taubblindengruppe nach einer Woche in Potsdam und Berlin. Dank der kundigen Führung von Barbara Steinmüller, einer Frau, die ihr ganzes Leben taubblinden Menschen gewidmet hat, war es eine wunderbare Woche voll neuer Erfahrungen, interessanter Begegnungen und schierer Lebensfreude gewesen. Einige Programmpunkte: die Besichtigung des Neuen Palais, auf dessen Marmorboden Twinkle, Annas Führhund, als erster Hund nach den Windspielen des großen Friedrich seine Pfoten setzen durfte, ein Gang zur Glienicker Brücke, wo zu Zeiten des Kalten Krieges Agenten ausgetauscht wurden, und die Besichtigung des Reichstags, eine Diskussionsrunde mit den Volksvertretern inklusive. Diese wollten es sich nicht nehmen lassen, für die kommende Bundestagswahl zu werben. Es war für Anna eine Genugtuung, die Politiker um klare und eindeutige Ausführungen in einfacher Sprache bitten zu dürfen. »Es ist schier unmöglich, den politischen Jargon mit seinen Fremdwörtern und verklausulierten Formulierungen für gehörlose und taubblinde Menschen zu übersetzen. Und bitte, sprechen Sie ganz langsam, denn alles muss in drei unterschiedliche Kommunikationsformen übertragen werden: In die Gebärdensprache, in die Lormschrift und in Braille.« Fast möchte man jedem Politiker ein Publikum wünschen, das ihn zu einer solchen Klarheit der Sprache und somit auch der Gedanken zwingt.

Auf der Rückfahrt erlebt auch die Zugbegleiterin ihre Überraschung mit der taubblindenspezifischen Kommunikation. Elfriede und Jürgen sitzen im Großraumwagen nebeneinander, allerdings getrennt durch den Gang. Beide haben sich viel zu erzählen. Die Hände treffen sich in der Mitte des Gangs. Die Zugbegleiterin steht unschlüssig und wartet. Wie soll sie hier vorbeikommen? Schließlich kehrt sie um. Ob sie wohl aussteigt und außen am Zug vorbei in den nächsten Wagen geht?

Horst, der mit seiner taubblinden Frau Mechthild regelmäßig das einwöchige Taubblindenseminar besucht und natürlich auch bei dieser Studienfahrt dabei war, fragt Vera, die langjährige Leiterin der Taubblindengruppe: »Wie ist das, treffen wir uns dieses Jahr auch am Bootshaus, wie im letzten Jahr?« Vera meint, anscheinend überrascht von diesem Ansinnen: »Da warst du gerade eben eine ganze Woche in Berlin, das sollte dir doch erst einmal reichen. Für das nächste Jahr können wir dann wieder ein Treffen am Bootshaus planen.« Anna sitzt Horst und seiner Frau gegenüber und verfolgt das Gespräch. Eigentlich hält sie den Wunsch nach einem Treffen nicht für besonders extravagant, ist überrascht von der rüden Abfuhr, die Vera erteilt, und überlegt, was sie, die seit zwei Monaten die Leitung der Taubblindengruppe aus den Händen von Vera entgegengenommen hat, arrangieren kann.

3.2 Der erste Stammtisch

Am 7. September 2002 ist es soweit. In der Beratungsstelle des Blinden- und Sehbehindertenvereins wird geräumt, Tische werden gerückt und

Klappstühle aufgestellt, Kaffee gekocht und Wasser auf den Tischen verteilt. Der Raum, der von den Seniorengruppen des Blindenvereins gern und viel genutzt wird und in dem zwölf Personen bequem sitzen können, muss nun so hergerichtet werden, dass bis zu 20 Personen irgendwie Platz finden.

Noch ist nicht alles fertig, da klingelt es schon. Irene und Gustav kommen langsam die Treppe hoch. Die Begrüßung ist herzlich, aber wenig wortreich. Beide sind von Geburt an gehörlos, Irene ist sehbehindert und Gustavs Sehvermögen ist auf Hell-Dunkel-Wahrnehmung reduziert. Zu Jürgens Begrüßung wird gelormt, Helga kann recht gut von den Lippen ablesen. Schon wieder klingelt es an der Tür. Dieses Mal ist es Sabine, Gott sei Dank! Anna ist heilfroh, dass sie die Kommunikationsassistenz für ihren ersten Stammtisch übernehmen will. Händeringend hatte sie nach einer Person mit ausreichend guten Gebärdensprachkenntnissen gesucht, hatte im Gehörlosenzentrum in Recklinghausen nachgefragt. Dort wurde sie als eine Vertreterin des Blindenvereins zunächst mit Misstrauen beäugt, hatte es doch vor Jahren viel Streit zwischen der Selbsthilfegruppe Usher-Gehörloser und Vera, der Leiterin der Taubblindengruppe des Blindenvereins, gegeben. Anna will sich da nicht hineinziehen lassen. Vor einem Jahr hatte Anna einen Vortrag in der Bochumer Gehörlosenberatungsstelle zum Thema »Begleiter für Taubblinde« gehalten. Beschämt musste sie bei der anschließenden Gesprächsrunde feststellen, dass ihre Zuhörer weit mehr Erfahrung mit der Begleitung taubblinder Menschen hatten als sie selbst. Aber sie lernte bei dieser Gelegenheit einige Mitarbeiter des Gehörlosenzentrums Recklinghausen und einige ehrenamtliche Begleiter kennen und schätzen. Dort bat sie um Hilfe und hatte Glück, man wollte ihr, der neuen Leiterin der Taubblindengruppe, eine Chance geben.

Inzwischen ist es viertel vor elf. Es klingelt wieder und nun wird es voll in der Beratungsstelle. Hermann und Renate haben etliche Kilometer mit dem Auto hinter sich gebracht, Renate ist ohne Hörnerv geboren, ihr Mann Hermann ist von Geburt gehörlos und seit 20 Jahren blind. Er ist immer mit den Herausforderungen seines Lebens fertiggeworden. Als er merkte, dass er die Gebärden nicht mehr richtig und sicher abnehmen konnte, hat er täglich mit seiner Frau das Lormen geübt. Bei den beiden geht das so schnell, dass es aussieht, als tanze Renates Hand auf der ihres Mannes.

Nun drängen sich Elfriede und Simon in den schmalen Flur. Simon ist seit seinem neunten Lebensjahr ertaubt und liest mühelos von den Lippen ab. Er artikuliert so deutlich, dass man seine Gehörlosigkeit ganz vergisst. Elfriede, seine Frau, ist taubblind. Mit ihr klappt die Verständigung nur über das Lormen. Die Ehepaare kennen sich seit Langem, sie begrüßen sich ausführlich und die Freude über das Wiedersehen und die Zusammenkunft ist deutlich spürbar.

Sarah ist mit ihrem jüngeren taubblinden Bruder, Benjamin, gekommen. Sie gehört zu den Gründungsmitgliedern der Selbsthilfegruppe Usher-Gehörloser in Recklinghausen. Anna freut sich sehr über ihr Kommen, vielleicht gelingt es jetzt endlich, den Graben zwischen der zur Gehörlosengemeinschaft gehörenden Gruppe in Recklinghausen und der Taubblindengruppe des Blindenvereins zuzuschütten. Da kommen Vera und ihr Mann Gerhard durch die Tür. Gerhard erfasst mit einem Blick, wer im Raum ist. Leise raunt er seine Beobachtungen seiner Frau zu. Sarah und Vera ignorieren einander, sind der Meinung, dass es Sache der anderen sei, den ersten Schritt zu tun. Der Raum ist plötzlich aufgeladen mit einer Spannung, die sich jederzeit entladen kann. Während des ganzen Stammtischs meint Anna dies spannungsgeladene Knistern zu spüren.

Bis 12 Uhr wiederholt sich das Klingeln an der Tür, das Drängeln im Flur, die herzlichen Begrüßungen, Gebärden, Lormen, vergnügte Ausrufe. Nach der feierlichen Begrüßung – schließlich ist es der allererste Stammtisch – und einer kurzen Vorstellungsrunde, bei der alle kaum mehr als ihren Namen sagen müssen, da man sich untereinander kennt, erläutert Anna, was sie mit diesem Treffen plant. Es soll jeden ersten Samstag eines ungeraden Monats von 11 bis 17 Uhr stattfinden. Es gibt Getränke und ein einfaches Mittagessen. Vor der Mittagspause soll über wichtige Neuigkeiten informiert werden. Anschließend ist dann Zeit für den ganz privaten Klönschnack, das Plaudern, wie es die Gehörlosen nennen, aber auch ganz individuelle Beratung, beispielsweise über Hilfsmittel und Antragstellungen.

Der Infoblock an diesem ersten Stammtisch hat die in vierzehn Tagen stattfindende Bundestagswahl zum Thema. Zum ersten Mal in der Geschichte der Bundesrepublik wird es Wahlschablonen geben, mit deren Hilfe blinde Wähler selbstständig und ohne fremde Hilfe ihr Kreuzchen an die von ihnen beabsichtigte Stelle setzen können. Anna reicht einige Schablonen herum, jeder kann sich kundig machen, schauen und fühlen. Sabine gebärdet, die Angehörigen und Begleiter geben alle Infos an die taubblinden Stammtischteilnehmer weiter. Horst, der nicht ahnt, dass dieser Stammtisch seiner Nachfrage nach einem Treffen im Bootshaus, damals im Zug, zu verdanken ist, sagt zu Sabine: »Wir haben dich alle gut verstehen können. Du kannst gern wiederkommen.« Sabine freut sich über dieses Lob, tut wie gewünscht und assistiert bei den Veranstaltungen der Gruppe. Sabine wurde so ein wichtiges Bindeglied zur Gehörlosengemeinschaft und für Anna zu einer Quelle der Information über Gehörlose, Gehörlosenkultur und Gebärdensprache.

3.3 Taktiltreff in Recklinghausen

Der große Saal des Gehörlosenzentrums mit seinen in drei langen, parallel zur Fensterfront ausgerichteten Tischreihen füllt sich. Die heruntergelassenen Rollläden halten das helle Sonnenlicht zurück, die blendungsempfindlichen Augen der Usher-Betroffenen müssen geschützt werden. Anna, die sich über Veras Missbilligung hinweggesetzt und regelmäßige Kontakte zu der Gruppe der Usher-Gehörlosen in Recklinghausen gesucht hat, kennt inzwischen viele der aus ganz Deutschland angereisten Personen. Auch einige Leiter von Selbsthilfegruppen aus anderen Bundesländern sind gekommen. Durch die Anerkennung der Gebärdensprache als eine vollwertige Sprache ist in Deutschland seit Mitte der Achtzigerjahre das Selbstbewusstsein der Gehörlosengemeinschaft gewachsen. Usher-Betroffene in ganz Deutschland fühlten sich in ihrem Selbstverständnis und dem Streben nach Selbstbestimmung gestärkt und gründeten eigenständige und unabhängige Selbsthilfegruppen, eine selbstbewusste Interessenvertretung gebärdensprachlich orientierter Taubblinder. Anders die unter den Fittichen der Blindenverbände verbliebenen Taubblinden. Diese von sogenannten Taubblindenbetreuern, vor allem hörenden Blinden, geleiteten Gruppen blieben Objekt der Fürsorge. Ein selbstbewusstes und eigenständiges Handeln der Taubblinden war nicht vorgesehen. So entstand eine Tradition des »Wir bestimmen, was gut für euch ist«.

Die letzten Ankömmlinge verlassen den Vorraum, wo sie schnell noch ein Bier oder Wasser getrunken haben, und nehmen ihre Plätze ein.

Im Mittelpunkt des heutigen Taktiltreffs steht Maximilians Vortrag über seine Erfahrungen im Ausland. Der in ein schwarzes T-Shirt gekleidete Maximilian wird auf die Treppe zum Rednerpult geführt, vor ihm hat die ebenfalls schwarz gekleidete Dolmetscherin Platz genommen, um den Vortrag für die hörenden Teilnehmer zu voicen. Maximilian begrüßt die Anwesenden, freut sich über das so zahlreiche Erscheinen – etwa 80 Personen drängen sich im Raum. Begeistert erzählt Maximilian über seine Amerikareise und seine weiß behandschuhten Hände bewegen sich schnell, sind gut sichtbar vor dem dunklen Hintergrund seines schwarzen Shirts.

»In den USA gibt es zwei Zentren für Taubblinde: Seattle und Boston. Hier wird ein kompletter Taubblinden-Service mit einem gut funktionierenden Begleiter-Pool angeboten. Es ist alles viel größer und besser ausgebaut als hier bei uns. In den USA sind Blinde und Ertaubte im Gehörlosenverein organisiert, denn die Gehörlosen hatten schon immer ein funktionierendes Netz von Dolmetschern und Begleitern. In Deutschland gibt es zwei Kommunikationswege für Taubblinde, in den USA nur die taktile Gebärde. Die Kommunikation klappt dort gut über taktile Gebärde und ASL (American Sign Language). Auch die ertaubten Blinden benutzen in Amerika die taktile Gebärde, obwohl die Umstellung auf die Gebärde sehr schwer ist. Vorträge können so fast simultan gedolmetscht werden. Hier sind sowohl das Lormen als auch das Dactylieren zu langsam.«

Annas Gedanken schweifen ab. Sie denkt an Veras ablehnende Haltung und Gerhards merkwürdige Erklärung des taktilen Gebärdens. Anna hatte anfänglich nur das Lormen kennengelernt und auf ihre Nachfrage, was es denn mit der taktilen Gebärde auf sich habe, war Gerhard ihr buchstäblich auf den Leib gerückt, um handgreiflich zu demonstrieren, wie das Wort »Frau« taktil gebärdet würde. Sie war einen Schritt zurückgewichen und hatte sehr an sich halten müssen. In Recklinghausen hatte Anna erfahren, dass die taktile Gebärde in vielen Ländern eine anerkannte Kommunikationstechnik ist. Vera und Gerhard waren keinen Argumenten zugänglich gewesen, waren bei ihrer strikten Ablehnung geblieben und hatten das Verbot der taktilen Gebärde in ihrer Gruppe aufrechterhalten.

Anna reißt sich aus ihren Gedanken und verfolgt nun wieder den Vortrag. Sie merkt, dass sie noch nicht viel verpasst hat. Maximilian berichtet gerade, wie gut die Taubblinden in den USA mit Begleitern versorgt werden. Das hatte sie schon mehrfach von ihm bei den Treffen des Teams »Begleiter-Pool« gehört. Mitarbeiter der Beratungsstelle für Hörgeschädigte Recklinghausen, der Gehörlosenberatungsstelle Bochum und Maximilian, der Leiter der SHG Recklinghausen, hatten eine Gruppe zur Einrichtung eines Begleiter-Pools gegründet, um taubblinden und hörsehbehinderten Menschen ein selbstständiges Leben zu ermöglichen und ihre Familien zu entlasten.

Anna konzentriert sich wieder auf den Vortrag. Ein Gehörloser hatte Maximilian zum Europa-Kongress nach Dänemark begleitet. 18 Länder waren vertreten, jeder Hörsehbehinderte hatte ein bis zwei Dolmetscher und einen Begleiter. »In Deutschland sind die Taubblinden isoliert und nicht so anerkannt wie in anderen Ländern, wo sie viel selbstständiger sind! Mithilfe ihrer Assistenten organisieren sie dort selbst ihre Hilfsangebote. In Finnland wird der Weltkongress der Taubblinden von den Taubblinden selbst durchgeführt.«

Nach dem Vortrag wird sehr kontrovers über Lormen und taktiles Gebärden diskutiert. Anna kann einer solchen Diskussion nichts abgewinnen. Taubblinde Menschen müssen so viele Einschränkungen hinnehmen, da dürfen sie nicht auch noch in der Wahl ihrer Kommunikation eingeengt werden. Jeder Taubblinde sollte alle verfügbaren Techniken kennenlernen und sich für die individuell effektivste Methode entscheiden dürfen. Sicherlich ist es sinnvoll, auf möglichst vielen Kommunikationswegen agieren zu können. Leider gibt es in Deutschland keine Rehabilitationslehrer für taubblindenspezifische Kommunikation. Anna nimmt sich vor, das taktile Gebärden in das Kursprogramm des jährlichen Taubblindenseminars aufzunehmen.

3.4 Taubblindenseminar in Hattingen

Im Frühjahr 2005 fand das Taubblindenseminar des Blindenvereins wiederum in Hattingen statt. Anna hatte erstmalig das Kursangebot »Taktiles Gebärden« ins Programm aufgenommen. Vier Interessenten hatten sich eingeschrieben. Christoph, der seit Langem das taktile Gebärden mit gutem Erfolg praktiziert, war gern bereit, diesen Kurs zu übernehmen. Vera hatte gegen dieses Vorhaben gewütet, aber Anna blieb bei ihrem Entschluss. Sie wollte auch denen gerecht werden, deren Muttersprache die Gebärdensprache ist. Die Erblindung sollte nicht zu einem Verlust dieser ureigenen Sprache führen, denn die Gebärdensprache ist das Band zur Gehörlosengemeinschaft.

Freitagabend

Eine heiße, zuvor nicht gekannte Wut drohte, sie zu überwältigen.

Dankbar hatte sie genickt, als Jeannette anbot, sie bei ihrem abendlichen Rundgang mit dem Hund zu begleiten. Normalerweise nutzte sie diese Zeit, um endlich einmal für sich zu sein, ihre Gedanken zu ordnen, die Planungen des kommenden Tages zu überdenken. An diesem Abend war es besser, mit dieser Wut nicht allein zu sein.

Sie hastet durch den Wald, stolpert über eine Wurzel, rutscht aus, stützt sich mit dem rechten Knie und beiden Händen im weichen Waldboden ab. Es duftet nach Frühling. Jeannette hilft ihr sich aufzurichten. Sie läuft weiter, bebend vor Wut. Vor ihren Augen die Menschen, dichtgedrängt hinter der Glastür, Vera, die sie mit sich zieht, weg von der Tür. Ihre Ahnung, dass da etwas nicht stimmt. Die Wut treibt sie voran, die Wut über sich, ihre Ahnungslosigkeit, warum hat sie nichts gemerkt? »So ein gottverdammtes intrigantes Weib!«, schreit sie und Jeannette verhindert einen Zusammenstoß mit einem Spaziergänger.

Der Coup war gut vorbereitet gewesen. »Du solltest dir heute am letzten Tag einmal die Arbeitsergebnisse des LPF-Kurses ansehen«, hatte Vera ihr vorgeschlagen. Um die Kursleiterin und die Teilnehmer nicht zu enttäuschen, stimmte sie zu, obwohl sie ursprünglich geplant hatte, bei dem ersten Kurs »Taktiles Gebärden« von Christoph dabei zu sein. Sie war begierig zu wissen, wie dieses neue Kursangebot angenommen würde. Mit diesem Kursangebot hatte sie sich über Veras Widerstand hinweggesetzt. Sie konnte deren erbitterten Feldzug gegen das taktile Gebärden nicht nachvollziehen. Es hatten sich nur vier Personen angemeldet, und sie war froh gewesen, dass der Kurs überhaupt zustande gekommen war.

Mit Vera hatte sie sich für 15 Uhr verabredet und zusammen waren sie zu dem kleinen Raum gegangen, in dem die Trainerin den Teilnehmern je nach Wunsch praxisnahe Techniken zur Körperpflege oder Hausarbeit gezeigt hatte. Als sie an dem Seminarraum vorbeikamen, in dem das taktile Gebärden stattfand, konnte sie durch die Glastür erkennen, dass der Raum voller Menschen war. Sie wunderte sich, es hatte ja nur wenige Anmeldungen gegeben. Sie war kurz stehen geblieben. Vera hatte ihr Zögern bemerkt und gesagt: »Da vorne stehen schon Heidi und Anika und erwarten uns.«

Die Wut, die heiße Wut! Sie kommt in Wellen, sie ist ihr ausgeliefert.

Veras Bemerkung am Tisch. Als ob ich jemanden geschickt hätte ... das erschrockene Schweigen im Speiseraum, die Bestürzung über das, was am Nachmittag passiert ist, die Aussöhnung der verschiedenen Gruppen, ist es jetzt vorbei damit ...? Die Taubblinden gegeneinander hetzen ... »So eine Gemeinheit, so ein mieses Miststück!« Sie schreit ihre Empörung immer wieder in den Wald.

Während des Abendessens war sie sehr ruhig und schweigsam gewesen, es hatte eine merkwürdig angespannte Stimmung geherrscht, nicht das übliche Geplänkel, keine Anekdoten zum Tag. Es war etwas vorgefallen, aber niemand schien es kommentieren zu wollen. Gegen Ende der Mahlzeit warteten alle auf den täglichen Tagesrückblick und die Infos zum Programm des nächsten Tages. Sie hatte sich, wie immer, hinter ihren Stuhl gestellt und klar und unmissverständlich ihrem Zorn und ihrer Enttäuschung darüber Ausdruck verliehen, dass der von Christoph zum ersten Mal angebotene Kurs »Taktiles Gebärden« massiv gestört worden war. »Christoph hat den weiten Weg von Osnabrück bis hierher gemacht. Er will euch zeigen, wie er die Gebärden auch als Taubblinder abnehmen kann. Christoph nutzt die taktilen Gebärden schon lange. Er kann so mit Gehörlosen plaudern. Ich finde euer Verhalten schlimm und rücksichtslos.« Sie hatte Christoph im Namen aller Teilnehmer um Entschuldigung gebeten und mit knappen Worten ihre Anweisungen für den Abend und den folgenden Tag erteilt. »Christoph ist bereit, seinen Kurs, den er heute Nachmittag nicht halten konnte, nach dem Abendessen nachzuholen. Ich möchte dort nur diejenigen Personen sehen, die sich für diesen Kurs angemeldet haben.«

Sie hatte sich wieder gesetzt. Es war eine Zeitlang sehr ruhiggeblieben. Vera, die ihr gegenüber am Tisch saß, hatte gemurmelt: »... als ob ich die Leute dahin geschickt hätte ...« Endlich schoben die ersten ihren Stuhl mit dem unvermeidlichen scharrenden Geräusch zurück. Einer nach dem anderen verließ bedrückt den Speisesaal.

Jeannette berührt sie vorsichtig am Arm. »Sollten wir nicht allmählich zurückgehen?« Zurück rennt sie nicht mehr, Überlegungen wirbeln ihr durch den Kopf ... Das Seminar im nächsten Jahr ohne Vera, keine Intrigen mehr zulassen, lasse mir meine Arbeit nicht kaputt machen, sowas darf nie wieder passieren ...

Vor dem Abendessen hatte sie gerade noch eben kurz mit dem Hund hinausgehen wollen, als Simone sie abgefangen hatte. »Hast du einen Moment Zeit?« Und Simone, die als Kommunikationsassistentin den Kurs unterstützen sollte, erzählte, was vorgefallen war. Wie sich der Raum plötzlich gefüllt hatte, sodass gar nicht genug Stühle da waren; wie sie alle auf Christoph einredeten, ihn gar nicht zu Wort kommen ließen. Hermann, der taktile Gebärden strikt ablehnt, Adalbert und Friederike, die beide die Gebärdensprache nicht beherrschen, Horst, der mit seiner taubblinden Frau eine ganz persönliche Form der taktilen Kommunikation praktiziert, alle waren sie gekommen, um Christoph zu erklären, dass sie keine taktilen Gebärden wollen. Über eine Stunde hatten sie auf ihn eingeredet, hatten ihn nicht zu Wort kommen lassen.

Nach diesem Abend hatte Anna mit Mühe die letzten Tage des Seminars überstanden und jeden Kontakt zu Vera oder Gerhard so gut wie irgend möglich gemieden.

Am Samstagnachmittag war Maximilian, der Leiter der Usher-Gehörlosengruppe, mit seiner Freundin zu Besuch gekommen. Anna freute sich sehr darüber, aber der Schreck fuhr ihr noch einmal durch und durch. Nicht auszudenken, was geschehen wäre, wenn er schon am Freitag gekommen wäre. Alle ihre Bemühungen, die Taubblindengruppe des Blindenverbands und die Selbsthilfegruppe Recklinghausen miteinander auszusöhnen, wären mit einem Schlag zunichtegemacht worden.

4. Der Computer – ein Fenster zur Welt

4.1 Der erste Tag

Durch eine Faltwand in zwei gleich große Bereiche aufgeteilt, jeder mit einem Computerarbeitsplatz mit Screenreader, Großbildschirm und Vergrößerungssoftware, Texterkennung, Braille-Übersetzungssoftware, Internet Explorer, Outlook Express und einer Braillezeile ausgestattet, zeigt sich der große Seminarraum im vierten Untergeschoss auf die kommenden Ereignisse bestens vorbereitet.

Sonntag, 9. Januar 2005, 19.30 Uhr

Zehn Personen finden sich an der Hotelrezeption ein. Das Haus ist groß und durch nachträgliche Anbauten unübersichtlich, eine Herausforderung in puncto Orientierung für Blinde und Sehende gleichermaßen; daher übernimmt Anna die Führung. Fünf Personen sind blind oder stark sehbeeinträchtigt. Wer kann führen und wer muss geführt werden? Schnell finden sich die Paare zusammen. Schon jetzt zeigt sich, wie selbstverständlich der Umgang miteinander ist. Anna konstatiert das zufrieden und führt die Gruppe durch den langen Gang, der den Altbau mit dem Neubau verbindet. Der Fahrstuhl ist zu klein für alle, die Gruppe teilt sich. »Viertes Untergeschoss, da sind wir ja tief im Keller«, meint Michael. Anna beruhigt: »Nein, keine Sorge! Das Haus ist an den Hang gebaut und der Seminarraum ist ebenerdig, du kannst von deinem Arbeitsplatz auf die grüne Wiese sehen.« »Na, wenn dieser Computerkurs solche Wunder vollbringt, soll mir das recht sein«, merkt der geburtsblinde Michael an. »Dann kommen wir auf jeden Fall in die Zeitung und ins Fernsehen. Gute Öffentlichkeitsarbeit!« Da lacht Anna. »Du kannst aber auf jeden Fall in deinen Pausen vor die Tür gehen und nach Luft schnappen. Ihr habt es da unten schön ruhig, weit ab von allem, was eure Konzentration stören könnte.«

Anna schließt Teil B des großen Seminarraums auf; die Stühle stehen schon im Kreis parat. Dafür hat sie am Nachmittag gesorgt. Sie hat auch eine mechanische Blindenschriftmaschine aufgestellt. Der Eintritt ins digitale Zeitalter muss erst noch erarbeitet werden. Anna fragt sich besorgt, wie die Kommunikation an diesem Abend gelingen kann. Diese Frage wird schnell geklärt: Marja und Kathleen, die beiden Gebärdensprachdolmetscherinnen, nehmen ihre Stühle aus dem Kreis und stellen sie so auf, dass sie den beiden gehörlosen, stark sehbehinderten Teilnehmern, Friedrich und Benjamin, gegenübersitzen, damit diese ihre Kleinraumgebärden im Abstand von etwa eineinhalb Metern erfassen können. Der blinde Computertrainer Michael setzt sich an den Tisch mit der Blindenschriftmaschine, sodass Rainer, von Geburt an gehörlos, seit Jahren vollblind und ein erfahrener Kurzschriftleser, an dem Punktschriftstreifen das Gespräch verfolgen kann. Wilfried, der sehende Computertrainer, wird später den immer länger werdenden Streifen aufrollen. Wer mag, kann dann alles noch einmal nachlesen. Jürgen, wie Rainer gehörlos und blind, und Melanie, eine erfahrene Begleiterin und in dieser Woche die Managerin der computerfreien Zeit, haben nebeneinander Platz genommen, so können sie miteinander lormen. Jeder taubblinde Gesprächsteilnehmer hat einen Kommunikationsassistenten! Das ist noch längst keine Selbstverständlichkeit. »In den Veranstaltungen gelingt das leider nicht immer«, bemerkt Anna.

Alle Vorkehrungen sind getroffen, und es wird Zeit anzufangen. Anna ist nervös, sie hat ein ganzes Jahr auf diesen Tag hingearbeitet, hat gegen viele Widerstände gekämpft, hat sich ihre Idee nicht ausreden lassen und ist nun voll banger Erwartungen. Wird ihr Projekt, allen Unkenrufen zum Trotz, gelingen? Sie schluckt noch einmal, versucht ihr Herzklopfen zu beruhigen und hofft, dass es ihrer Stimme nicht allzu sehr anzumerken ist. »Guten Abend, ich begrüße euch alle ganz herzlich. Heute startet die große Computerschulung für Taubblinde. Diese Schulung dauert ein ganzes Jahr. Ich freue mich sehr, dass ihr alle dabei seid, und hoffe, dass ihr am Ende des Jahres alles das gelernt habt, was ihr lernen wolltet.« Die Vorstellungsrunde macht deutlich, dass alle, nicht nur die taubblinden Teilnehmer, Neuland betreten. Wird man den eigenen Ansprüchen und den Erwartungen der anderen gerecht werden? Es ist ein Experiment – Ausgang ungewiss.

Anna erläutert den Schulungsplan für die kommende Woche. Der Unterricht ist in Blöcken zu je 90 Minuten eingeteilt. Jeder Teilnehmer erhält zwei Unterrichtseinheiten pro Tag, jeder Trainer unterrichtet zwei Teilnehmer. Benjamin und Friedrich, die beide noch über einen Sehrest verfügen und mit einer Vergrößerungssoftware arbeiten können, werden von dem sehenden Computertrainer Wilfried Laudehr unterrichtet. Rainer und Jürgen, die beide vollblind sind und den Computer nur mit der Braillezeile bedienen können, arbeiten mit Michael Plarre zusammen. Die Gebärdensprachdolmetscherinnen werden am Montag festlegen, in welchem Trainingsteam sie dolmetschen. Die so formierten Trainingsteams sollten möglichst das ganze Jahr über bestehen bleiben, sodass jeder Teilnehmer immer den gleichen Trainer und Dolmetscher hat.

Programm Montag bis Freitag

Frühstück: ab 8.00 Uhr
Mittagessen: 12.30 Uhr
Abendessen: 18.30 Uhr

Schulungsplan

Zeit	Computer I	Computer II
9.00–10.30	Michael Plarre Jürgen	Wilfried Laudehr Benjamin
10.45–12.15	Michael Plarre Rainer	Wilfried Laudehr Friedrich
14.00–15.30	Michael Plarre Jürgen	Wilfried Laudehr Benjamin
15.45–17.15	Michael Plarre Rainer	Wilfried Laudehr Friedrich

Wilfried Laudehr und Michael Plarre: Computertrainer
Marja Hummert und Kathleen Milker: Gebärdensprachdolmetscherinnen

Diesen Wochenplan händigt Anna allen Beteiligten aus, je nach Bedarf in Blindenschrift oder Schwarzschrift, im Großdruck oder in normaler Schriftgröße.

Montag, 10. Januar 2005

Jürgen macht die allerersten Schritte auf dem Computer, sein selbstgestecktes Ziel: selbst etwas schreiben können. Er orientiert sich mit dem Zehnfingersystem auf der Tastatur, das Lesen der Blindenschrift auf der Braillezeile macht noch große Mühe. Jürgen lernt die Tastatur über die Buchstabentasten hinaus kennen, lernt die Anwendung der Windows-Taste, der Pfeiltasten und der Eingabetaste. Gleichzeitig verständigen sich im Raum nebenan Benjamin und Wilfried über das Schulungsprogramm der Woche. Während die Köpfe ihrer Kollegen anfangen zu rauchen, bummeln Rainer und Friedrich mit Melanie bei strahlendem Sonnenschein und frühlingswarmen 15 Grad durch den Blindengarten des naheliegenden Parks. Um 10.45 Uhr ist Schichtwechsel. Nach dem Mittagessen geht es um 14 Uhr weiter, Schichtwechsel um 15.45 Uhr. Schichtwechsel allerdings nur für die Teilnehmer, Trainer und Dolmetscher pausieren zwischen den Blöcken nur eine Viertelstunde und haben erst um 17.15 Uhr ihren langen Arbeitstag beendet, sofern sie nicht noch Unterrichtsmaterialien für den nächsten Tag erstellen oder das Verzeichnis für spezielle Gebärden ergänzen müssen.

Schon der erste Unterrichtstag zeigt, dass Computertrainer und Dolmetscher sich hervorragend ergänzen. Michael ist begeistert, denn Marja vermittelt nicht nur, was Jürgen sagt (gebärdet), sondern auch das »Wie«: Jürgens nachdenkliches Überlegen oder Ärger über sich selbst klingen in der Stimme der Dolmetscherin mit. Sie übernimmt es auch, Jürgens Hände am PC zu führen. Kathleen gibt Michael einige, nur optisch erfassbare Informationen weiter: Was macht Rainer jetzt gerade am PC, was drückt seine Mimik aus? Wilfried konstatiert: »Die Einstellung auf diese Form der Kommunikation, gedolmetscht nicht nur in Gebärden oder Lormen, sondern auch in ein anderes Idiom mit anderem Wortschatz, ist für mich völlig neu und spannend.«

Anna fährt am Nachmittag nach Hause zurück, erleichtert über den guten Start, ein wenig traurig darüber, dass sie nun nicht mehr dabei ist und die Fortschritte der Teilnehmer und das Zusammenwachsen des Teams nicht miterleben kann. Am kommenden Sonntag wird sie wieder anreisen und Gruppe 2, die »Ü 60«, in den Start des Trainingsjahres begleiten. Es ist eine größere Gruppe, denn die vier Aktiven haben ihre Partner mitgebracht. Dieses Mal ist auch eine Frau mit von der Partie. Von den insgesamt 16 Teilnehmern sind nur vier Frauen, die drei anderen kommen mit der vierten Gruppe als letzte in diesen Schulungsblock, vor Karneval räumen die Taubblinden das Feld. Aber sie werden wiederkommen: im Juni, im September und das letzte Mal im November.

4.2 Startschuss – Kostenzusage der Stiftung Wohlfahrtspflege

Sarah war mit Benjamin, ihrem Bruder, zum wöchentlichen Punktschriftunterricht gekommen, und nun saßen sie im Wohnzimmer um den Tisch, vor sich die Punktschriftfibeln und die hölzerne Steckleiste mit den zehn rechteckigen, durch vertikale Einschnitte voneinander getrennten Waben, in denen jeweils sechs Löcher in zwei senkrechten Reihen nebeneinander angeordnet waren.

Benjamin versuchte gerade, den Satz »Udo und Leo bauen ein Haus« in der Punktschriftfibel zu ertasten und Wort für Wort auf der Steckleiste mit Holzstiften nachzustecken, als das Telefon klingelte.

Da Benjamin das Telefon nicht hören konnte und sich also nicht hatte stören lassen, wollte auch Anna es überhören. »Ich bin einfach nicht da! Wenn es wichtig ist, kann der Anrufer ja auf meinen Anrufbeantworter sprechen.« Sarah, die Gewissenhafte und Verantwortungsbewusste, meinte, das sei nicht richtig; man dürfe so einen Anrufer nicht einfach ins Leere laufen lassen. Anna war da anderer Meinung. Sie fand, sie habe durchaus das Recht, sich nicht stören lassen zu wollen. Andererseits wollte sie nicht, dass Sarah ihr auf die Schliche kam. Wenn diese abends spät anrief, nahm sie schon mal den Hörer nicht ab, keine Kraft mehr für ein langes Gespräch. Also bat sie Sarah, ihrem Bruder Bescheid zu sagen und ihm während ihrer Abwesenheit zu helfen. Seufzend ging sie zum Telefon und meldete sich mürrisch.

Sarah schaute erstaunt zu Anna in die Diele hinüber, als diese mit heller Stimme rief: »Sie können ja gar nicht ahnen, was das bedeutet. Haben Sie vielen, vielen Dank! Ich werde dann Ihre E-Mail abwarten!« Anna legte den Hörer auf die Station zurück und blieb einen Augenblick regungslos stehen. Dann vollführte sie, sich mit dem linken Fuß kräftig abstoßend, eine schwungvolle Rechtsdrehung und kam auf Zehenspitzen tänzelnd mit ausgebreiteten Armen ins Wohnzimmer zurück. »Siehst du, wie ich schwebe? Zehn Zentimeter über dem Boden, mindestens! Ich glaub es nicht!!! Was für ein Glück! Unglaublich! Nicht zu fassen! Wie gut, dass du mich ans Telefon getrieben hast!« Anna dachte an die letzten Monate voller Frust und Enttäuschungen, die vielen Bettelbriefe, die ungezählten Mails, die Erklärungsversuche am Telefon, das Nicht-Verstehen-Wollen und das Weggucken und Banalisieren – taub und blind, ja, das ist schlimm, aber die sind doch versorgt ... »Du glaubst gar nicht, wie schwierig und entmutigend es ist, für ein Taubblindenprojekt Geld zu beschaffen. Und jetzt auf einmal das!« »Und jetzt«, unterbrach Sarah ihren Ausbruch, »und jetzt erklärst du mir bitte, was eigentlich los ist!«

Und Anna berichtete. Im März war es ihr gelungen, für das jährlich stattfindende Taubblindenseminar einen Schnupperkurs »Computer« einzurichten. Dieser Schnupperkurs war ein voller Erfolg gewesen und Anna hatte versprochen, eine Computerschulung für interessierte Taubblinde zu organisieren. Sie hatte sich hingesetzt, ein Konzept erarbeitet und für das Schulungsprojekt um Spenden gebettelt. Sie hatte das Jahrbuch der Deutschen Stiftungen durchstöbert, im Internet recherchieren lassen, sie hatte telefoniert und geschrieben. Sie hatte viele Antworten bekommen, immer nur Absagen. Schließlich hatte sie sich mit ihrem Antrag an den Paritätischen Wohlfahrtsverband gewandt mit der Bitte um Weiterleitung an die Aktion Mensch. Gerade eben hatte Susanne Seichter, Abteilungsleiterin beim Paritätischen, sich gemeldet und ihr Konzept für gut befunden. Sie werde es an die Stiftung Wohlfahrtspflege weiterleiten. Sie war sicher, dass der Projektantrag angenommen würde. Sie wollte mit dem Vorstand der Stiftung Rücksprache nehmen und sie dann per Mail informieren. Gefragt nach der Höhe der Unterstützung, meinte sie: »Das ist nahezu unbegrenzt, 200000

Euro sollten kein Problem sein. Allerdings ist ein Eigenanteil von 10 Prozent zu zahlen. Und nun kann ich mit der Planung anfangen. Als Erstes brauche ich eine Menge Spezialisten: Computertrainer, Gebärdensprachdolmetscher, Lormdolmetscher und Begleiter für das Freizeitmanagement. Sarah, hast du nicht Lust, bei einer Gruppe als Begleiterin dabei zu sein?«

»Warum brauchst du so viel Geld für eine Computerschulung? Was hast du eigentlich genau geplant?« »Dir ist ja sicherlich klar, dass Taubblinde nur einzeln, auf keinen Fall in einer Gruppe, geschult werden können. Sie brauchen also Einzelunterricht bei einem Trainer, der die blindenspezifischen Bedienelemente wie Screenreader und Braillezeile genau kennt. Und ohne Kommunikationsassistenz durch einen Lorm- oder Gebärdensprachdolmetscher geht es auch nicht. Beide Spezialisten sind extrem teuer, kaum ein Taubblinder kann solch eine Schulung aus eigenen Mitteln bezahlen. Die Krankenkassen übernehmen die Kosten nur für eine sehr kurze, völlig unzureichende Einweisung. Die reicht gerade mal, um den Ein- und Ausschaltknopf bedienen zu können.« Sarah merkt an: »Vorhin hast du aber von einer Gruppe gesprochen, in der ich die Begleitung übernehmen könnte. Wie soll ich das verstehen?« »Es ist geplant, dass jeder der 16 Teilnehmer, über das ganze Jahr 2005 verteilt, vier einwöchige Schulungen bekommt. Vier Taubblinde bilden eine Gruppe. Zum Team einer Gruppe gehören immer zwei Gebärdensprachdolmetscher und zwei Computertrainer sowie eine Freizeitbegleitung. Die Zusammensetzung der Gruppe und der Arbeitsteams bleibt das ganze Jahr über unverändert. Das gibt den Teilnehmern Sicherheit. Jeder Teilnehmer des Projekts weiß, wer sein Computerlehrer, wer sein Dolmetscher und wer sein Begleiter für die Freizeit ist. Die Unterstützung in der Gruppe, die Gespräche und der Austausch der Teilnehmer untereinander tragen ganz wesentlich dazu bei, den Lernerfolg zu sichern.« Sarah stimmte ihr zu: »Für Taubblinde ist es sehr wichtig zu wissen, was auf sie zukommt. Unvorhergesehenes begegnet ihnen in ihrem Alltag oft genug. Außerdem leben viele sehr isoliert, da tut ihnen die Gemeinschaft in der Gruppe sicherlich gut.« »Auch vom wirtschaftlichen Standpunkt aus betrachtet, ist eine einwöchige Schulung in einer Gruppe von vier Teilnehmern trotz Einzelschulung sinnvoll. So können die Kapazitäten der Computerlehrer und der Gebärdensprachdolmetscher voll ausgenutzt werden, ohne die Leistungsfähigkeit der Teilnehmer zu überfordern.« »Und wo wird das alles stattfinden?« »Veranstaltungsort ist eine Begegnungsstätte für Blinde, das Aura-Zentrum in Bad Meinberg. Das Haus ist vielen Teilnehmern von Freizeiten bekannt und bietet somit ein sicheres Umfeld und mit Sauna, Schwimmbad und Kegelbahn viele Möglichkeiten der Entspannung nach der anstrengenden Schulung.«

4.3 Finanzierung des Eigenanteils gesichert

Es hat geklappt. Die Stiftung Wohlfahrtspflege NRW hat im März 2004 den Zuwendungsbescheid geschickt, damit ist die Finanzierung des Projekts weitgehend gesichert. Der Bescheid lautet über eine Summe von 175 000 Euro, ein Eigenanteil von 10 Prozent ist vom Projektträger zu zahlen. Dafür muss noch ein Spender gefunden werden, denn diesen Betrag kann der Blindenverband in seiner aktuellen Situation nicht stemmen. Im vergangenen Jahr hatte Anna an die Software AG Stiftung in Darmstadt geschrieben, nun präzisiert sie ihre Anfrage und hat Glück. Joachim Grenz, zuständig für solche Projektanträge, kommt im April nach NRW, wird das Taubblindenseminar besuchen und sich, hoffentlich, vom Sinn und Zweck des Projekts überzeugen lassen.

Anna hat zum Frühstück nur Tee getrunken, in ihrem Magen rumort es. Herr Grenz von der Software AG Stiftung hat sein Kommen für diesen Tag angekündigt. Die Mitarbeiter im Büro wissen Bescheid und werden ihn zu Anna in den Seminarraum bringen, wo Jürgen die Regeln der Blindenkurzschrift mit ihr wiederholt. Anna hat größte Mühe, Jürgens gelormte Nachfragen zu verstehen. Jürgen weiß, dass Anna wenig darin geübt ist, das Lormen aufzunehmen, und so lormt er vorbildlich sauber und langsam und berührt nach jedem Wort vorschriftsmäßig mit seinen Fingern kurz ihre Handinnenfläche. Trotzdem ballt Anna ihre Hand immer wieder zu einer Faust zusammen, um zu signalisieren, dass sie nicht verstanden hat und eine Wiederholung braucht. Anna ist mit ihren Gedanken längst schon bei Herrn Grenz. Legt sich die Argumente zurecht: die Bedeutung des Computers für Taubblinde, die Schwierigkeiten der Handhabung mit einer Braillezeile als einzigem Ausgabemedium, die Notwendigkeit des Einzelunterrichts mit Unterstützung durch einen Lorm- oder Gebärdensprachdolmetscher ... Die Gedanken kreisen.

Es klopft und Jeannette führt den Besucher herein. Anna steht auf, um Herrn Grenz zu begrüßen. Ihr Führhund, der bis dahin unter dem Tisch gedöst hat, tut es ihr nach, und Herr Grenz ist sichtlich überrascht. Wusste er nicht, dass Anna blind ist? »Na gut«, denkt Anna, »heute wird ihm Einiges geboten. Wir haben hier das komplette Programm: blind, gehörlos und taubblind! Mal sehen, wie er das aushält!« Anna führt den Besucher zu Jürgen, der unbedingt lernen will, mit einem Computer umzugehen. Jürgen möchte mit seinen Neffen und Nichten E-Mails austauschen und selbst die Lokalnachrichten in der Zeitung lesen, anstatt sie sich von seiner Mutter beim Frühstück lormen zu lassen. Im Hinausgehen skizziert Anna Jürgens Biografie: gehörlos geboren, Ausbildung zum technischen Zeichner, im Alter von 40 Jahren erblindet, seitdem erwerbsunfähig, Rückkehr ins Elternhaus. Auf dem Weg zu den Tagungsräumen in der ersten Etage, wo die beiden Computer-Arbeitsplätze aufgebaut sind, zeigt Anna den Raum, in dem Heidemarie Grünert die Teilnehmer mit Tipps für den Alltag versorgt, gerade quält sich Friedrich mit dem Bügeleisen und einem Oberhemd. Weiter geht es durch das Foyer, wo Vera und Anika Kurse in Blindenschrift und Lormen geben. Die Blindenschrift steht aktuell hoch im Kurs; es hat sich herumgesprochen, dass mit der Brailleschrift die Eintrittskarte in die Computerwelt erworben werden kann. Zehn von den insgesamt 16 Teilnehmern des Seminars plagen sich in dieser Woche am Computer, angeleitet von Richard M. und Michael Plarre, den beiden Computertrainern, während Sabine und Mario die Kommunikationsbarrieren zu überwinden helfen. Joachim Grenz ist fasziniert von den Möglichkeiten des Brailledisplays, lässt sich eine Simulationsbrille verpassen, macht einen Selbstversuch und steuert den PC mit Hilfe der Sprachausgabe und den entsprechenden Tastaturbefehlen. Die Situation »Taubblindheit« kann er allerdings nicht simulieren, dazu fehlen ihm die nötigen Kenntnisse der Blindenschrift.

Herr Grenz fragt die Teilnehmer nach ihren Wünschen. Besonders wichtig ist allen, eine E-Mail schreiben zu können. E-Mails sind schnell geschrieben und abgeschickt. Ohne Hilfe der Angehörigen! Punktschriftbriefe müssen von sehenden Partnern adressiert und in den Briefkasten gesteckt werden. Außerdem können Mails auch von blindenschriftunkundigen Personen gelesen werden. Hermann möchte mit dem Computer Schachspielen können und an Schachturnieren teilnehmen. Anderen ist es wichtig, jederzeit und selbstständig auf die letzten Fußballergebnisse zugreifen zu können.

Die Seminarteilnehmer gehen in die Mittagspause. Herr Grenz fragt nach: »Wo können sich Taubblinde über Hilfsmittel und Reha-Angebote beraten lassen?« Er erfährt, dass es keine Beratungsstelle in NRW gibt, dass es den Zufällen ehrenamtlichen Engagements überlassen bleibt, ob und welche Unterstützung gewährt wird.

Als Anna mit knurrendem Magen den Speisesaal betritt, haben die meisten schon die Mahlzeit beendet. Sabine fragt nach: »Wie war's?« Annas Daumen schnellt in die Höhe. »Wir können jetzt mit den Ausschreibungen für das Projekt loslegen und uns auf die Suche nach Dolmetschern, Computertrainern und Begleitern machen. Habt ihr noch was zu essen für mich?«

4.4 Die Arbeitsteams – Computertrainer

Mail von Richard M., 25.09.2004

»Unsere Gesellschaft ist bereit, dir schriftlich zu garantieren, dass wir 16 Wochen abdecken können. Was wir nicht garantieren können und wollen, ist, dass ich tatsächlich alle 16 Wochen zur Verfügung stehen kann. Wir bemühen uns darum, und wenn ich keine Schulung habe, kann ich es ja auch machen. Aber wir garantieren dir nur, dass wir, falls mir etwas dazwischenkommt, einen anderen, qualifizierten Lehrer schicken werden.«

Wütend starrt Anna auf den Monitor. Das war nun das Ergebnis ihrer vielen Versuche, Richard M. von der Projektkonzeption zu überzeugen: Eine für den gesamten Zeitraum unveränderte Zusammensetzung der Gruppen und Trainingsteams, die sich in den ersten Schulungswochen im Januar formiert haben.

16.09.2004 Vorbereitungstreffen in Bonn

Gegen Ende des Taubblindenseminars im April hatten Richard M. und Michael Plarre ein gemeinsames Treffen zur Vorbereitung des Projekts vereinbart. Nun war endlich ein Termin und ein Ort gefunden.

Anna hatte kurz zuvor die Termine der Schulungsblöcke mit der dringenden Bitte an Richard M. geschickt, sich auf ihm mögliche Termine festzulegen und einen Kollegen zu benennen, für den Fall, dass er nur einen Teil der Gruppen übernehmen könne. Richard M. findet, dass Anna unnötigen Druck macht. Er weiß noch nicht, ob und wann er im Januar anwesend sein kann. Er hat einen neuen Job in Aussicht und weiß nicht, wann die Einarbeitungsphasen beginnen. Anna schluckt, bemüht sich um Fassung und beschließt, dieses besondere Problem zunächst bei den Überlegungen auszuklammern.

Sie fasst zusammen, wie weit die Organisation des Projekts gediehen ist: Der große Seminarraum und die Einzel- und Doppelzimmer sind für das ganze Jahr reserviert. 16 Teilnehmer haben sich fest angemeldet. Die Firma HandyTech hat zugesagt, zwei komplette Computer-Arbeitsplätze für den gesamten Zeitraum kostenlos zur Verfügung zu stellen. Anna hatte auch bei anderen Firmen nachgefragt, bei der Firma Reinecker wurde sie vom Inhaber ausgelacht: »Taubblinde und Computer! Wie soll das denn gehen?!« Nun, das Projekt wird zeigen, was möglich ist.

Michael Plarre und Richard M. beraten, welche Technik sie für das kommende Jahr nutzen wollen: zwei Computer mit Betriebssystem Windows XP, ausgestattet mit Screenreader-Software JAWS for Windows, Vergrößerungssoftware Zoomtext 8.0, Texterkennungssoftware Open Book, Braille-Übersetzungssoftware RTFC, Braillezeile Modular 84, Schwarzschrift- und Punktschriftdrucker. Anna notiert sich, dass sie bei Brailletec in Marburg wegen eines Blindenschriftdruckers nachfragen muss. Außerdem muss sichergestellt werden, dass im großen Seminarraum des Aura-Zentrums beide Rechner gleichzeitig online gehen können.

Nach der Mittagspause in der Kantine des Gustav-Heinemann-Hauses gehen die Beratungen weiter. Michael hat schon Überlegungen zu den Schulungsunterlagen angestellt. Diese Unterlagen sollten absolut zielgruppenorientiert das Hilfsmittel Braillezeile als einzig mögliches Ausgabemedium in den Mittelpunkt aller Anwendungen stellen.

Richard M. erklärt seine Situation: »Wenn ich mich für 16 Wochen verpflichte – wozu ich bereit war und bin –, dann bedeutet das einen großen

Einschnitt in meiner Arbeit. In der Zeit kann ich weder andere Seminare durchführen noch planen. Wie gesagt: Dazu bin ich prinzipiell bereit. Meine Lebensumstände sind aber so, dass ich nicht mit 100-prozentiger Sicherheit zusagen kann.« Anna versucht einen Vorschlag: »Wenn ich dich richtig verstehe, ist es für dich aus verschiedenen Gründen schwierig, dich für einen langen Zeitraum festzulegen. Du könntest dir die Gruppen mit einem dir bekannten Kollegen teilen, sodass jeder von euch in den vier Schulungsblöcken im Januar, Juni, September und November nur jeweils zwei Wochen anwesend ist.« Richard ist nicht einverstanden: »Ich kann zwar nicht garantieren, dass ich immer zur Verfügung stehe. Aber ich bin nach wie vor bereit, die 16 Wochen Schulung zu übernehmen. Nur möchte ich mir vorbehalten, eine Vertretung für den Fall, dass ich verhindert bin, zu bestimmen. Ich kann dir einen Ersatzkandidaten nennen – nur, ob wir ihn brauchen, ist weiterhin ungewiss.« Die Diskussion dreht sich im Kreis und Anna beendet sie mit der Bitte an Richard, sich bis zum 25. September zu entscheiden, ob und wann er dem Projekt zur Verfügung steht.

Anna liest noch einmal die Mail, die ihr Richard M. als Antwort auf ihre dringende Bitte um eine feste Terminzusage für das Projekt geschickt hat. Sie ist ärgerlich, dass Richard sich nach wie vor alle Optionen offenhalten und sich nicht festlegen will. Aber eigentlich ist ihr Ärger über sich selbst durchaus größer. Hätte sie es denn nicht besser wissen können? Hatte Richard M. nicht schon den für fünf Tage terminierten Schnupper-Workshop 2003 auf zweieinhalb Tage verkürzt? Hat er nicht wiederum in diesem Jahr sein gegebenes Versprechen, eine ganze Woche zu kommen, nicht eingehalten und sein Kommen wiederum auf zwei Tage reduziert, sodass Anna einen weiteren Computer beschaffen und einen zweiten Trainer engagieren musste, um die Erwartungen derjenigen Teilnehmer nicht enttäuschen zu müssen, die sich vor allem wegen der Computerschulung zum Seminar angemeldet hatten?

Da Richard M. eine verbindliche Terminzusage nicht geben kann, erscheint seine Mitarbeit im Projekt nicht sinnvoll. Über diese Entwicklung ist Anna sehr traurig und enttäuscht, umso mehr als Richard M. während des ersten Schnupperkurses hervorragende Überzeugungsarbeit geleistet und damit den Anstoß zu dem Projekt gegeben hat.

Anna schickt die fällige Absage und erfährt, dass die Gesellschaft unter diesen Umständen auch keine anderen Trainer stellen wird. Es ist Ende September und es wird Zeit, die Mannschaft zu komplettieren. Anna telefoniert, schickt Mails und fragt an. Schließlich hat sie doch Glück. In Hamburg existiert ein sehender Computerspezialist mit viel Erfahrung in der Schulung Sehbehinderter. Er arbeitet als selbstständiger Unternehmer und kann es sich einrichten, drei Gruppen zu übernehmen. Für eine der vier Gruppen wird eine andere, ebenfalls gute Lösung gefunden. Wolfgang Liffers, Mitarbeiter im BSVW, wird vom Verband zur Verfügung gestellt. Mitte November kann Anna aufatmen: Die Trainer-Mannschaft ist komplett!

4.5 Die Arbeitsteams – Gebärdensprachdolmetscher

Die Suche nach Dolmetschern ist frustrierend. Die Liste des Berufsverbandes wird Name für Name abgearbeitet – erfolglos. Es scheint keine Gebärdensprachdolmetscher zu geben, die bereit und in der Lage sind, für Taubblinde zu dolmetschen. Eins aber ist klar: Das Projekt steht und fällt mit der sicheren Kommunikation. Lormen und taktile Gebärden sind Voraussetzung für den Erfolg.

Da erinnert sich Anna an eine ihrer Aktionen des vergangenen Jahres.

In der Gehörlosengemeinschaft sind die Probleme taubblinder Menschen nur wenig bekannt, daher schien es ihr wichtig, Verständnis und Interesse zu wecken. Bei dem Herausgeber einer katholischen Gehörlosenzeitschrift hatte sie darum gebeten, den Bericht über einen Taubblindenstammtisch zu veröffentlichen. Es hatte ein sehr ausführliches und persönliches Gespräch gegeben, an dessen Ende der Herausgeber der Zeitschrift voller Vaterstolz von seiner Tochter berichtete, die als Gebärdensprachdolmetscherin arbeitete, zusätzlich Psychologie studiert und für den taubblinden Diakon Peter Hepp aus Rottweil gedolmetscht hatte.

Anna checkt noch einmal die Listen der Gebärdensprachdolmetscher, findet aber den Namen nicht. Ein weiterer Anruf bringt die Erleuchtung: Die

Tochter hat mit dem Familienstand auch ihren Namen geändert. Anna bekommt die Kontaktdaten zusammen mit einer Empfehlung des Vaters. Marja Hummert lässt sich vom Konzept des Projekts überzeugen, findet interessierte Kollegen, kann ein komplettes Team zusammenstellen und für die insgesamt 16 Wochen des Projekts sicherstellen, dass alle Spielarten der nonverbalen Kommunikation gedolmetscht werden.

4.6 Die Arbeitsteams – Freizeitbegleiter

Wenn es schon mühsam genug war, Computer-Trainer zu engagieren, sie auf 16 Schulungswochen festzunageln, und Gebärdensprachdolmetscher aufzutreiben, bereit, sich auf die besondere Kommunikation taubblinder Menschen einzulassen, so schien es eine Zeitlang unmöglich, eine ausreichende Zahl von Freizeitbegleitern zu finden. Professionelle Angebote fehlen, Taubblindenassistenz gibt es nicht.

Nahezu ausnahmslos sind es die Angehörigen, die Unterstützung und Begleitung übernehmen. Väter, Mütter, Geschwister oder Partner begleiten jeden Schritt in den Alltag: Sie begleiten zum Arzt, bei Behördengängen, im Urlaub, zu Taubblindentreffen, sie gehen mit zum Schwimmen und Wandern und unternehmen lange Tandemfahrten. Das Projekt sollte mithilfe von externen Begleitern allen zugänglich gemacht werden, auch denen, die eine solche Unterstützung nicht oder nur ausnahmsweise erhalten.

Seit etwa 2001 wurde in Recklinghausen der Versuch unternommen, einen Pool von ehrenamtlichen Begleitern aufzubauen, teils bestückt mit Personen, die in der Schweiz in die Techniken der Begleitung eingeführt wurden, teils mit Studenten der Fachhochschulen in Münster und Bochum oder mit Teilnehmern der Gebärdensprachkurse von LINGS in Essen. Im Januar 2004 wurden diese bereitwilligen Helfer während eines Wochenendseminars in die Techniken der sehenden Führung und des Lormens eingeweiht. Mit Ohrstöpseln und Simulationsbrillen konnten die Teilnehmer selbst erfahren, wie es ist, die Kontrolle abzugeben, sich blind einem anderen Menschen anzuvertrauen und sich treppauf, treppab seiner Führung zu überlassen.

Diese ehrenamtlich Aktiven finden das Projekt hochinteressant und würden gern mit dabei sein, können aber höchstens eine Woche des kommenden Jahres dafür freischaufeln. Der Projektkonzeption entsprechend jedoch sollte die Begleitung eine Gruppe bei allen vier über das Jahr verteilten Schulungswochen konstant sein. Das ist für viele unvereinbar mit Studium oder Beruf und Familie. Schließlich können tatsächlich vier Begleiterinnen ihre Zeitpläne für das Jahr 2005 so organisieren, dass sie jeweils eine Gruppe in allen vier Schulungswochen unterstützen. Drei der Begleiterinnen haben in der Schweiz und bei den Taubblindentreffen in NRW viele Taubblinde kennengelernt, haben Gebärdensprachkenntnisse und waren bei dem Wochenendseminar präsent. Die vierte Begleiterin hat zum ersten Mal beim Taubblindenseminar assistiert, sie ist freundlich und sehr bemüht, aber recht unsicher. Anna hat Bedenken, aber keine andere Wahl. Es würde hoffentlich gut gehen.

Das Arbeitsteam ist komplett. Anna muss sich eingestehen, dass sie rundum sehr viel Glück gehabt hat und die Realisierung des Projekts wie schon bei der Finanzierung auch bei der Suche nach den Projektmitarbeitern an einem seidenen Faden hing.

4.7 Der erste Schulungsblock im Januar – Nachlese

Wieder einmal war der ICE Köln–Berlin von Hamm, wo die Wagen des über Wuppertal und Hagen geleiteten Zugteils angekoppelt wurden, mit einer Verspätung von zehn Minuten abgefahren. Nervös knibbelte Anna an der Nagelhaut ihres Daumens, würde sie ihren Zug in Bielefeld noch erwischen? Bei einer Umsteigezeit von 13 Minuten und der Ankunft und Abfahrt auf dem gleichen Bahnsteig sollte ihr das eigentlich gelingen. Aber nahezu jedes Mal war es das gleiche, enervierende Spiel: Würde der Zug die Verspätung aufholen oder etwa, was häufiger vorkam, noch weitere Verspätungen einfahren? Diese Strecke fuhr sie nun schon zum fünften Mal seit Beginn des Jahres. Heute war es ihr besonders wichtig, noch vor dem Mittagessen im Aura-Zentrum einzutreffen. Wenn sie die Nordwestbahn um 9.49 Uhr verpasste, müsste sie eine spätere Regionalbahn mit

Umstieg in Lage nehmen und womöglich auf ein anderes Gleis wechseln. Und das in einem Bahnhof im Rohzustand, mit provisorischen Holztreppen und unvorhersehbaren Absperrungen. Eigentlich hätte die Renovierung des Bahnhofs zum Zeitpunkt der Expo in Hannover abgeschlossen sein sollen, das war nun schon fünf Jahre her.

Anna versuchte, sich auf die kommenden Stunden zu konzentrieren, in Gedanken die vor ihr liegenden schwierigen Gespräche durchzuspielen. In der vergangenen Woche war nicht alles nach Wunsch gelaufen. Anna musste sich Fehler bei der Planung und Zusammensetzung der vierten Gruppe eingestehen. Vorbehalten zum Trotz hatte sie die Anmeldung von Kurt akzeptiert, dem der Ruf eines äußerst schwierigen Zeitgenossen vorauseilte. Sie hatte sich über die Warnungen derer, die ihn kannten, hinweggesetzt und hatte ihm eine Chance geben wollen, hatte gehofft, dass Kurt sie erkennen und nutzen würde. Intelligent genug war er sicherlich. Anna versuchte, den genauen Wortlaut der Telefonate zu erinnern. Kurt war offensichtlich nicht bereit gewesen, sich auf die Schulungssituation einzulassen. Weder mit Erklärungen noch mit Learning-by-Doing war er nachhaltig zu erreichen gewesen, nur unwillig bereit, sich aus seinem heimatlichen System zu lösen und an einem ungewohnten Arbeitsplatz neue Erfahrungen zu machen. Sein Trainer glaubte nicht, dass er von einer Fortsetzung der Schulung profitieren würde. Ebenso wenig wie Kurt sich an die Schulungssituation anpassen konnte, war es ihm nicht gelungen, sich in die Gruppe zu integrieren. Da zwei Teilnehmer mit Angehörigen angereist waren, hatte die Begleiterin viel Zeit und Gelegenheit, sich allein mit Kurt zu befassen und sich nach seinen Wünschen und Bedürfnissen zu richten, ohne es ihm je rechtmachen zu können. Am Telefon hatte Elke, die Begleiterin, berichtet: »Wollte ich Kurt helfen, sagte er immer: ›Ich bin selbstständig.‹ War ich nicht gleich an Ort und Stelle, wurde er laut. Die anderen Teilnehmer bekamen sein Verhalten mit und litten darunter.«

Glücklicherweise hatte die Regionalbahn in Bielefeld auf Gleis 1 gewartet und pünktlich um 10.28 Uhr war sie an dem zweigleisigen Bahnhof Horn-Bad Meinberg angekommen, vom Zivi in Empfang genommen und zum Zentrum gebracht worden. Anna stieg aus dem Hotel-Bus und ging zur Rezeption. Es wurde sehr laut. Schimpfend kam Kurt die der Rezeption gegenüberliegende Treppe herunter, heftig mit seinem Langstock gegen jede Stufe stoßend. Klatschend schlug er mit der Hand auf den Tresen und brüllte: »Wo ist Elke! Elke ist nicht gut. Ich brauche Hilfe.« Ein anderer Hotelgast, der an der Rezeption etwas zu erledigen hatte, machte umgehend kehrt. Die Rezeptionistin meinte zu Anna: »So geht das hier häufiger zu. Das ist eigentlich nicht tragbar. Die anderen Gäste haben Angst.« Anna ging zu Kurt, nahm seine Hand und lormte ihren Namen. Kurt wandte sich ihr zu, hörte aber nicht auf zu schimpfen. Anna nahm wieder seine Hand. Er versuchte, sich ihrem Zugriff zu entziehen. Sie ließ nicht locker, schrieb in seine Hand, dass Elke schon im Anmarsch sei und ihn jetzt sofort in die Cafeteria bringen werde, wo sie, Anna, mit ihm sprechen wolle.

In der Cafeteria wurde am Vormittag nicht bedient, sie waren ungestört. Elke führte Kurt an einen Tisch in einer Nische und Anna setzte sich zu ihm, fragte ihn, warum er vorhin so geschimpft habe. »Ich bin gehörlos und blind. Ich brauche Hilfe.« Anna sagte: »Ja, es ist schwer, wenn man taub und blind ist. Aber du hast hier Hilfe. Elke ist immer für dich da.« »Elke gibt mir immer nur Befehle. Sie kommandiert mich herum. Sie ist nicht da, wenn ich sie brauche.« »Das stimmt nicht. Vorhin war Elke sofort an der Rezeption. Du hättest nur einen kleinen Augenblick warten müssen. Wenn du so laut bist und schimpfst und mit dem Stock auf den Boden schlägst, machst du den anderen Angst. Du musst auch Rücksicht nehmen.« Davon wollte Kurt nichts hören, stand auf und wollte weg. Er verlor sich im Gewirr der herumstehenden Stühle. Anna führte ihn zurück auf seinen Platz. »Ich bin noch nicht fertig. Ich habe eine Frage: Was hast du in dieser Woche am Computer gelernt?« Kurt schimpfte: »Der Computer ist nicht gut. Ich will Videotext lesen wie zu Hause.« »Kurt, du kannst hier Neues lernen, zum Beispiel E-Mails schreiben oder Zeitung im Internet lesen.« »Jaja, ich weiß. Aber der Computer hier ist nicht gut. Ich will einen anderen Computer.« Anna versuchte ihm begreiflich zu machen, dass eine solch persönliche Lösung nicht möglich war. »Ich glaube, es ist besser für dich, wenn du zu Hause an deinem Computer trainierst. Ich werde versuchen, für dich einen guten Trainer zu finden, der dir an deinem Computer alles zeigt, was du wissen möchtest.« Kurt begriff sofort, was das bedeuten sollte, und fing nun erst recht an zu wüten. Anna fand keine Möglichkeit ihn zu beschwichtigen, und bat seine inzwischen angereiste Partnerin, ihn auf sein Zimmer zu bringen. Was war falsch gelaufen? Eigentlich war sie noch immer der Überzeugung, dass dieser Computer-Kurs genau das Richtige war für Kurt. Eine rasche Auffassungsgabe, großes Interesse an technischen Neuerungen – das alles besaß Kurt. Warum nur war es nicht gelungen, ihn »einzufangen«?

Beim Mittagessen saß Anna neben Michael Plarre und nutzte die Gelegenheit, ihn nach der Teilnehmerin zu fragen, für die ebenfalls eine Fortführung der Schulung nicht infrage kam. Anna hatte bei der Anmeldung die Aufnahmekriterien überprüft und angemerkt, dass das Schreiben im Zehnfingersystem unbedingt noch verbessert werden müsste. Das wurde zugesichert. Da Anna mit Elfriede einen ausführlichen Briefwechsel, natürlich in Punktschrift, geführt hatte, war sie davon ausgegangen, dass diese Kenntnisse ausreichend waren … Anna hakte also nach: »Bitte, Michael, erklär mir doch noch einmal genau, wo Elfriedes Schwierigkeiten liegen.« Michael antwortete ihr in seiner ruhigen, bedächtigen Art, wie immer bemüht, sachlich und pädagogisch zu argumentieren. »Hm, ja, Tastaturkenntnisse sind vorhanden, aber es ist eindeutig, dass Elfriede nur an einer uralten, mechanischen Schreibmaschine geübt hat. Der Anschlag auf der Computer-Tastatur bereitet erhebliche Probleme. Die Tasten werden zu lange gedrückt, beim Schreiben werden alle Buchstaben mehrfach angeschlagen. Es ist uns in dieser Woche nicht gelungen, dieses Problem in Griff zu kriegen. Da müssen die richtigen Reflexe noch einmal separat trainiert werden.« »Und was hast du mir am Telefon erzählt? Elfriede kennt die Buchstaben der Punktschrift nicht? Das kann nicht sein. Ich habe mit ihr etliche Punktschriftbriefe ausgetauscht. Sie hat mir auf meine Fragen richtig und in vorbildlicher Orthografie geantwortet. Wie kommst du zu der Behauptung, dass Elfriede die Buchstaben nicht kennt?« Michael lacht gemütlich: »Du wirst doch meine pädagogischen Fähigkeiten nicht anzweifeln? Elfriede konnte Menüpunkte auf der Braillezeile nicht identifizieren, da haben wir ihre Brailleschriftkenntnisse mit einem leichten, auf Papier in Vollschrift gedruckten Text geprüft. Dabei stellte sich leider heraus, dass Elfriede die Brailleschrift nur in Ansätzen kennt. Sie konnte den kurzen und sehr einfachen Text nicht entziffern.« »Ich muss dir das ja glauben, aber es ist mir schleierhaft, wie sie dann meine Briefe alle vollkommen korrekt beantworten konnte. Dieses Rätsel muss ich nach der Mittagspause lösen.«

Anna erinnert sich an ein Gespräch mit Simon, Elfriedes Partner, das sie vor gut einem Jahr beim Stammtisch geführt hatte. Simon hatte erzählt, dass Elfriede sich über ihr Bildschirmlesegerät beschwerte, ein neues Gerät erhielt und trotzdem nicht zurechtkam. »Der Arzt hat gesagt, dass ihre Augen schlechter geworden sind. Sie will das nicht akzeptieren. Was soll ich machen? Ich kann ihr doch nicht ein Auge abgeben!« Anna findet einen kleinen Raum, wo sie mit den Beiden in Ruhe sprechen kann. »Michael sagte mir, dass du die Buchstaben auf der Braillezeile nicht gut lesen kannst. Stimmt das, Elfriede?« Elfriede protestiert, möchte nicht klein beigeben: »Ich brauche nur ein bisschen mehr Zeit, dann geht das schon. Ich muss mich ja erst an die Braillezeile gewöhnen.« »Du hattest aber auch Probleme mit dem Text auf dem Papier.« »Ja, ja, das war aber ein schwerer Text. Nicht leicht für mich zu verstehen.« Anna hatte den Text gelesen, er enthielt Elfriedes persönliche Daten, ihren Wohnort und Einzelheiten über ihre Familie. Sie sagt nichts und schaut Simon an. Simon versteht, jetzt hilft kein Tricksen mehr: »Elfriede hat früher die Punktschrift unter der Vergrößerung des Bildschirmlesegeräts entziffert. Das geht jetzt nicht mehr. Da habe ich ihr die Sachen vorgelesen.« »Du wolltest deiner Frau helfen, das verstehe ich. Aber es ist dir doch sicherlich klar, dass Elfriede erst die Punktschrift mit den Fingern lesen können muss, bevor sie mit der Braillezeile umgehen kann.« Simon resigniert, akzeptiert, dass es für Elfriede in diesem Jahr keine Computerschulung mehr geben kann. Anna versucht Elfriede zu trösten: »Ich werde mit dir die Punktschrift üben. Wir lesen dann viel gemeinsam. Du wirst schnell die Punktschrift mit den Fingern fühlen. Dann kannst du auch lernen, mit dem Computer zu arbeiten.« Tränen fließen, als Elfriede versteht, was die Dolmetscherin ihr lormt.

4.8 Rückblick der Computer-Trainer

Michael hat gerade seine letzte Unterrichtseinheit in diesem ersten Schulungsblock beendet. Begeistert berichtet er von der Favoritin unter seinen Schülern. »Angela hat zu Hause ein geschlossenes Vorlesesystem. Die Tasten, die notwendig sind, einen PC mit Windows zu steuern, kannte sie nicht, hat das aber superschnell nachgeholt. Angela liest aber gut Brailleschrift, auch auf der Braillezeile. Das macht das Training entschieden leichter. Das größte Erfolgserlebnis war das Mail-Schreiben. Wilfried Laudehr hat eine eigene E-Mail-Adresse für Angela eingerichtet. Sie schreibt und versendet Mails, sie antwortet auf erhaltene Mails und leitet sie weiter. Sie schreibt sehr sicher und schnell.« Anna bestätigt: »Ich habe gestern eine Mail von Angela bekommen, in der sie sich bei mir für die Computerschulung bedankt.« Michael erzählt weiter: »Angela hatte auch einen Schulungsantrag bei ihrem Sozialamt gestellt, der nie beantwortet wurde. Sie sagte: ›Wahrscheinlich liegt mein Antrag auf Schulung bei meinem Sozialamt schon im Papierkorb. Ich habe manchmal das Gefühl, die halten Taubblinde für zu blöd, das zu lernen.‹ Diese erste Schulungswoche war ein voller Erfolg für Angela«, erklärt Michael, »aber nicht nur für sie. Auch die anderen haben gewaltige Fortschritte gemacht.«

Wilfried Laudehr berichtet von Holger: »Er hat gute Computerkenntnisse und arbeitet recht zügig im Zehnfingersystem. Die Braillezeile war für ihn neu, aber er äußerte den dringenden Wunsch, den Computer über Braille und Tastatur ohne Maus und Monitor zu bedienen.

Das Lesen der Braillezeile ging dann vergleichsweise zügig, Unterstreichungen und Markierungen (Punkt 7 + 8 des Computerbraille) haben allerdings noch Schwierigkeiten bereitet. Holger verfügt über eine beachtliche Auffassungs- und Merkfähigkeit. Erkenntnisse werden von ihm schnell abstrahiert und auf ihre grundsätzliche Bedeutung durchleuchtet. Holger hat sehr zügig gelernt. Insbesondere die Navigation im Dateisystem und das nötige Handling für Kopier- und Verschiebevorgänge sind von ihm schnell erfasst worden. Ein kleiner Exkurs in Excel hat sein Interesse geweckt. Mathematische Rechnungen bis zum Prozentrechnen stellen kein Problem dar. Im Sommer werden wir sicherlich Excel vertiefen, uns aber insbesondere an den Bereich Internet und E-Mail machen. Holger ist zu wünschen, das er möglichst zügig zu Hause eine eigene Braillezeile erhält.«

4.9 Rückblick der DolmetscherInnen

In den ersten Wochen der Schulung wurden die individuellen Kommunikationsbedürfnisse der Teilnehmer ermittelt, eine gemeinsame, an die persönlichen Bedürfnisse angepasste Kommunikation musste gefunden werden. Die Palette der Kommunikationstechniken reichte vom Lormen über das Fingeralphabet bis hin zur Gebärdensprache, die sowohl optisch als Kleinraumgebärden wie auch taktil angewendet wurde. In vielen Fällen erwies sich eine Mischform aus Lormen und taktilen Gebärden als Optimum. Ergänzend wurden die Hände der Teilnehmer am PC geführt oder aber der visuelle Fokus auf bestimmte Elemente auf dem Bildschirm oder der Tastatur gelenkt.

Zusätzlich wurden Informationen aus der Umwelt, zum Beispiel über Personen, die den Seminarraum betreten, vermittelt. Die sprachlichen sehr heterogenen Äußerungen der Teilnehmer, Lormen, Gebärdensprache, Dactylieren und Lautsprache, wurden für die PC-Trainer entsprechend in Lautsprache übersetzt. Für die blinden Trainer mussten einige Informationen, beispielsweise darüber, was der Teilnehmer gerade tut, verbalisiert werden.

Es stellte sich heraus, dass die Lichtverhältnisse in den Seminarräumen zum Teil problematisch sind. Durch die großen Fenster, die nicht ausreichend zu verdunkeln waren, traten bei einigen Teilnehmern unangenehme Blendungen auf, die ihre visuelle Aufnahmefähigkeit extrem beeinträchtigten. Hier sollte für die nächsten Seminarblöcke eine differenziert einstellbare Technik, die den sich verändernden Lichtverhältnissen im Laufe eines Tages angepasst werden kann, angebracht werden.

4.10 Rückblick der Begleiterinnen

So verschieden die vier Gruppen in ihrer Zusammensetzung waren, so sehr unterschieden sich auch die von den vier Begleiterinnen gesammelten Erfahrungen.

Gruppe I

Zwei Teilnehmer mit Sehrest konnten sich im Umkreis und innerhalb des Hauses selbstständig bewegen. Die beiden anderen waren vielfach auf Begleitung und Führung angewiesen. In den ersten Tagen brauchte Jürgen im Haus viele Übungen zur Verbesserung seiner Mobilität. So lernte er, den Weg von seinem Hotelzimmer zur Rezeption, dem Treffpunkt für die Spaziergänge und den Weg zum Speisesaal allein und selbstständig zu gehen.

Die freie Zeit nach den Schulungsstunden bis zu den Mahlzeiten wurden von den Teilnehmern genutzt, um das Haus zu verlassen, sich zu bewegen und den Kopf wieder frei zu bekommen. Längere Spaziergänge waren möglich oder auch mal ein Gang in die Stadt, in das Kurgasthaus oder Ähnliches.

Während im Bereich der Orientierung und Mobilität die Unterstützung durch nur eine Begleitung ausreichte, gelang es nur ausnahmsweise, eine befriedigende Kommunikationssituation für alle Beteiligten zu schaffen. Bei Spaziergängen oder Cafébesuchen zu dritt war es der Begleiterin nicht möglich, sich voll und ganz auf einen der beiden taubblinden Gesprächspartner einzulassen. Auch am Abend fehlte eine Person, die mit Friedrich und Benjamin gebärden konnte. Die Begleiterin hatte das Gefühl, sich in den Gesprächen auseinanderreißen zu müssen.

Fazit der Begleiterin:

»Angesichts der völlig unzureichenden Kommunikationssituation, die alle vier Teilnehmer zu Hause erleben, hätte ein ganz normales Gespräch, das nicht immer unterbrochen wird, allen einfach nur gutgetan. Gerade nach den Schulungsstunden war bei allen Teilnehmern der Bedarf an Gesprächen und Mitteilungen sehr groß. Diese Gesprächssituationen fand ich äußerst problematisch. Umso schöner waren der erste Kennlernabend und der Abschlussabend am Donnerstag, an dem das ganze Team in der Cafeteria zusammengesessen hat. Zusätzlich waren zwei Dolmetscher-Praktikanten da, die ebenfalls ›Kommunikationspartner‹ darstellten.

Ich persönlich habe die erste Schulungswoche als sehr gelungen empfunden. Die zeitlichen Absprachen haben sehr gut geklappt und das Team ist sehr offen und freundlich, sodass es viel Spaß gemacht hat, miteinander zu arbeiten.«

Gruppe II

Jeder der vier Teilnehmer, die alle über 60 Jahre alt waren, wurde von Angehörigen begleitet. Die gehörlosen Partnerinnen hatten Mühe, die Rolle der Begleiterin zu verstehen und zu akzeptieren, dass sie nun von ihren alltäglichen Aufgaben teilweise entlastet waren. Das anzunehmen fiel den Frauen, die zu Hause täglich rund um die Uhr für ihre Männer sorgen, schwer. Die Begleiterin stellte zudem fest, dass sie es überhaupt nicht gewohnt waren, Zeit für sich allein zu haben und für sich selbst zu nutzen. So organisierte die Begleiterin auch deren freie Zeit. Während die Herren am Computer schwitzten, versorgte sie die Frauen mit Bastelarbeiten. Ingrid, die einzige weibliche Teilnehmerin der Gruppe, gesellte sich in ihrer computerfreien Zeit gern zu ihnen und entspannte sich dabei.

Abends gestaltete die Begleiterin das Freizeitprogramm nach den Wünschen der Teilnehmer: Sauna, Schwimmen und Kegeln. Zusätzlich gab es einen Spieleabend. Häufig fanden sich die Dolmetscher und Trainer zu dem gemeinsamen Abendprogramm ein.

Fazit der Begleiterin:

»Für mich ist diese Zusammenstellung, Taubblinde zusammen mit ihren vertrauten Begleitpersonen und einer gemeinsamen Freizeitgestalterin, ein Muss. Ohne diese Unterstützung wäre ich schnell überfordert gewesen. So hatten die taubblinden Menschen immer die für sie nötige Betreuung. Ihre vertrauten Personen waren für sie in der Nacht und für den ganz privaten Bereich zuständig. Es war sehr schön, jeden Tag mit sehr zufriedenen und glücklichen Teilnehmern zusammenzuarbeiten, die durch diese Maßnahme auch aus ihrer belasteten Alltagssituation herausfinden konnten.«

Gruppe III

Alle Teilnehmer waren bemüht, sich schnell selbstständig im Haus zurechtzufinden. Dem erst vor Kurzem erblindeten Joachim fiel das anfänglich nicht leicht. Hier waren am ehesten Begleitung und Führung gefragt. Für Joachim, aber auch für die Begleiterin wäre es von Vorteil gewesen, Strategien für die Orientierung in fremder Umgebung zu kennen.

Die Kommunikation mit Christoph und Holger über Gebärden bzw. taktiles Gebärden war in der Regel problemlos. Dagegen war die Verständigung mit Otto wegen seiner schwer verständlichen Gebärden teilweise recht mühsam. Es war daher nicht leicht, ihm immer gerecht zu werden. Mit Joachim war das für die Begleiterin bis dahin ungewohnte Lormen angesagt. Auch für Joachim war diese Technik neu und er hatte zu Anfang erhebliche Mühe, das Gelormte aufzunehmen. Zeit und Geduld waren gefragt.

Die Begleiterin stellte im Laufe der Woche erfreut fest, dass die Teilnehmer sich nach und nach als Gruppe verstanden und immer aufeinander Rücksicht nahmen. Die Zeit am Vor- oder Nachmittag zwischen den Kursen wurde häufig für Spaziergänge genutzt, was in den beiden Kleingruppen auch problemlos möglich war. Hier ging es darum, nach einer Lernphase einfach die Seele baumeln zu lassen und Frischluft zu schnappen. Die Freunde Christoph und Holger ließen sich morgens auch schon mal auf ein Sportprogramm mit der Begleiterin ein. Abends haben die Teilnehmer dann die Angebote des Hauses genutzt – Schwimmen und Saunagänge wurden als Gruppe auch ohne Begleitung gemeistert. Auch hier übernahm jeder Verantwortung für die anderen. Nur das Kegeln erforderte die Anwesenheit der sehenden Begleitung, da die Anzeigetafeln für Blinde ausgefallen waren. Aber besonders beim Kegeln konnte die Begleiterin beobachten, wie die Teilnehmer sich einbrachten und bemühten, auch Joachim als einzigem Nichtsehenden zu Erfolgen zu verhelfen. In dieser Zeit war auch vermehrt Kommunikation zwischen den Teilnehmern zu beobachten.

Fazit der Begleiterin:

»Ich persönlich habe es als sehr positiv gesehen, dass die vier Teilnehmer sich als Gruppe gefunden und Verantwortung füreinander übernommen haben. Ich denke, es ist eine Bereicherung für sie gewesen, auch während der Freizeit etwas selbstständig tun zu können und nicht zwingend auf Begleitung angewiesen zu sein. Für mich als Freizeitbegleiterin für vier taubblinde Teilnehmer zuständig zu sein, war in dieser Konstellation gut möglich, es war anstrengend und ich war schon den ganzen Tag auf den Beinen, aber es war keine Überforderung. Ich denke, ich konnte allen vieren gerecht werden. Ich möchte aber darauf hinweisen, dass das für diese Teilnehmer mit ihren vorhandenen Sehresten und sozialen Kompetenzen gilt.«

Gruppe IV

Da zwei Teilnehmerinnen von Angehörigen begleitet wurden und die dritte Teilnehmerin wegen des noch vorhandenen Sehrestes sehr selbstständig im Haus unterwegs war, hatte die Begleiterin sehr viel Zeit, sich um die Bedürfnisse und Wünsche von Kurt zu kümmern. Kurt wurde überall hinbegleitet, ob zum Essen, zum Unterricht, auf sein Zimmer oder beim Spaziergang. Wenn Kurt am Computer geschult wurde oder sich auf seinem Zimmer ausruhen wollte, schloss sich die Begleiterin den anderen Teilnehmern mit ihren Angehörigen bei Spaziergängen an oder ging mit Johanna schwimmen oder ins Café. An den Abenden saßen die Teilnehmer und oft auch die Trainer und Dolmetscher in der Cafeteria oder kegelten zusammen.

Fazit der Begleiterin:

»Leider hat das Verhalten von Kurt die Gruppe sehr beeinträchtigt. Ich habe mich bemüht und bin auf ihn eingegangen. Aber ich konnte es ihm nie rechtmachen. Abgesehen davon war diese Woche für mich eine Herausforderung und hat mir viel Freude bereitet.«

4.11 Platz da!

Wieder einmal macht sich Anna auf nach Bad Meinberg, wieder einmal außerplanmäßig. Ein Hilferuf des Ausbildungsteams hat sie aufgeschreckt. Ein Reisebus hatte seinen Inhalt ausgespuckt, 60 blinde, katholische und evangelische Christen, die in Gebet und Gespräch Gemeinsamkeiten ihres christlichen Glaubens ausloten wollen, füllen das Aura-Zentrum, breiten sich aus und beanspruchen, ganz selbstverständlich, den großen Seminarraum für sich.

Die Christen stellen fest: Der Raum ist besetzt. Wie das? Da sind sechs Personen, verlieren sich fast in dem großen Raum und wollen ihnen, der zehnfach stärkeren Gruppe nicht Platz machen? Das kann doch nicht angehen! Herr Ratermann, der Geschäftsführer des Hauses, schlägt dem Schulungsteam vor, eine Woche lang Theorie zu machen, Computerschulung als Trockenübung, sozusagen. Er werde gern zwei kleinere Räume zur Verfügung stellen. Das sei doch sicherlich kein Problem und ein guter Vorschlag zu einer einvernehmlichen Lösung!

Anna kocht, bemüht sich ruhig zu scheinen, verweist darauf, dass im März 2004 für 16 Wochen des kommenden Jahres der große Seminarraum für die Computerschulung wegen des nur dort vorhandenen Internetanschlusses reserviert worden war. Wenn ihm ein Planungsfehler unterlaufen sei und er den Seminarraum doppelt vergeben habe, könne er das nicht den Taubblinden anlasten. Eine Computerschulung ohne Computer, das sei doch wohl nicht sein Ernst! Im Übrigen, er müsse sich doch darüber im Klaren sein, dass die Honorarkosten für zwei Dolmetscher und zwei Computer-Trainer sich pro Tag auf etwa 2000 Euro beliefen. Er könne sich sicherlich unschwer vorstellen, welche Schadensersatzforderungen da auf das Aura-Zentrum zukämen. Anna hat längst über eine Lösung nachgedacht: »Die Cafeteria ist groß genug für diese Gruppe und mit Stühlen und Tischen gut ausgestattet. Am Vormittag ist sie ohnehin geschlossen und könnte am Nachmittag später geöffnet werden. Je nach Bedarf erst ab 16.00 oder 17.00 Uhr. Da außer den Schulungsteilnehmern und der Gruppe des Blindenwerks keine anderen Gäste im Hause sind, wird sicherlich niemand etwas dagegen haben.«

An der Rezeption kommt ihr ein Mann in Freizeitkleidung entgegen, stutzt, erkennt sie und versperrt ihr den Weg: »Guten Tag. Ich bin Ralf Althaus vom Katholischen Blindenwerk, ich möchte …« Er setzt ganz offensichtlich zu einer Beschwerde an. Anna fällt ihm ins Wort: »Guten Tag, Herr Althaus. Ich freue mich, Sie kennenzulernen und mich ganz persönlich für Ihre großzügige Spende für das Taubblindenseminar im vergangenen

Jahr bedanken zu können.« Herr Althaus lässt sich nicht daran hindern, ihr seine Meinung zu sagen. »Ich verstehe nicht, dass der Seminarraum mit einer Handvoll Taubblinder besetzt ist und für unsere Gruppe nicht zugänglich sein soll.« »Herr Althaus, mir tut das alles auch sehr leid. Ich habe im vergangenen Jahr explizit einen Raum mit Internetanschluss für zwei Computerarbeitsplätze für 16 Wochen gebucht. Der einzige Raum, der diese Möglichkeiten bietet, ist der große Tagungsraum. Hätte das Aura-Zentrum zwei andere, nebeneinanderliegende Räume mit Internetzugang ausgestattet, so wäre das für die Schulung auch sehr gut machbar gewesen. Das hat die Geschäftsführung versäumt, den Seminarraum doppelt vergeben und nun müssen wir eine andere Möglichkeit suchen. Leider können wir die Computer nirgendwo anders aufstellen.« »Und da müssen wir mit unserer ganzen Gruppe in die Cafeteria ausweichen«, unterbrach sie Herr Althaus. »Das finde ich unglaublich. Dafür habe ich kein Verständnis.« Anna hat ihrerseits kein Verständnis für sein Nicht-Verstehen, sagt das aber nicht. Und meint sachlich: »Tja, das ist sicherlich ein wenig unangenehm für die Gruppe, lässt sich aber nicht anders machen. Die Computerschulung kann nicht verschoben werden und der Ausfall einer ganzen Woche ist nicht zu rechtfertigen.« Herr Althaus ist noch nicht fertig: »Ich finde Sie sehr unverschämt, es wird zukünftig keine weiteren Spenden des Katholischen Blindenwerks für die Taubblinden geben.« Anna drückt ihr Bedauern darüber aus, dass er so wenig Verständnis für die Situation taubblinder Menschen hat. Alle weiteren Gedanken behält Anna für sich. Vor einem Jahr hat sie sich von der christlichen Solidargemeinschaft losgesagt und ist aus der Kirche ausgetreten. Für Kommunikationsassistenz bei einer Studienfahrt hatte sie bei dem evangelischen Blindendienst Westfalen um eine Spende gebeten und eine Förderzusage erhalten. Als sie nun dieses Geld vorsichtig einfordern wollte, gab der Herr Pfarrer vor, diese Zusage niemals gemacht zu haben. Tränen der Wut hatte sie geweint, war am folgenden Tag zum Amtsgericht gegangen und hatte den Betrag an die beiden Assistenzkräfte aus eigener Tasche bezahlt. »Was für ein Land«, dachte Anna, »in dem Taubblinden das Recht auf Assistenz und Rehabilitation, also das Recht auf ein selbstbestimmtes Leben verwehrt wird. Stattdessen sind sie angewiesen auf Almosen, die je nach Belieben gegeben oder zurückgenommen werden.«

4.12 Lernen! Lernen! Lernen!

Inzwischen geht die Computerschulung weiter, die Teilnehmer sind ehrgeizig, freuen sich über ihre Fortschritte und setzen sich immer neue Ziele. Trainer und Dolmetscher sind aufeinander eingespielt, schätzen die Aufnahmefähigkeit der Teilnehmer richtig ein, wie viele Inputs ohne Überforderung gegeben werden können. Die wachsende Vertrautheit in der gemeinsamen Arbeit lässt eine ungezwungene, lockere Atmosphäre entstehen, in der zielstrebig und ernsthaft, aber auch mit viel Spaß gelernt wird. Die Dolmetscher reagieren flexibel auf etwaige Probleme bei der Vermittlung von Inhalten, indem sie die Kommunikationsform kurzfristig abändern. So kann manchem Teilnehmer die Anordnung von Bildschirmelementen besser durch taktile Gebärden illustriert werden, während der sonstige Lerninhalt über das Lormen weitergegeben wird. Geradezu symbiotisch ergänzen sich Dolmetscher und Trainer gelegentlich bei der Interpretation von Fragen und Äußerungen der Teilnehmer, aber genauso auch dabei, die geeignete Methode für die Vermittlung der jeweiligen Lerninhalte herauszufinden.

4.13 Die Nachrücker

In der vierten Gruppe sind zwei Teilnehmer aus der Warteliste nachgerückt. Beide haben gute Vorkenntnisse und steigen mit voller Kraft in medias res. Paul hat noch einen vergleichsweise guten Sehrest. Die Kommunikation per Dolmetscherin funktioniert nahezu reibungslos. Missverständnisse können schnell behoben werden. Paul ist bereits Computer-Nutzer. Er besitzt ein Notebook, mit dem er selbstständig seine Internet-Recherchen, seinen E-Mail-Verkehr und auch das Organisieren und Bearbeiten von Filmen und Bildern erledigt.

Paul möchte über ihm bisher weitgehend unbekannte Anwendungen etwas erfahren: Excel und Frontpage. E-Mail und Internet sind dagegen für ihn kein Thema, hier hat er sich bereits selbst funktionierende Nutzungsstrategien angeeignet.

In der ersten Woche werden hauptsächlich die Grundzüge einer Tastatur-basierten Computerbedienung eingeübt. Die Tipps zu Tastenkombinationen werden gerne angenommen, die Bedienung per Maus nimmt im Verlauf der Woche merklich ab.

Wilfried Laudehr geht auf Pauls besondere Fragen und Wünsche ein und unternimmt einen Exkurs zu MS Access, einem Datenbankprogramm: Ein erster Eindruck und eine Basis für eigenständiges Ausprobieren sind damit gegeben. Dieses Programm bietet eine gehobene PC-Nutzung, die Paul in seinen ehrenamtlichen Tätigkeiten höchst hilfreich sein kann. Er ist in einer Selbsthilfegruppe aktiv, führt Mitgliederlisten, die mit Excel optimiert werden. Neue Lösungen werden erarbeitet. Während der Schulung hat sich Paul mit der Bedienung eines Windows-Systems per Tastatur befasst und Anwendungen kennengelernt, die für ihn bisher zu hohe Einstiegshürden boten.

Ruth ist vor kurzer Zeit erblindet. Durch eine vorangegangene Rehabilitationsmaßnahme sowie durch die Tatsache, dass sie zu Hause bereits einen Windows-PC mit Screenreader und Braillezeile benutzt, ist ihr Einstieg in die Schulung reibungslos. Auch die Kommunikation mit der Dolmetscherin klappt von Beginn an hervorragend. Ihre Lernziele begründete Ruth mit dem Wunsch nach mehr Unabhängigkeit von ihren sehenden Familienmitgliedern, die ihr bislang immer am PC geholfen haben. Das Erstellen von kurzen Texten sowie das Korrigieren unter Zuhilfenahme der Routingtasten sind problemlos. Der größte Wunsch ist das E-Mailen und so steigt Ruth bald in die Nutzung des Outlook Express ein. Der Mailaustausch mit ihrem Mann, der während der Schulung zu Hause ist, ruft wahre Begeisterungsstürme für dieses Medium hervor.

»Internet«, so lautete die kurze, aber bestimmte Antwort, als Ruth nach den Schwerpunkten für die letzte Schulungswoche gefragt wurde. Ihre ersten Schritte im World Wide Web machte sie auf Webseiten, die Inhalte zum Thema taubblind zur Verfügung stellten. Auf eigenen Wunsch informierte sie sich dann über die Wahlergebnisse der Bundestagswahlen vom Sonntag. Hierbei konnte die Erfassung des Inhaltes bereits mit der Erkennung verschiedener Strukturmerkmale über die Braillezeile erfolgen. Links, Tabellen, Listen, Rahmen und Überschriften wurden erkannt und die Vorteile der damit verbundenen Schnellnavigationstasten von JAWS verdeutlicht.

4.14 Freizeit und Entspannung

Ab dem zweiten Schulungsblock konnte eine zusätzliche Begleitung für Gruppe I und Gruppe IV organisiert werden, zumeist Studentinnen der Gebärdensprache oder aber Mitarbeiterinnen des evangelischen Taubblindendienstes in Radeberg. Eine Eins-zu-eins-Begleitung während der computerfreien Zeit am Vor- und Nachmittag war nun möglich. Da diese Assistenzkräfte meist sehr gut gebärdeten und lormten, konnte das Kommunikationsbedürfnis der Taubblinden endlich einmal gestillt werden. In der vierten Gruppe gab es neben dem Wechsel der Teilnehmer auch eine Veränderung bei der Freizeitbegleitung. Melanie, die im ersten Schulungsblock die erste Gruppe begleitet hatte, übernahm zusätzlich auch die Betreuung der vierten Gruppe.

Im Juni lockte strahlend schönes Sonnenwetter mit langen, hellen Abenden alle aus dem Haus, DolmetscherInnen und Trainer inklusive. Das Abendessen im Hotel wurde abbestellt, die Lunchpakete eingepackt, der Hotelbus ausgeliehen und los ging's. Nach einem ausgiebigen Picknick und der Erkundung des Geländes am Hermannsdenkmal konnte niemand dem Reiz des Kletterwaldes mit seinen freihängenden Strickleitern widerstehen. Nicht nur Marja, Kathleen, Willi und Michael hangelten sich von Baum zu Baum, auch Friedrich war gleich mit dabei. Nach all dem Computer-Input hatten auch Benjamin und Jürgen Lust auf Bewegung und ein Abenteuer, überwanden ihre Ängste und vertrauten sich ihren Begleitern an. Dann forderten sie die Sehenden auf, es ihnen gleich zu tun und mit verbundenen Augen zu klettern. Gar nicht so leicht, die Kontrolle abzugeben und sich blind einem anderen anzuvertrauen.

Ein Ausflug zum Schieler-Stausee gehörte im Juni mit zum Schulungsprogramm. Wieder kamen auch die Dolmetscher und Trainer mit. Ruth und Angela, die zum ersten Mal in ihrem Leben nicht von ihrer Mutter, sondern von einer Mitarbeiterin des Taubblindendienstes begleitet wurden, lormten lange miteinander, während Paul sich im Stausee abkühlte. Nach dem Picknick am See ging es zum Seerestaurant. Der Abend endete in einem wilden Witze–Erzählen. Die Übertragung in die Gebärdensprache offenbarte schauspielerische Talente und kam der Darstellung eines professionellen Pantomimen gleich.

Auch die Abende während der Schulungen im September verbrachten die Gruppen gemeinsam bei Karten- oder Gesellschaftsspielen in der Cafeteria. Es war bemerkenswert, wie die Teilnehmer mehr und mehr aufeinander zugingen und sich in ihren Gesprächen auf die Kommunikationstechnik des Gesprächspartners einließen. Auch zwischen Teilnehmern, Computerlehrern und Dolmetschern entstand eine immer vertrautere Beziehung.

4.15 Der letzte Akt

Im Zimmer war es wohlig warm. Das Licht der überall an der Zimmerdecke verteilten Strahler sperrte den novembergrauen Nachmittag aus. Anna hatte sich für zwei Tage bei Erika, einer Freundin aus Kindertagen, einquartiert. Ihre Wege hatten sich nach der in einer Kleinstadt gemeinsam verbrachten Kindheit getrennt, sie jedoch immer wieder zusammengeführt. Im vergangenen Jahr hatten sie sich nach einer zehnjährigen Pause zufällig getroffen und sofort in ihre alte Vertrautheit zurückgefunden. Gemeinsam waren sie zur Vorbereitung einer Studienfahrt der Taubblindengruppe ins Storchennest gereist. Anfang April waren sie die einzigen Gäste in der Begegnungsstätte für Blinde und Taubblinde gewesen, hatten sich abends in der kleinen Wohnküche im ersten Stock ausgebreitet, mit einer Flasche Rotwein die Erfahrungen der letzten zehn Jahre abgeglichen. Ruth Zacharias, die Leiterin des Taubblindendienstes in Radeberg und des Botanischen Gartens, war abends durchs Haus gewandert, hatte liebevoll ihre Duftpflanzen versorgt und hatte ihnen gezeigt, wie man den Pflanzen ihren Duft entlockt. Kräftig mit beiden Händen durchwuscheln und dann die Nase tief hineinstecken.

Anna hatte ihre Punktschriftmaschine auf dem Esstisch aufgestellt, eine durchsichtige Klebefolie eingeschoben und sich abgemüht, fehlerfrei zu schreiben. Das war gar nicht so leicht, verwöhnt wie sie war durch das Schreiben am Computer, der jeden Fehler schnell und unauffällig entfernt.

Der letzte Schulungsblock hatte begonnen und Anna wollte jedem der 16 Teilnehmer ein Zertifikat über die erfolgreiche Teilnahme an der Computer-Schulung zum Abschluss überreichen. Erika hatte eine Urkunde auf Büttenpapier für alle erstellt. Nun musste sie den gedruckten Text in Blindenschrift auf die Klebefolie übertragen, während Erika am Computer unter vielen Fotos die gelungensten Gruppenbilder aussuchte, Kontraste und Farben veränderte und das passende Format auswählte. »Hier ist ja Konrad«, sagte sie, »und hier auf dem Foto einer anderen Gruppe ist ja auch Friedrich. Die beiden Brüder waren also nicht zusammen in einer Gruppe?«

»Nein«, bestätigte Anna. »Friedrich wollte das nicht. Du weißt ja selbst, wie gern und ausgiebig beide miteinander streiten können.«

Erika war als Annas Assistentin bei der Studienfahrt dabei gewesen, hatte aber oft die beiden Brüder begleitet, für die sie keine Assistenz gefunden hatte, da die Familienangehörigen dieses Mal die Zeit nicht erübrigen konnten. Vor Ort hatte Ruth Zacharias ihnen bei den Ausflügen nach Meißen, Moritzburg und Dresden drei Begleiterinnen stellen können, die bei den Besichtigungen unermüdlich gelormt hatten, während Sergio und Thea für die vier gehörlosen Angehörigen gebärdeten. Aber die Helfer des Storchennests standen nicht an allen Tagen bereit. Erika hatte sich ohne Kenntnis der Gebärdensprache, aber mit viel Einfühlungsvermögen und Kombinationsgabe mit beiden verständigen können. Konrad konnte sich bei günstigen Lichtverhältnissen noch selbstständig orientieren, hatte auf seinen sehr viel stärker eingeschränkten Bruder geachtet und Erika signalisiert, wenn Friedrich seiner Meinung nach Hilfe brauchte.

»Weißt du noch, wie Konrad einmal sich zu mir umdrehte und mir Zeichen gab, auf Friedrich zu achten, der gerade in der falschen Richtung weiterlaufen wollte?«

»Ja«, grinste Anna. »Und dann hat er selbst mit einem Laternenpfahl Kontakt aufgenommen.« Erika erinnerte sich lächelnd: »Was ihn aber nicht sehr beeindruckt hat, er hat sich einmal geschüttelt und das war's dann.«

»Wenn man schlecht gucken kann, gehören blaue Flecken zur Grundausstattung!«

Anna erzählte voll Begeisterung, wie sich allen Befürchtungen zum Trotz Teilnehmer, Trainer und Dolmetscher den vielfältigen Herausforderungen dieser Schulung gestellt und zu einer Gemeinschaft gefunden hatten. »Na ja, und auch die zu geringe Zahl der Freizeitbegleiter pro Gruppe konnte dank der vielen gebärdensprachkundigen Praktikantinnen sehr gut kompensiert werden.« Erika meinte: »Wenn ich deine hindernisreiche Suche nach Begleitern und die Erfahrungen der Studienfahrt bedenke, so scheint mir das Thema ›Begleiter für Taubblinde‹ im Moment das Problem zu sein, das vordringlich gelöst werden sollte.« »Ja, das sehe ich auch so.« Anna dachte an die vielen Sitzungen im Förderverein, in denen das Konzept einer Qualifizierung von Taubblindenassistenten entwickelt wurde. Aber davon wollte sie jetzt mit Erika nicht sprechen. Es war ihr vielmehr sehr wichtig, im Gespräch mit ihr das Computer–Projekt Revue passieren zu lassen.

Anna beschrieb die Mühen, die es sie gekostet hatte, die Arbeitsteams so zusammenzustellen, dass die Teilnehmer gute und vor allem konstante Lernvoraussetzungen vorfanden: Vier über den Zeitraum eines Jahres verteilte Schulungswochen mit immer den gleichen Trainern, DolmetscherInnen, Begleiterinnen und einer gleichbleibenden Gruppenkonstellation, das alles in einer vertrauten und unveränderten Umgebung. »Ich kann gar nicht glauben, dass sich dieses Konzept tatsächlich so wie geplant hat realisieren lassen. Marja Hummert, eine der Dolmetscherinnen, hat sogar ihre Familienplanung nach dem Projekt ausgerichtet. Ihr erstes Kind wird im Dezember ankommen, sodass sie noch gerade beim letzten Schulungsblock dolmetschen kann.«

Erika hatte einen weiteren ihr bekannten Teilnehmer auf einem Foto entdeckt. »Da ist ja Jürgen! Wie war das denn für ihn? Ich habe ihn auf der Studienfahrt als eher ängstlichen und unsicheren Menschen erlebt ...«

»Ja, im Anfang hat er sich nicht leichtgetan, war oft in Schweiß gebadet. Aber, das muss ich ihm lassen, er lässt nicht locker, gibt nicht auf. Er hat es schließlich vom absoluten Computer-Neuling zum E-Mailer und Zeitungleser im Internet geschafft. Seine Mutter hat mir neulich erzählt, und ich glaube, sie war fast ein bisschen sauer, dass Jürgen morgens sofort nach dem Frühstück nach oben auf sein Zimmer verschwindet, sich mit seinen Mails befasst und die Lokalzeitung liest, statt sich von seiner Mutter den neuesten Klatsch aus der Lokalseite lormen zu lassen. Jürgen hat sich auch sehr viel Mühe gegeben, im Haus selbstständig mobil zu sein. Er hat den Weg von seinem Zimmer zum Speiseraum und zum Schulungsraum selbstständig erledigt. Zum Glück konnte er in allen Schulungswochen das gleiche Zimmer bekommen, so brauchte er sich nicht auf neue Räumlichkeiten einzustellen und konnte sich ganz auf die Computerarbeit konzentrieren.«

Anna berichtete von Angela, die in den 35 Jahren ihres Lebens ausschließlich von ihrer Mutter begleitet worden war und die im Juni und September, assistiert von Studentinnen der Gebärdensprache, weniger abgeschottet, mehr Kontakt bekam zu den Kursteilnehmern. So erfuhr sie, dass andere Taubblinde nach einem Mobilitätstraining sich im Hause und in der näheren Umgebung selbstständig bewegen konnten, dass viele Teilnehmer regelmäßig an Treffen unterschiedlicher Taubblinden-Gruppen teilnehmen. Über E-Mail nahm sie Kontakt zu diesen Gruppen auf. Und Michael Plarre war ganz begeistert, endlich einmal eine Schülerin zu haben, die fließend Braille auf dem Brailledisplay liest. So kam sie mit Siebenmeilenstiefeln voran. »Angela kann sich nun selbst für Freizeiten anmelden und im Internet Informationen über den Ort der Freizeit heraussuchen. Sie wählt jetzt selbst ihre Punktschriftbücher in der Deutschen Zentralbücherei für Blinde aus und schickt die Bestellformulare per E-Mail ab. Angela hat einen Riesenschritt aus der mütterlichen Abhängigkeit getan.«

»Und was gab es sonst noch?«

»Na ja, es hat auch einige positive Nebenwirkungen des Projekts gegeben. Neben der schriftlichen Kommunikation mit dem Computer eröffneten sich auch für die mündliche, direkte Kommunikation neue Möglichkeiten. Ingrid, du kennst sie nicht, hat in den letzten zwei, drei Jahren eine drastische Verschlechterung ihres Hörvermögens erlebt, ein Gespräch mit ihr ist kaum möglich, selbst wenn es rundum schön ruhig ist. Sie muss unbedingt das Lormen erlernen und da sie in ihrer Gruppe die einzige Teilnehmerin mit Lautsprache war, konnte sie sich mit den anderen nur lormend verständigen. Sie hat abends oft mit Hermann zusammengesessen.«

»Da guck mal, hier ist er auf dem Foto gut zu erkennen. Er ist mir von der Fahrt als sehr aufgeschlossener und fröhlicher Mensch in Erinnerung«, unterbrach sie Erika.

»Ja, das ist er, sehr offen und sehr flexibel. Ingrid hat ihm Witze erzählt – sie hat da einen quasi unerschöpflichen Vorrat – und beide haben zusammen sehr viel gelacht. Das hatten beide auch bitter nötig, denn ihre Partner sind sehr schwer krank.« Anna dachte voll Sorge und Mitleid an die beiden Paare, die so viele Lasten zu tragen hatten. »Und Jürgen, der zu Hause mit seinen hörenden Angehörigen nur lormt, hat bei dieser

Schulung gelernt, sich auch über taktile Gebärden zu verständigen. Im Gespräch mit Gehörlosen ist das natürlich eine sehr gute Alternative.«

Anna wies auf einen weiteren, wichtigen Effekt dieser Schulung in. »Taubblinde sind an den Umgang mit Gebärdensprachdolmetschern nicht gewöhnt. Beim Arzt übernehmen Angehörige diese Aufgabe. Und das sieht dann so aus, dass der Arzt der Mutter die Diagnose und die Behandlung erklärt, der Taubblinde danebensteht und abwartet und erst zu Hause erfährt, was mit ihm los ist. Er hat weder die Möglichkeit dem Arzt Fragen zu stellen noch selbst seinen Zustand zu erklären.«

»Da muss man sich als Patient ja wie ein Möbelstück vorkommen«, meinte Erika mitfühlend.

»Genau! Das Gefühl, dass über den eigenen Kopf hinweg entschieden wird, das kennen viele Betroffene. Wenn ein Dolmetscher dabei ist, kann ein taubblinder Patient dem Arzt selbst über seinen Zustand berichten, alle Fragen selbst stellen, das Arzt-Patienten-Gespräch eigenständig führen. Er ist nicht mehr nur unbeteiligter Gegenstand eines Gesprächs zwischen dem Arzt und einem Angehörigen. Ich hoffe, dass die Taubblinden dann auch in ihrem Alltag auf professionelle Dolmetscher zurückgreifen werden.«

»Dann war das Projekt wohl eine rundum gute Sache?«

»Ja, wenn ich dem Feedback des Arbeitsteams und der Teilnehmer glauben kann, und das tue ich nur zu gern, war es das. Ich finde es manchmal schade, dass ich nicht ständig dabei sein konnte. Aber übermorgen fahre ich nach Bad Meinberg, dann wird die erste Gruppe den Abschluss gebührend feiern. Und da lasse ich es mir nicht nehmen dabei zu sein.«

5. Ein Besuch

»Wir sind gut in der Zeit«, sagte Sabine. »Wir haben noch eine Viertelstunde, um das Auto abzustellen und das Haus Nummer 46 zu finden. Hier auf dem Seitenstreifen kann ich das Auto stehen lassen, ohne jemanden zu behindern.« Auf der steilen, grasbewachsenen Böschung neben dem Randstreifen reckte sich eine grauköpfige Gestalt in einer ausgeleierten Strickweste in die Höhe: »Hier stellen Sie das Auto nicht ab! Da hinten, ein paar Straßen weiter, ist ein Parkplatz!« Eine unmissverständliche Ansage. Sabine schaltete in den Rückwärtsgang bis zur nächsten Kreuzung und fuhr in der von der Frau angezeigten Richtung weiter. Anna fragte, was denn die Frau da auf der Böschung gemacht habe. Hatte sie etwas verloren? Sabine lachte und erklärte, die Frau habe dort auf der Böschung gekniet, Unkraut gejätet und anderen Unrat beseitigt. Ordnung muss sein.

Und es war ordentlich überall, nirgends ein Auto auf den breiten, mit rotem Backstein gepflasterten Bürgersteigen, keine Fahrräder irgendwo nachlässig in den Weg gestellt. Auf ihrer linken Seite waren ansehnliche, ein- oder zweigeschossige Häuser aus rotem Backstein zu sehen, jedes von einem parkartigen Gelände mit altem Baumbestand umgeben, auf der anderen Seite Reihenhäuser aus eben demselben Backstein, in gleichmäßiger Einförmigkeit, die Vorgärten ordentlich und einander ähnlich wie geklont, kurzer Rasen, niedrige Hecken oder Jägerzäune als Begrenzung. Überall gepflegtes Grün. Der Ort atmete Ruhe und Rechtschaffenheit. Anna meinte: »Hier könnte Franz Josef Degenhardt seinen Song vom Deutschen Sonntag geschrieben haben.« »Himmel«, Sabine grinste, »ich bin ganz der Meinung des Düsseldorfer Oberbürgermeisters: Hier möchte ich nicht tot über dem Zaun hängen.« Anna kicherte.

Beide wussten, dass sie mit ihrem Spott nur über ihre Beklemmung und Besorgnis über das, was sie hier erwartete, hinwegtäuschen wollten. Der Hilferuf, der sie hergeführt hatte, war alarmierend gewesen. »Mein Bruder hat, bedingt durch das schlechte Sehen, nie die Gebärdensprache gelernt.

Sinnvoll sprechen kann er auch nicht, er gibt nur Laute von sich. Mein Bruder liegt fast nur noch im Bett und schlägt sich, wie meine Mutter beobachtet hat, vor Verzweiflung mit den Fäusten vor den Kopf.« So stand es in der Mail der Schwester, die sie aus dem Süden Deutschlands erreicht hatte.

Sie mussten sich beeilen, der Weg vom Parkplatz zurück hatte ihren Zeitvorsprung aufgefressen. In der breiten Auffahrt zum Haus Nummer 46 kam ihnen ein sehr alter Mann entgegen, auf einen Stock gestützt. »Da sind Sie ja endlich«, sagte er schwer atmend und ging, sich mühsam voranschleppend, leise auf einem Ton summend, zum Haus und führte sie gleich in das geräumige, mit wuchtigen Eichenmöbeln ausgestattete Wohnzimmer, dessen breites Panoramafenster den Blick auf den parkähnlichen Garten freigab. Das alles sprach von gediegener Wohlhabenheit. Eine schmale, zierliche Frau mit vollem, gepflegtem weißem Haar sprach sie an: »Bitte entschuldigen Sie, dass ich Sie im Sitzen begrüße. Ich habe mir vor zwei Wochen den Arm gebrochen und bin nun ein wenig unbeholfen.« Anna erinnerte sich an die Mail aus Süddeutschland, in der es geheißen hatte: »Die Eltern sind beide weit über achtzig, meine Mutter ist gesundheitlich sehr angeschlagen, vor zwei Wochen hat sie sich den Arm gebrochen und ist nun selbst auf Pflege angewiesen.« Die alte Dame bat ihren Besuch, in den breiten, bequemen Sesseln Platz zu nehmen. »Für mich sind diese Sessel zu tief, ich sitze lieber auf einem Stuhl. Bitte bedienen Sie sich, ich habe Ihnen Kaffee und Wasser bereitstellen lassen.«

Sabine kam auf den Grund ihres Besuchs zu sprechen: Sie selbst sei Leiterin der Beratungsstelle für taubblinde Menschen und Anna die Leiterin einer Taubblindenselbsthilfegruppe. Eine von der Tochter an den örtlichen Blindenverein gerichtete Bitte um Beratung war an sie weitergeleitet worden. »Was können wir für Sie tun?« Die Mutter, körperlich fragil, geistig präsent und präzise, sichtlich betroffen, dass sie nun nach so vielen Jahren, in denen sie allein die Last getragen hatte, auf Hilfe von außen angewiesen war, ergriff das Wort: »Unser Sohn ist jetzt vollkommen blind. Er kann sich gar nicht mehr orientieren und das Haus verlassen. Er hat starke Gleichgewichtsstörungen und hat Angst zu fallen. Ich kann ihn nicht mehr stützen und begleiten.« Der alte Herr unterbrach sein monotones Summen und erklärte, er sei früher beim Hoch- und Tiefbau als leitender Ingenieur beschäftigt gewesen und habe seinem gehörlosen Sohn einen Arbeitsplatz als Hilfsarbeiter beschaffen können. In seiner Stimme schwang für einen kurzen Moment die Autorität des Mannes mit, der er vor so vielen Jahren gewesen war und dessen Wort etwas gegolten hatte. Dann kehrte sich der Blick des Mannes nach innen und das monotone Summen war wieder zu hören. Die Mutter nahm den Gesprächsfaden auf: »Weil mein Sohn immer schlechter sehen konnte, musste er diese Tätigkeit aufgeben.«

Anna fragte sich, ob sie Gelegenheit bekommen würden, mit dem Sohn zu sprechen. Ihr Besuch war angekündigt, würde er sie überhaupt sehen wollen? War er schon aufgestanden? Oder würden sie ein längeres Gespräch mit den Eltern führen, ein paar Unterlagen dalassen und dann wieder gehen? Sie schaute zu Sabine hinüber, die ihren Blick verstand. »Wird Ihr Sohn mit uns auch sprechen wollen?« Die Mutter bat ihren Mann, doch einmal nachzuschauen und berichtete weiter: »Die Verständigung mit meinem Sohn ist sehr schwierig geworden. Früher konnte er wenigstens mit einer Lupe noch etwas lesen und uns Dinge aufschreiben, aber nun geht gar nichts mehr. Die einzige Möglichkeit, ihm etwas mitzuteilen, ist, wenn man ihm Buchstaben mit dem Finger in seine Handfläche schreibt und er es erfühlt.« Der Sohn kam herein. Vorsichtig, den einen Fuß vor den anderen setzend, schob er sich in den Raum, die Arme suchend ausgestreckt. So tastete er sich mühsam voran, bis seine Hände die Rückseite des Sessels berührten, in dem Sabine Platz genommen hatte. Sabine stand rasch auf, wehrte die Einwände der Mutter ab und holte sich vom Esstisch nebenan einen weiteren Stuhl. »Ihr Sohn fühlt sich bestimmt sicherer, wenn er dort sitzt, wo er es sonst auch tut. Ich setze mich neben ihn, damit ich mich mit ihm unterhalten kann.« Der Sohn war inzwischen, weiter vorsichtig tastend, um den Sessel herumgegangen und hatte sich gesetzt. Sabine berührte sanft seinen Unterarm, nahm dann seine Hand und schrieb in Blockbuchstaben ihren Namen. Nun legte sie seine Hand auf ihre eigene Hand und buchstabierte ihren Namen erneut, dieses Mal mittels des alten Fingeralphabets der Gebärdensprache. Der Sohn erfühlte die Positionen der Hand und der Finger, nickte, lächelte kaum merklich und buchstabierte nun seinerseits seinen Namen mithilfe des Fingeralphabets. Erich. Er gebärdete: »Guten Tag!« Sabine legte wieder seine Hand über die ihre und ließ ihn ihre Begrüßungsgebärde abfühlen. Staunend beobachtete die Mutter dieses Begrüßungsritual. Erich konnte sich mit einfachen Gebärden verständigen und die von Sabine sehr langsam ausgeführten Gebärden abfühlen.

»Anstatt Blockbuchstaben in die Hand zu schreiben, kann man auch Punkte und Striche auf bestimmte Stellen in der Handinnenfläche tippen«, erklärte Sabine. »Das ist das Lormen. Das Lormen setzt aber Kenntnisse der Schriftsprache voraus.« Da griff der Vater, der die ganze Zeit sein monotones Summen hatte hören lassen und in seine innere Welt versunken schien, in das Gespräch ein. »Das kann der bestimmt nicht. Die Lehrer in Soest haben gesagt, dass er die Blindenschrift nicht lernen kann, weil er einen zu geringen Wortschatz hat.« Anna verfluchte innerlich die Arroganz der Blindenoberlehrer, die auf alle jene mit Verachtung herabschauen, die nicht wie sie mit Sprache virtuos jonglieren können. Laut sagte sie: »Es stimmt, dass viele gehörlose Menschen die deutsche Schriftsprache nicht gut beherrschen, so wie Ihr Sohn. Die Blindenschrift können sie trotzdem lernen.« Anna dachte an ihre ersten Versuche mit Friedrich, der das Lormen noch lernen musste und sich nur mit Gebärden verständigen konnte. Eine ganze Woche lang hatte sie während des Taubblindenseminars vor sechs Jahren gebraucht, um zu erkennen, dass Friedrich alle Buchstaben der Blindenvollschrift schon kannte und von ihr die Blindenkurzschrift lernen wollte. Es blieb ihr am Ende der Woche nur beschämt zu erklären, dass sie mit dem Studium der Blindenkurzschrift im folgenden Jahr beginnen würden. Und im folgenden Jahr hatte Mario assistiert und die Kommunikation sichergestellt. Damals war ihr außerdem klargeworden, dass die üblichen, von geburtsblinden Akademikern erstellten Lehrbücher für Späterblindete völlig unbrauchbar waren für den Unterricht mit gehörlosen Menschen. Ein Punktschriftlehrbuch in einfacher Sprache musste her.

Anna versuchte, den Eltern zu erklären, wie ihr Sohn durch ein besonderes Training mehr Selbstständigkeit und Mobilität gewinnen und sich mit einem Blindenlangstock in bekannter Umgebung, auch außerhalb des Grundstücks, zurechtfinden könnte, ohne zu fallen oder anzustoßen. Die Mutter äußerte Bedenken, das würde er nicht schaffen: »Sie sehen doch, wie ungeschickt er sich bewegt, ständig fällt er hin, stößt irgendwo an und verletzt sich.« Anna wünschte sich, sie könnte der alten Dame das Bild vermitteln, das sie ganz deutlich vor sich sah: Jürgen und Benjamin, wie sie am letzten Abend eines dreiwöchigen Intensivtrainings in Orientierung und Mobilität nebeneinander auf der Bank im Restaurant sitzen, miteinander über die beste Spitze für den Blindenlangstock fachsimpeln, müde und erschöpft, aber entspannt und zufrieden, unendlich stolz auf das, was sie geschafft haben, das weder sie selbst noch ihre Angehörigen für möglich gehalten hätten. Jürgen, wie er mit seinem Langstock selbstständig eine große Runde in seinem Viertel geht, einen Weg von fast 30 Minuten über Bürgersteige und Feldwege.

Während Anna die Möglichkeiten auflistete, die ein Leben mit dieser schweren Behinderung erträglich machen können, und versuchte, verloren gegangene Hoffnungen und den Glauben an die Fähigkeiten des Sohnes wachzurufen, war es Sabine gelungen, in einen intensiven Dialog mit Erich einzutreten. Erich hatte sich ihr vertrauensvoll zugewandt, verstand, dass es um sein Leben und seine Zukunft ging, und antwortete offen auf ihre Fragen. Sabine wechselte zwischen taktilen Gebärden, Blockbuchstaben und Lormen. Erich begleitete seine Gebärden mit lautsprachlichen Äußerungen, die für Sarahs geübte Ohren verständlich genug artikuliert waren. Anna nahm das alles mit Erstaunen wahr, Erstaunen darüber, dass Sabine so schnell einen Zugang zu Erich gefunden hatte, dass die Konzentration und die Gesprächsbereitschaft über einen langen Zeitraum, mehr als eine Stunde, andauerten. Und das bei einem Menschen, der seit Jahren völlig isoliert lebte, in einer Familie, in der es keine Kommunikation, sondern nur den nötigsten Austausch über alltägliche Verrichtungen gegeben hatte. Anna rief sich den Wortlaut der Mail ins Gedächtnis, die von der Schwester an den Blindenverein geschickt worden war: »Meine Mutter ist jeden Tag intensiv damit beschäftigt, ihm die einfachsten Dinge zu vermitteln, und ist mit ihren Nerven am Ende.«

Sabine hatte in ihrem Gespräch mit Erich viel über seine Wünsche und Erlebnisse erfahren. Sie hatte ihn nach seinen Kontakten zu anderen Gehörlosen gefragt und ein heftiges Kopfschütteln als Antwort gekommen. Die Mutter erklärte, dass ihr Sohn auch vor seiner Erblindung sich nur selten mit anderen Gehörlosen getroffen habe, jetzt sei es ja für ihn völlig unmöglich, das Haus zu verlassen. Wieder wurde Anna an die Mail seiner Schwester erinnert: »Meine Mutter hat sich immer um ihn gekümmert, hat alles von ihm ferngehalten, aber leider ist er dadurch auch immer isoliert gewesen und hat keine sozialen Kontakte außerhalb der Familie.«

Anna berichtete den Eltern von dem Stammtisch in der Nachbarstadt, dem Kegeltreffen und anderen Veranstaltungen. Die Mutter fragte: »Und wie soll das gehen? Wie soll er dahin kommen? Sie sehen ja, dass weder mein Mann noch ich ihn begleiten können. Meine Tochter und unsere Enkelin, die im gleichen Haus, in der Etage über uns leben, sind in Lehrberufen tätig und sehr eingespannt, sie haben keine Zeit übrig. Die andere Tochter wohnt weit weg in Süddeutschland.« »Mir scheint, dass mangelnder Kontakt zu anderen Menschen und Einsamkeit zurzeit das größte Problem Ihres Sohnes ist. In der Beratungsstelle für Taubblinde Menschen gibt es einen Pool von ehrenamtlich tätigen Begleitern, die mit Ihrem Sohn Kontakt aufnehmen und ihn zu den Veranstaltungen begleiten könnten«, sagte Sabine mit Nachdruck. »Wichtig ist aber auch, dass er das Lormen und das taktile Gebärden übt. So wird es Ihrem Sohn wesentlich leichter fallen, Kontakt zu anderen Menschen, auch zu anderen Betroffenen aufzubauen.«

Sabine fasste die wichtigsten Aussagen aus dem Dialog mit Erich zusammen: »Ihr Sohn hat mir berichtet, dass er schon einmal im Deutschen Taubblindenwerk in Hannover gewesen ist und es ihm gut gefallen hat. Soweit ich ihn richtig verstanden habe, kann er sich gut vorstellen, noch einmal zum Taubblindenwerk zu fahren. In Hannover hat Ihr Sohn die Möglichkeit, seine Kompetenzen zu erweitern und zu sehen, dass nun nicht alles vorbei ist. Er kann dort auch Gleichbetroffene kennenlernen.«

Ihr langes Gespräch abschließend schlug Sabine vor: »Ich werde mit Herrn Jacobs, dem Leiter der Rehabilitationsabteilung im Deutschen Taubblindenwerk, sprechen und einen Termin vereinbaren. Ihr Sohn könnte dann mit einer Begleitung an einem Tag nach Hannover kommen und sich die Einrichtung anschauen. Er wird an diesem Termin auch erfahren, welche Möglichkeiten ihm offenstehen. Anschließend kann eine Reha beantragt werden.«

Sabine und Anna verabschiedeten sich. Die grauköpfige Gestalt war von der Böschung verschwunden. Sauber, ordentlich und gepflegt wie zuvor lag die Straße da. Schweigend gingen beide zum Parkplatz zurück, Anna mit unruhigen, quälenden Gedanken.

6. Das Projekt »Taubblindenassistenz«

6.1 Nicht mogeln, Herr Minister!

Recklinghausen, 11. Juni 2007 – Der Minister für Arbeit, Gesundheit und Soziales, Karl Josef Laumann, steht nachdenklich im Flur des Kreishauses Recklinghausen, vor ihm ein Hindernisparcours, den er mit Dunkelbrille und Ohrstöpseln durchlaufen soll. Er riskiert einen Blick, was erwartet ihn? Da wird er zurechtgewiesen: »Nicht mogeln, Herr Minister! Taubblinde Menschen können auch nicht mal eben schauen, wie der Weg vor ihnen beschaffen ist. Sie müssen sich mit jedem Schritt aufs Neue ins Nichts wagen.« Gehorsam konzentriert sich Karl Josef Laumann, blickt auf den langen, weißen Stock in seiner Hand und hört aufmerksam zu: »Fühlen Sie hier die abgeflachte Stelle am Griff? Legen Sie Ihren Zeigefinger darauf, so dass der Stock sozusagen die Verlängerung Ihres Zeigefingers darstellt. Dann pendeln Sie vorsichtig nach rechts und links. So können Sie eventuelle Hindernisse rechtzeitig wahrnehmen!« Herr Minister Laumann setzt die Dunkelbrille auf, stopft die Stöpsel in die Ohren und stülpt sich zusätzlich noch Ohrenschützer über. So schreitet er vorsichtig voran, vorschriftsmäßig mit dem Blindenlangstock hin und her pendelnd. Der Parcours ist in einer U-förmigen Ausbuchtung des langen Flurs aufgebaut, auf der eine Seite durch die Wand begrenzt, auf der anderen Seite durch zahlreiche mit einer Plane abgedeckte Umzugskartons. Der Zwischenraum hat etwa die Breite eines Bürgersteigs. Gerade stößt der Minister mit seinem Stock gegen einen im Parcours aufgestellten Pylon. Er umpendelt ihn geschickt, bemerkt mithilfe seines verlängerten Zeigefingers das Ende der Längsseite des Parcours und macht eine Vierteldrehung nach links, tastet sich auf der Schmalseite vorsichtig weiter. Ein Stuhl wurde schräg in den Weg gestellt, den er mit seinem Langstock, wie zu erwarten war, unterpendelt. Was ist das? Schwierig, schwierig, der Stock verheddert sich in den Stuhlbeinen. Irgendwie gelingt es dann doch, den Weg fortzusetzen. Der Minister biegt geschickt links ein, und weiter geht es auf der Längsseite des Parcours, vor ihm das letzte und schwierigste Hindernis. Hier versperren zwei mit den Absprungflächen gegeneinander aufgestellte Sprungbretter aus der Turnhalle der benachbarten Grundschule den Weg und zwingen den überraschten Blindgänger ein klein wenig bergauf und gleich wieder bergab zu gehen. Ohne die gewohnte optische Kontrolle wird der Langstockgänger durch diese vergleichsweise geringe Veränderung der Wegstrecke ganz erheblich verunsichert. Anschließend wühlt sich der Stock noch durch einen Wust aus zusammengeknülltem Zeitungspapier. Herr Minister Laumann hat es geschafft. Eine gute Leistung, eine Naturbegabung. Oder hat er sich doch vorab einen schnellen Überblick über die Teststrecke verschafft? Der Bürgermeister einer Nachbarstadt tut sich da schwerer, verliert im Parcours komplett die Orientierung und läuft zum Ausgangspunkt zurück. Sein Stellvertreter, dem Anna von diesem Orientierungsverlust berichtet, meint: »Hm, das passiert ihm auch sonst schon mal im politischen Geschäft.«

Politik und Öffentlichkeit aufmerksam zu machen – das hat sich der Förderverein vorgenommen und eine Fachtagung organisiert. Am 11.06.2007 war es soweit. »Riechen, schmecken, tasten, leben« war das Motto der im Kreishaus der Stadt Recklinghausen anberaumten Tagung.

Herr Minister Laumann am Rednerpult schaut auf die in unmittelbarer Nähe vor ihm im Kreisrund sitzenden Taubblinden mit ihren Begleitern. Vermutlich begegnet er diesen besonderen Menschen zum ersten Mal, leben sie doch zumeist vor aller Welt versteckt. Gerade hat er einen Hindernisparcours durchlaufen und so ein wenig nachspüren können, was es im Alltag bedeutet, nicht sehen und nicht hören zu können. Er selbst hat sich in diesem Moment sehr hilflos gefühlt, wie er in seiner Ansprache eingesteht. Nun hat er vor Augen, welcher Anstrengungen es bedarf, um Kommunikationsbarrieren zu überwinden und wie das trotz aller Schwierigkeiten mithilfe von Assistenz gelingen kann.

Minister Laumann spricht von der Notwendigkeit, Unterstützungsstrukturen aufzubauen: »Aufgrund des demografischen Wandels wird die Zahl der Menschen, die sowohl eine Sehschädigung als auch eine Hörschädigung haben, größer werden. Ich bin deshalb der Ansicht, dass Hilfen und

Unterstützungsangebote für taubblinde und hörsehbehinderte Menschen entwickelt und aufgebaut werden müssen. Denn schließlich geht es um die Teilhabe von Menschen, die von einer besonders schweren Behinderung betroffen sind.« Und er spricht davon, wie wichtig Kontinuität und Stabilität im Leben von Menschen mit Behinderungen sind: »Verlässlichkeit ist für mich ein Schlüsselbegriff in der Behindertenpolitik. Das bedeutet: Angebote, Strukturen und gesetzliche Ansprüche müssen dauerhaft verlässlich sein. Alles andere führt zu Unsicherheiten und verhindert Lebensplanungen.« Minister Laumann erklärt das von der Landesregierung mit vielen Finanzmitteln ausgestattete Programm »Teilhabe für alle«: »Die Landesregierung will in der Behindertenpolitik Zeichen setzen und das Thema Menschen mit Behinderungen in der Mitte unserer Gesellschaft nachhaltig verankern.« Minister Laumann versichert: »Ich bin guter Hoffnung, dass wir in NRW bald erste Schritte hin zu einer Taubblindenassistentenausbildung gehen und das Projekt dann auch in das Programm ›Teilhabe für alle‹ aufnehmen können.«

Peter Hepp, taubblinder Diakon aus Rottweil, ist gekommen, um den Projektantrag des Fördervereins zu unterstützen. Er blickt in seine Biografie und stellt fest, dass zu jedem Zeitpunkt seines Lebens Assistenz unerlässlich war und immer noch ist. »Ich bin taubblind. Ich bin trotzdem hier. Ich stehe vor Ihnen und erzähle Ihnen, dass ich eine Arbeit habe, die meiner Berufung entspricht, eine Familie und viele Freunde und Kontakte. Das ist nur deshalb möglich, weil ich das Glück hatte, zur rechten Zeit die richtigen Hilfen zu erhalten. Das waren und sind neben diversen technischen Hilfen vor allem persönliche Hilfen: die Assistenz. Dank der Assistenz, die ich erhalten habe, konnte ich die Ausbildung zum Diakon durchlaufen. Dank der Assistenz kann ich nun anderen taubblinden und hörsehbehinderten Menschen, deren Angehörigen und Freunden helfen, indem ich ihnen als Seelsorger zur Seite stehe. Ich kann, dank modernster Technik, selbstständig im Büro arbeiten, doch ohne Assistenz wäre ein Teil meiner diakonischen Arbeit nicht durchführbar. Ohne meine Assistentin, Frau Kolb, wäre ich heute gar nicht hier.« Er weist darauf hin, dass jedwede Unterstützung, auch die Aufgaben der Taubblindenselbsthilfe, nicht ohne Assistenz zu bewältigen ist. »Die Arbeit für Taubblinde steht und fällt mit der Assistenz. Nicht nur ich benötige Assistenz. Wenn ich eine Veranstaltung für Taubblinde organisiere, benötigen diese Assistenz.« Peter Hepp erinnert an die Resolution des Jahres 2001, in der auf die Notwendigkeit persönlicher Assistenz in allen Lebensbereichen hingewiesen wird und Qualifizierungsmaßnahmen gefordert werden.

6.2 Resolution des Gemeinsamen Fachausschusses Taubblind / Hörsehbehindert aus dem Jahr 2001

Recht auf Assistenz und Zugang zu Informationen (Auszug)

Zur Wahrung der Interessen der hörsehbehinderten und taubblinden Menschen in der Bundesrepublik Deutschland fordern die unterzeichnenden Organisationen und Verbände:

- Taubblinden und hörsehbehinderten Menschen müssen bei Bedarf in allen Lebensbereichen geeignete persönliche Assistenten zur Verfügung stehen. Dies gilt nicht nur für die Assistenz am Arbeitsplatz, sondern insbesondere auch zur Erledigung persönlicher Bedürfnisse und für die Teilhabe am gesellschaftlichen Leben.
- Es müssen geeignete Qualifizierungsmaßnahmen zur Ausbildung von Assistenten für taubblinde und hörsehbehinderte Menschen entwickelt und angeboten werden.
- Taubblinden und hörsehbehinderten Personen, die den Umgang mit modernen EDV-Systemen beherrschen, müssen die notwendigen Hilfsmittel (Laptop, Braillezeile, Vergrößerungssoftware) zur Verfügung stehen.
- Die zur Kommunikation benötigten Dienstleistungen und technischen Hilfen müssen den Betroffenen unabhängig von Einkommen und Vermögen bereitstehen. Dabei ist die Versorgung an den persönlichen Erfordernissen im Einzelfall auszurichten.
- Der Gesetzgeber wird aufgefordert, die Belange taubblinder und hörsehbehinderter Menschen in den laufenden Gesetzgebungsverfahren zur Gleichstellung Behinderter im Sinne dieser Resolution zu berücksichtigen.

Beschlossen durch die Vorstände

des Deutschen Blinden- und Sehbehindertenverbandes e. V. (DBSV) am 07.09.2001
des Deutschen Gehörlosen-Bundes am 08.02.2002
der Pro Retina Deutschland e. V. (PRDV) am 05.10.2001
der Arbeitsgemeinschaft der Einrichtungen und Dienste für taubblinde und hörsehbehinderte Menschen (AGTB) am 27./28.09.2001
des Evangelischen Blinden- und Sehbehindertendienstes in Deutschland e. V. (EBS) am 14. / 15.11.2001
des Katholischen Blindenwerkes e. V. (DKBW) am 15.03.2002

Zum Zeitpunkt der Fachtagung in Recklinghausen im Jahr 2007 gab es in der gesamten Bundesrepublik keine Qualifizierung oder Ausbildung für Taubblindenassistenten. Gesetzliche Regelungen für eine Finanzierung dieser Assistenzkräfte sind auch heute, im Jahr 2016, noch nicht in Sicht.

6.3 Fachtagung – Nachlese

Nach der so erfolgreich verlaufenen Fachtagung und der Zusage des Ministers sitzen Sabine und Anna im Büro der Taubblindenberatungsstelle in Recklinghausen und machen sich daran, die To-do-Liste für den Start des Projekts zusammenzustellen. »Sabine, willst du mal hören, was mein Chef zur Fachtagung zu sagen hat?« Anna wartet Sabines Antwort nicht ab. »Kritik gibt es reichlich, war ja auch nicht anders zu erwarten. Schon mit der Begrüßung war er nicht zufrieden, bemängelte, dass die Vertreter der Selbsthilfe auf der Begrüßungsliste ganz hinten rangierten.« Sabine meint gelassen: »Vielleicht hat er vergessen, dass man den Minister und hochrangige Vertreter der Politik zuerst begrüßt, weil sich das so gehört auf einer politischen Fachtagung.« »Was meinen Chef vor allem gewurmt hat, ist die Tatsache, dass er als Vertreter der Blindenselbsthilfe bei der Begrüßung nicht namentlich erwähnt wurde. In der Pause ist er zu Herrn Brock gegangen, um ihn zu bitten, das Versäumte nachzuholen, was Herr Brock auch versprach, aber nicht tat.« Sabine lacht spöttisch: »Vielleicht hat er vergessen, dass er die Anfrage des Ministeriums zum Projekt negativ beantwortet hat.« Mit der Erinnerung kamen die Wut und die Enttäuschung zurück, die Anna im vergangenen Herbst empfunden hatte. Andreas Burkert, Referatsleiter für Behindertenfragen im Ministerium, hatte um Stellungnahmen zum Projektantrag des Fördervereins gebeten. Der Vorsitzende des Landesverbandes der Gehörlosen hatte mit ausführlicher Begründung das Taubblindenassistenz-Projekt befürwortet, während der Vorsitzende des Blinden- und Sehbehindertenvereins Westfalen seine Zustimmung verweigert hatte. Nach dem »Warum« dieses Neins gefragt, bezog er sich auf die hundertjährige Tradition der Taubblindenarbeit der Blindenverbände, einen Erfahrungsschatz, der dem Förderverein und den Gehörlosenverbänden fehle. Der eigentliche Beweggrund war wohl die Sorge, das Geld aus dem Topf »Teilhabe für alle« könnte nicht für alle reichen, hatte der Blindenverein doch zur gleichen Zeit ein Projekt zur Qualifizierung von ehrenamtlichen Beratern beantragt. Es hatte eine heftige, emotionsgeladene Diskussion zwischen dem Vorsitzenden und Anna gegeben. Ihr Verhältnis hatte sich auf den absoluten Nullpunkt heruntergekühlt. Und Anna hatte nun endlich begriffen, dass die Verbandsinteressen grundsätzlich Vorrang vor den Interessen der kleinen Randgruppe der Taubblinden haben.

Wütend erklärt Anna: »Na ja, und dann wirft er dem Förderverein vor, dieser habe auf der Tagung den Eindruck erwecken wollen, dieses Themenfeld überhaupt erst entdeckt zu haben. Mag ja sein, dass der Deutsche Blindenverband 2001 eine Resolution zur Taubblindenassistenz unterschrieben hat, aber das war auch alles, was zu diesem Thema passiert ist. Eigentlich wäre das Deutsche Taubblindenwerk ja prädestiniert, so eine Qualifizierungsmaßnahme zu organisieren. Nichts dergleichen ist geschehen. Peter Hepp mit seiner Kurzfassung einer Qualifizierung von Assistenten und der Förderverein sind die Ersten, die dieses Feld in Deutschland beackern.«

»Na, Anna, hör mal auf zu maulen. Dein Chef wird doch auch was Positives gesagt haben?«

»Na ja, das hat er wohl auch. Er meint, dass der Förderverein sehr erfolgreich darin zu sein scheint, Gelder für Projekte zu organisieren, Netzwerke zu knüpfen und Verbündete zu mobilisieren. Das ist doch ein großes Lob für deine Arbeit, ein sehr wohl verdientes Lob, wie ich finde.«

Sabine erinnert an den eigentlichen Grund ihres Zusammenseins:

»Zwei Punkte stehen in unserer To-do-Liste ganz vorn: die detaillierte Unterrichtsplanung und die Bewerbersuche. Wie gehen wir am besten vor?«

»Du hast doch schon im September des vergangenen Jahres Interessenten aufgefordert sich zu melden. Was ist dabei herausgekommen?«

»Das war sehr erfreulich. Es sind 60 Antworten gekommen, allerdings muss man da jetzt genau sortieren und auswählen.«

»Dabei kann ich dir nicht wirklich sinnvoll helfen. Aber du solltest unbedingt alle uns bekannten Begleiter aus dem Begleiter-Pool anschreiben. Ich bin sicher, dass viele sich sehr gern weiterqualifizieren möchten.«

»Ja, ich mache mich an die Arbeit und dann sollten wir schon jetzt einen Termin für die Vorstellungsgespräche festmachen. Und wir sollten auch festlegen, wer diese Vorstellungsgespräche führt.«

»Was schlägst du vor?«

»Na ja, erst einmal natürlich die Projektleitung, dann sicherlich auch die Gebärdensprachdozentin, sie muss die vorhandenen Gebärdensprachkenntnisse der Bewerber einschätzen, und ein Taubblinder als Betroffener sollte auch dabei sein.«

»Ich fände es gut, wenn der Förderverein als Träger des Projekts auch dabei vertreten wäre. Wie wäre es da mit dir, Anna?«

»Einverstanden. Das mache ich gern.«

»O. K. Und wie viel Zeit müssen wir für diese Bewerbungsgespräche einplanen, wie viele Bewerber sollen wir einladen? Das Ministerium möchte, dass wir den Kurs mit 16 Teilnehmern beginnen. Also sollten wir mindestens 25 Bewerber einladen, damit wir genügend Spielraum haben.«

»Wir müssen auch sehr bald die Dozenten anschreiben und die Termine festmachen. Als Erstes sollten wir die beiden Wochenenden bei IRIS in Hamburg festzurren. Es wird nötig sein, uns da nach den zeitlichen Vorgaben des Instituts zu richten. Karen Finke hat uns ja einen sehr praktikablen und finanziell günstigen Vorschlag gemacht. Zwei verlängerte Wochenenden, von Donnerstag bis Sonntag, Unterricht im Rahmen des Ausbildungskurses für O&M-Trainer unter Anleitung einer Rehabilitationslehrerin und sechs Referendaren aus dem Kurs.«

»Ja, das Programm ist perfekt, ich glaube, da ist alles dabei, was zukünftige Assistenten dringend brauchen.«

Anna denkt an den Bericht der Begleiterin aus dem Computerkurs, die voller Schrecken mit ansehen musste, wie die taubblinde Frau in Begleitung ihres gehörlosen Mannes beim Einsteigen in den Zwischenraum zwischen Bahnsteig und Zug geriet. Anna erinnert sich auch mit Scham und Unbehagen an die durchaus berechtigten harschen Vorwürfe, die es ihr eingebracht hatte, wenn sie völlig unerfahrene Begleiter engagiert hatte. Das Projekt sollte nun endlich diesen und vielen anderen Schwierigkeiten ein Ende bereiten.

»Ich kann gern die Terminabsprache mit IRIS übernehmen und den Termin mit dem Professor Dr. Walter von der Uniklinik Aachen übernehme ich auch. Bei dem Vorzimmerdrachen habe ich ja alle Chancen der Welt, dank Twinkle.« Sabine lacht und erinnert sich an ihren nach wochenlangen Verhandlungen und vielen Mails endlich erreichten Gesprächstermin im Uniklinikum. »Ja, so was habe ich auch noch nicht erlebt.« Sie hatten sich in den endlosen Gängen mit ihrem futuristischen Stahlrohrlook schon fast verloren geglaubt, hatten dann endlich doch an der richtigen Tür angeklopft und voll Staunen erlebt, wie sich die Chefin des professoralen Sekretariats, eine gepflegte und würdige Erscheinung, auf sie oder besser auf Twinkle gestürzt hatte und in verzückte Ausrufe ausbrach. »So ein bezaubernder Hund, schauen Sie doch, wie dieser Hund mich anschaut, nein, so einen reizenden Hund habe ich noch nie gesehen. Kommen Sie doch herein.« Anna hatte oft mit Staunen die ganz besondere Wirkung ihres Führhundes erlebt, aber solche Verzückung war dann doch eher selten. »Na ja, das hat unsere Verhandlungen mit dem Herrn Professor doch sehr erleichtert. Es gab dann auch keine Probleme, die Kooperation mit dem Kollegen von der HNO-Abteilung anzuleiern. Jetzt müssen nur noch die endgültigen Termine festgesetzt werden.«

6.4 Planung und Konzeption des Projekts

In einer großen Dienstbesprechung des Fördervereins im Juni 2005 wurde der Grundstein für das Taubblindenassistenz-Projekt gelegt. Alle Anwesenden waren sich darin einig, dass die Selbsthilfeorganisationen der Taubblinden, Gehörlosen und Blinden in der Unterstützung taubblinder

Menschen einen gemeinsamen Weg gehen sollten. Die Ausbildung von Taubblindenassistenten sollte als Projekt möglichst in einer Trägergemeinschaft mit dem Landesverband der Gehörlosen, dem Blinden- und Sehbehindertenverein und dem Förderverein realisiert werden. Für Planung, Durchführung und Auswertung wurde ein Zeitraum von fünf Jahren anvisiert. Eine Planungsgruppe zur Entwicklung eines Konzepts wurde eingesetzt und die Leiterin der seit Beginn des Jahres eingerichteten, von der Aktion Mensch geförderten Taubblindenberatungsstelle damit beauftragt, zum ersten Treffen dieser Planungsgruppe im September 2005 einen konzeptionellen Vorentwurf vorzulegen.

In der ersten Sitzung der Planungsgruppe wurden die Grundzüge des Projekts und die Lerninhalte vorgestellt. Alle Assistenten sollen eine volle Sprachkompetenz erwerben, das bedeutet DGS mit Fingeralphabet, taktile Gebärden, Lormen und Braille. Zu den Inhalten gehören außerdem Psychologie, Medizin, rechtliche Fragen, Assistentenselbstverständnis und Einblicke in die Gehörlosenkultur. Der Entwurf sieht den gemeinsamen Unterricht gehörloser und hörender Assistenten vor. Hörende Assistenten haben zwar gegenüber den gehörlosen Assistenten eine bessere Kommunikationsmöglichkeit im Hinblick auf die Lautsprache, jedoch können sich gehörlose Assistenten besser in die Lebenswelt und kulturellen Hintergründe der Betroffenen einfühlen, was insbesondere für diejenigen Taubblinden von Vorteil ist, die Gebärdensprache als ihre Muttersprache bezeichnen, also die gleiche Sozialisation und kulturelle Prägung erfahren haben. Gebärdensprachdolmetscher werden in einem Großteil des Unterrichts anwesend sein, ebenso Assistenten für die Dozenten, die solche benötigen.

Bei dem Treffen der Planungsgruppe im Februar 2006 waren die Dozenten für die einzelnen Fachbereiche gefunden. Detaillierte Unterrichtskonzepte lagen vor.

Gebärdensprache

Da (geschätzt) ca. 60 Prozent der Betroffenen gebärdensprachlich kommunizieren, ist eine gute Gebärdensprachkompetenz der Assistenten unerlässlich.

Folgende Themen sollen in der Ausbildung vermittelt werden:
Wahrnehmung/Sprachverständnis, Ortsbeschreibungen, Richtungsgebärden, Entfernungsgebärden, Idiome, Wiedergabe komplizierter Texte in einfacher Sprache, Dialekte, spezielle Gebärden zum Thema »Taubblinde, Einführung in die Gehörlosenkultur«. Als Dozenten konnten Gebärdensprachdozenten des LINGS in Essen gewonnen werden.

Taktile Gebärden

Im Unterricht der Taktilen Gebärdensprache werden verschiedene Formen wie 2-/4-Hand-Gebärden etc. eingeübt. Spezielle Unterschiede zur DGS wie das Fingeralphabet, Ortsbeschreibungen, Zahlen etc. werden erlernt.
Clemens Hoppe (Usher-gehörlos) führt den Unterricht durch. Dieser Unterricht wurde in der SHG (Selbsthilfegruppe) Recklinghausen geplant.

Lormen

Die Teilnehmer lernen, sich beim Lormen an das vom Taubblinden vorgegebene Tempo anzupassen. Darüber hinaus sollen die Assistenten in der Lage sein, passiv und flüssig die Lormbuchstaben aufzunehmen.
Magdalena Besten (hörend/sehend) als ausgebildete und erfahrene Lormtrainerin hat diesen Unterricht übernommen.

Braille

Im Unterricht lernen die Assistenten, die Blindenvollschrift zu schreiben und mit den Augen zu lesen, damit sie sich in Form von Briefen mit den taubblinden und hörsehbehinderten Menschen austauschen können. Außerdem können sie bei der häuslichen Unterstützung wichtige Informationen in Braille-Schrift schreiben oder lesen.
Dieser Unterricht wird von Heidemarie Grünert, Rehabilitationslehrerin für Blinde und Sehbehinderte (hörend/sehend) erteilt.

Rechtliche Fragen

Welche gesetzlichen Rechte und Pflichten haben die Assistenten in ihrer Tätigkeit? Welche gesetzlichen Rechte und Pflichten haben die Taubblinden als Assistenznehmer?

Diese Fragen und viele mehr zum Thema »meine Rechte« als AssistentIn werden besprochen, z.B. Vertrag/Absprachen, Haftung/Versicherungen, Geschichte des Modells der »Persönlichen Assistenz«, Rechte der Taubblinden und Finanzierung der Assistenten.
Dozentin ist Esther Schmidt, Juristin und Mitarbeiterin bei »Mobile – Selbstbestimmtes Leben« in Dortmund.

Assistentenselbstverständnis

Die Assistenz einer taubblinden Person setzt die Gestaltung einer sehr persönlichen Beziehung voraus. Die Assistenzperson muss ihre Motivation hinterfragen und reflektieren. Im Unterricht wird diese Selbstreflexion eingeübt und Themen wie »Nähe und Distanz«, »meine Rolle als Assistentin/als Assistent«, »soziale Kompetenzen«, »Berufsbild der Taubblinden-Assistenz« werden vermittelt.
Für diesen Bereich ist Sonja Gansbergen (hörend/sehend), Dipl.-Heilpädagogin und selbst Assistentin für Taubblinde, zuständig.

Umgangsregeln

Der Bereich Umgangsregeln befasst sich mit konkreten Handlungsanweisungen, zum Beispiel: In welchen Situationen darf sich der Assistent vom Taubblinden entfernen und diesen allein lassen, welche Kleidung trägt der Assistent (Kontraste sind für Sehbehinderte wichtig), welche Absprachen sind zu treffen?
Dieter Zelle (Usher-gehörlos), der diesen Unterricht im Arbeitskreis »Taktile Gebärden – Umgang mit taubblinden Menschen« vorbereitet hat, wird aus Sicht der Betroffenen einige grundsätzliche Verhaltensregeln erläutern.

Orientierung und Mobilität

Inhalte der Schulung sind Körperschutztechniken, Techniken der »Sehenden Begleitung«, z.B. das Begehen von Treppen, Rolltreppen, Aufzügen, das Einsteigen in Züge, Bahnen, das Anzeigen von Sitzgelegenheiten, Weg- und Situationsbeschreibungen, lebenspraktische Fertigkeiten (alle alltäglich im Haushalt anfallenden Tätigkeiten).
Diese Unterrichtseinheit übernehmen die DozentenInnen des Instituts für Rehabilitation und Integration Sehgeschädigter in Hamburg.

Medizin

Die medizinischen Hintergründe und Ursachen der wichtigsten Krankheiten (u. a. Usher-Syndrom, Retinitis Pigmentosa, Macula-Degeneration, Grauer Star) werden dargestellt. Grundlegende Kenntnisse über die medizinische Versorgung (Hörgeräte, Operationen, Spezialbrillen) und Hinweise zu aktuellen Therapieformen sind ebenso Gegenstand des Unterrichts. Um eine reibungslose Kommunikation zwischen Betroffenem und Assistenten zu gewährleisten, ist die Kenntnis der individuellen Ausprägung der Seh- und Hörbehinderung unabdingbar.
Dozenten sind Ärzte der Usher-Sprechstunde der Uniklinik Aachen.

Psychologie

Was bedeutet die Diagnose Usher für einen Gehörlosen im Hinblick auf Sozialisation? Was macht das Erleben einer progressiven Sehbehinderung mit einem Betroffenen? Wie sieht die Verarbeitung aus? Was bedeutet die Abhängigkeit? Was braucht ein Betroffener, um sich mit seiner Lebenssituation zu versöhnen? Welche Rolle spielt Assistenz bei diesen Verarbeitungsprozessen?
Kerstin Rießbeck (hörend/sehend) und Heike Klier (hörend/sehend) aus »Regens Wagner Zell« können aus ihrer jahrelangen Erfahrung in der Arbeit und Therapie von Usher-Betroffenen und Taubblinden berichten.

Coping

Betroffene erzählen aus ihrem Leben und erklären, was ihnen bei der Bewältigung der Behinderung geholfen hat. Verschiedene Betroffene mit unterschiedlichen Behinderungsverläufen und Sozialisationsprozessen berichten aus ihrem Leben. Gebärdensprachlich sowie lautsprachlich orientierte Betroffene als Vertreter der beiden wichtigsten Gruppen taubblinder Menschen kommen zu Wort.

Hilfsmittel

Taubblindenassistenten sollten mit den Hilfsmitteln für Taubblinde vertraut sein, da diese im Alltag der Betroffenen eine große Rolle spielen und auch im Umgang mit den Assistenten zum Einsatz kommen.

Diese Hilfsmittel können die TeilnehmerInnen in einer Besichtigung des Blindenbildungswerkes Soest kennenlernen.

Praktika

In den Praktika werden die erlernten Inhalte praktisch umgesetzt.
Zeitlicher Umfang insgesamt: 50 Stunden / 10 ganze Tage
Taubblinde Menschen können bei SHG – Veranstaltungen für Taubblinde in Recklinghausen, Gelsenkirchen oder Köln, bei Taubblindenfreizeiten oder privat zu Hause (z. B. Einkaufen, Schwimmen, Sport etc.) begleitet werden.

Die Bereiche Orientierung und Mobilität, Medizin, Psychologie und rechtliche Fragen werden in Wochenendblöcken, die anderen Fächer innerhalb der Woche ab 17.00 Uhr unterrichtet. Schulungsort ist das Integrationszentrum in Recklinghausen. Die Seminare in Orientierung und Mobilität finden in Hamburg statt, der Unterrichtsblock »Medizin« in Aachen.

Am Ende der Ausbildung wird die Qualifikation der Teilnehmer im Rahmen einer insgesamt fünftägigen Prüfungsphase bestätigt. Während dieser Phase nimmt eine Kommission, bestehend aus der Projektleitung, einem DGS-Dozenten und einer betroffenen Person, die Prüfung in verschiedenen Fächern ab. Die Prüfung erfolgt je nach Fach einzeln oder in der Gruppe, schriftlich, mündlich oder praktisch. Die jeweilige Form hängt vom jeweiligen Fach ab. Einige Fächer, insbesondere die an anderen Orten stattfindenden Blöcke, werden am jeweiligen Ende des Blocks durch einen schriftlichen und / oder praktischen Test geprüft.

Die Gesamtdauer des Ausbildungsprojektes umfasst 27 Monate, innerhalb dieser Zeit sind zwei Lehrgänge mit je 16 Teilnehmern geplant.

6.5 Teilnehmer gesucht und gefunden

Donnerstag, der 03.04.2008, 10 Uhr. Im Mehrzweckraum des Gehörlosenzentrums sind vier Tische zu einem Rechteck zusammengestellt und bieten für mindestens sechs Personen ausreichend Platz. Bewerbungsmappen, Papier und Stifte für Notizen liegen bereit. Es ist der erste von drei Tagen, an denen von insgesamt 24 Bewerbern 16 Teilnehmer für den ersten Lehrgang des Projekts ausgewählt werden sollen. Einige der Bewerber sind aus dem Begleiter-Pool bekannt und Anna fragt sich, wie viele von ihnen in das Projekt aufgenommen werden können. Am ersten Tag dauern die Vorstellungsgespräche bis 17 Uhr, am Freitag von 9 Uhr bis 15 Uhr und am Montag von 10 bis 18 Uhr, ein arbeitsintensives Programm für die fünfköpfige Bewerbungskommission. Für jedes Vorstellungsgespräch sind 30 Minuten angesetzt, bis zum nächsten Kandidaten haben die Kommissionsmitglieder 15 Minuten Zeit, ihre Eindrücke zu vergleichen und ein vorläufiges Votum abzugeben.

Andrea und Rita, die beiden Projektleiterinnen, nehmen an der Schmalseite des Rechtecks nebeneinander Platz. Werner, der Vertreter der Usher-Betroffenen, überlegt die Platzierung mit David, dem Gebärdensprachdolmetscher. Der Abstand und die Lichtverhältnisse müssen genau auf seine Wahrnehmung abgestimmt werden. Rita möchte sicherstellen, dass die gehörlosen Bewerber dem Gespräch folgen können, setzt sich probeweise auf den für die Bewerber vorgesehenen Stuhl und prüft, ob sie von dort Davids Gebärden gut sehen kann. Andrea erklärt den geplanten Ablauf und verteilt die Kurzprofile der Bewerber dieses Tages. Für Anna wird sie vor jedem Gespräch die wichtigsten Daten vorlesen. Andrea macht ihre Sache gut, ihre Ausführungen sind präzise und durchstrukturiert. Anna hofft, dass sie ihre Aufgabe schultern wird. Andrea ist Berufsanfängerin, hat aber mit Rita, einer erfahrenen Gehörlosenberaterin, die mit zehn Stunden an der Projektleitung beteiligt ist, eine kompetente Mitstreiterin.

Anna denkt daran, dass jetzt eigentlich Sabine die Vorstellungsgespräche hätte moderieren sollen. Wieder durchlebt Anna den Moment im November des vergangenen Jahres, ihre Fassungslosigkeit, ihre bittere

Enttäuschung und ihre Trauer über den Verlust. Sabine hatte angerufen: »Ich habe meinen Arbeitsvertrag mit dem Förderverein gekündigt.« Nach dem Auslaufen des Projekts »Unterstützung und Beratung für taubblinde Menschen« hätte Sabine die Leitung des Taubblindenassistenz-Projekts übernehmen sollen. Sie hatte viel Arbeit, Energie und ihre geballte Kreativität in die Entwicklung dieses Projekt gesteckt, hatte das Konzept zigmal um- und neu geschrieben, sogar eine Version in einfacher Sprache vorgelegt, die Fachtagung vorbereitet und zu einem Erfolg geführt und die Bewerberakquise in Angriff genommen. Alles das war nun Geschichte. Sabine hatte ihren Entschluss begründet und Anna verstand. Vor einigen Monaten hatte sich Sabine in einem Gespräch sehr positiv über Andreas Kompetenzen geäußert und vorgeschlagen, dass sie in Zukunft in diesem Projekt mitarbeiten sollte. Diese Zukunft war nun früher eingetreten als gedacht. Anna hatte Andrea gefragt und diese hatte zugesagt. Nach einem sehr erfolgreichen Abschluss in Heilpädagogik konnte Andrea die Zeit des Praxisjahres um einige Monate verkürzen und die Projektleitung übernehmen.

Rita ruft die erste Bewerberin herein. Andrea übernimmt, stellt die Mitglieder der Bewerbungskommission vor und erklärt den Ablauf des Gesprächs. Nun ist es an der Bewerberin, sich vorzustellen. Die hat vorab eine Frage. Wie soll sie kommunizieren? In Gebärdensprache, damit Werner sie versteht? Andrea klärt auf, das Gespräch kann in Lautsprache geführt werden, es wird gedolmetscht. Die Erleichterung ist der Bewerberin deutlich anzumerken. Anna gibt der Bewerberin in Gedanken Pluspunkte für diese Nachfrage, bedeutet sie doch Rücksichtnahme auf das gehörlose Kommissionsmitglied. Nach dem »Warum« ihres Interesses für die Qualifizierung gefragt, erklärt die Bewerberin:

»Ich habe mir vor zwei Jahren einen Traum erfüllt und die Gebärdensprache erlernt. Eines Tages las ich in einem Aushang im LINGS ›Begleiter für Taubblinde gesucht‹, meldete mich bei der angegebenen Telefonnummer und bekam die Auskunft, dass ich an dem folgenden Wochenende ein Seminar für Begleiter besuchen könne. Das habe ich getan und seitdem hat mich das Thema ›Taubblindheit‹ nicht mehr losgelassen.«

»Zu welchen Anlässen haben Sie Taubblinde begleitet?«

»Ganz viel zu Veranstaltungen der Taubblindenselbsthilfe, aber auch beim Sport und im Alltag.«

»Sie sind doch schon eine erfahrene Assistentin, warum wollen Sie jetzt noch die Ausbildung machen? Was fasziniert Sie an der Assistenz?«

»Zur ersten Frage: Ich habe festgestellt, dass ich erhebliche Probleme habe, sicher und geschickt zu führen. Das ist eine Frage der Technik, die man lernen kann. Ich möchte aber auch in der Ausbildung mehr über die psychische Situation von Taubblinden erfahren und über meine Rolle als Assistentin. Zur zweiten Frage: Ich finde die Begleitung von Taubblinden unglaublich bereichernd. Es bedeutet mir viel, einen Taubblinden aus seinem zurückgezogenen Leben herausführen zu können. Wenn ich mit dem Tandem vom Hermannsdenkmal heruntersause und hinter mir höre ich ein Juchzen ... Lebensfreude schenken – das macht ein gutes Gefühl.«

»Wenn Sie die Ausbildung organisieren müssten, welche drei Fächer sollten nicht fehlen?«

»Die Techniken zur Unterstützung der Mobilität, also Führtechniken und Ähnliches, und die besonderen Techniken der Kommunikation. Dann natürlich Psychologie.«

»Welches sind Ihrer Meinung nach die drei wichtigsten Eigenschaften eines Taubblindenassistenten?«

»Ich denke, er sollte absolut zuverlässig sein, er sollte Empathie und Feingefühl besitzen und er sollte sich selbst zurücknehmen können.«

»Haben Sie sich in Ihrer Rolle als Assistentin schon einmal unwohl gefühlt?«

»Oh, das ist schon oft vorgekommen. Einmal hat mir ein Taubblinder inmitten einer Veranstaltung einen Heiratsantrag gemacht. Da habe ich mich schon gefragt, was hast du falsch gemacht? Dann gibt es auch Situationen, wo ich das Gefühl habe, mich zwischen die Eltern und ihren taubblinden Sohn oder ihre Tochter zu drängen und mit meinem Angebot den Eltern ihre Lebensaufgabe zu nehmen. Es passiert auch schon mal, dass ein bisher nur von seinen Eltern betreuter Taubblinder keinerlei Ideen hat, was er unternehmen könnte. Er mag keine Entscheidungen treffen, er ist das ja nicht gewohnt, hat immer gemacht, was die Eltern sagten. Eigentlich ist es ja nicht meine Aufgabe zu sagen, was zu tun ist. Ja, es gibt viele Situationen, die ich gern mit anderen besprechen möchte. Ich verspreche mir auch von der Ausbildung, dass ich Gelegenheit bekomme, meine Erfahrungen mit anderen zu reflektieren, auch eine Supervision könnte sehr hilfreich sein.«

Nicole übernimmt, »plaudert« zehn Minuten über alltägliche Themen: Wohnort, Familie und Beruf, die Wegbeschreibung nach Recklinghausen usw. So überprüft Nicole den Stand der DGS-Kenntnisse. Andrea erklärt dann das weitere Vorgehen: In der nächsten Woche kommt eine schriftliche Benachrichtigung über die Teilnahme an dieser ersten Ausbildung. Als die Bewerberin den Raum verlassen hat und die Tür zugefallen ist, gehen die Daumen in die Höhe. Perfekt! Die erste Kandidatin steht fest!

Nicht immer waren die Beratungen so schnell und einstimmig abzuschließen. Es gab häufig, vor allem bei den hörenden Bewerbern, eine Diskussion über die DGS-Kenntnisse. Die Gebärdensprachdozentin hatte hohe Ansprüche, denen die Leistungen der Bewerber oft nicht entsprachen, und es musste entschieden werden, ob ein Bewerber genügend Zeit und Energie würde aufwenden können, um das Niveau der Gruppe zu erreichen. So fielen einige Bewerber wegen mangelnder DGS-Kenntnisse durch das Raster, obwohl Motivation und Einsatzbereitschaft sehr überzeugend waren. Andere Bewerber hatten ein Verständnis von Assistenz, das sich grundsätzlich von der Zielsetzung des Projekts unterschied. Diese Personen empfinden die große Schutz- und Hilfsbedürftigkeit der taubblinden Menschen, sind voller Mitleid, durchdrungen von dem Bedürfnis zu helfen, nicht verstehend, dass Taubblinde nicht Mitleid, sondern Respekt wollen, nicht Fürsorge, sondern Unterstützung brauchen. Sie verstehen nicht, dass eine solche Einstellung eigenständiges Handeln verhindert, Gefühle der Abhängigkeit und Minderwertigkeit verstärkt. Anna hatte während der vielen Veranstaltungen und Seminare erlebt, welche Konflikte sich aus einer solchen, von den Taubblinden als Bevormundung empfundenen Haltung ergeben können. Wenn Anna sich nun bemühte, die Motivation und Einstellung der Kandidaten zu erfragen, hatte sie die bei Treffen und Seminaren erlebten Erfahrungen im Kopf.

6.6 Bitte nicht so!

Das Taublindenseminar 2006 fand in Bad Meinberg im Aura-Zentrum statt und zum ersten Mal trafen sich taubblinde und hörsehbehinderte Menschen aus ganz NRW zu einer gemeinsamen Reha-Woche. 47 Personen und zwei Hunde hatten das Haus in Beschlag genommen. 21 Taubblinde hatten sich eingeschrieben, ihr ganz individuelles Seminarprogramm zusammengestellt und zwischen den Kursen für Lormen, taktiles Gebärden, Punktschrift, Computer und Speckstein-Gestalten ausgewählt. Manche hatten jeden Tag mit Kursen so vollgestopft, dass nur die Abende nicht verplant waren. Andere waren gekommen, um die Gemeinschaft zu genießen und die Seele einmal zusammen mit anderen baumeln zu lassen. Nur durch den Rückgriff auf die ehrenamtlich Aktiven aus dem Begleiter-Pool war es möglich gewesen, so viele Taubblinde in die Veranstaltung einzubeziehen. Zehn externe Begleiter hatten sich für diejenigen unter den taubblinden Teilnehmern gefunden, für die weder Familienangehörige noch Bekannte einspringen konnten. Acht Taubblinde wurden von ihren zumeist gehörlosen Partnern begleitet, drei Schwestern und eine Mutter waren mit von der Partie.

Volker und Waltraud hatten sich in dieser Woche kennengelernt, wollten an ihrem freien Nachmittag nach Bad Meinberg hinuntergehen, dieses Mal ohne ihre Begleiterinnen, sie wollten unter sich sein. Waltraud hatte Sarah, ihre Begleiterin informiert und sich an der Rezeption eingefunden. Volker diskutierte mit seiner Assistentin Emma. Er klang erregt, wurde laut und schien immer zorniger zu werden. Ganz im Gegensatz zu seinem sonstigen Verhalten. Volker war zurückhaltend, ein ruhiger Typ, bemüht, sein mühsam erkämpftes Gleichgewicht zu wahren. »Verdammt noch mal, was muss ich dir denn noch erklären! Ich will jetzt nicht von dir begleitet werden. Lass mich in Ruhe und lass mich ohne dich gehen.«

»Das geht nicht. Ich habe die Verantwortung für dich. Ich kann dich nicht allein gehen lassen. Ich gehe dann einfach hinter dir her, wenn du dich von mir nicht führen lassen willst.«

Waltraud trat dazu und versuchte zu vermitteln. »Emma, Volker und ich gehen zusammen, wir kennen beide den Weg. Es wird uns nichts passieren. Du kannst uns ruhig gehen lassen.«

»Nein, nein, das geht nicht. Wenn euch was passiert ... Ich habe die Verantwortung für euch.«

Volker geriet außer sich, hilflos vor Wut, drohte handgreiflich zu werden. Waltraud fragte die Rezeptionistin, ob sie wisse, wo die Gruppenleiterin sei. Die wusste Bescheid, rief in der Kegelbahn an, wo Anna Unterricht in

Punktschrift gab, weil alle anderen Seminarräume mit Kursen belegt waren. Anna nahm den Anruf entgegen, hastete die Treppen hoch, Twinkle, freudig überrascht über die willkommene Unterbrechung seines langweiligen Beobachterdaseins unter dem Tisch, lief schwanzwedelnd voran, begrüßte unbefangen die an der Rezeption zusammenstehenden Personen und sorgte so für die nötige Entspannung und Deeskalation. Anna ließ sich berichten und meinte zu Volker und Waltraud: »Na, dann lauft mal los. Ihr seid, so scheint es mir, ja ziemlich erwachsen und könnt selbst entscheiden, was ihr unternehmen wollt. Das tut ihr ja sonst auch, oder?« Waltraud lachte erleichtert und Volker gelang es allmählich, seine Selbstbeherrschung wiederzufinden. Anna wünschte ihnen einen schönen Spaziergang und ein gutes Gespräch. Sie setzte dann noch hinzu: »Denkt ihr bitte daran, dass es um 18 Uhr Abendessen gibt?« Wieder einmal hatte ihre frühere Profession durchgeschlagen. Waltraud amüsierte sich: »Jawohl, Frau Lehrerin, das machen wir.« Anna bat Emma zu einem Gespräch kurz vor dem Abendessen und versuchte, Überzeugungsarbeit zu leisten. »Taubblinde tragen wie jeder nicht entmündigte Erwachsene die Verantwortung für sich selbst und können und wollen diese auch nicht an ihre Begleitung abgeben.« Anna wiederholte, was sie oft und oft gesagt hatte: Rücksichtnahme auf die Bedürfnisse, Respekt der Freiräume und der Selbstbestimmung sind wesentliche Voraussetzungen einer jeden Begleitung. Allerdings hatte Anna nicht den Eindruck, dass sie wirklich zu Emma vordrang. Emma fand an ihrem Verhalten wenig auszusetzen, hatte sie doch in bester Absicht gehandelt.

Wie wenig diese Begleiterin fähig war, sich in die Gefühlslage taubblinder Menschen zu versetzen, wurde Anna drei Monate später beim jährlichen Treffen am Bootshaus erneut bewusst. Hans, hochgradig schwerhörig und geburtsblind, lebt seit vielen Jahren als einziger Taubblinder in einer Einrichtung des Diakonischen Werkes für schwerst mehrfach behinderte Menschen. Sabine und Anna hatten ihn dort besucht. Sie waren schockiert zurückgekehrt und hatten ihr Möglichstes getan und schließlich erreicht, dass Hans in eine selbstständige Wohngruppe umsiedeln konnte. Bei ihrem ersten Besuch hatten sie seine Unterbringung im stationären Bereich der Einrichtung erlebt. Hans war zusammen mit einem autistischen jungen Mann, mit dem er sich nicht verständigen konnte, in einem schmalen, länglichen Raum untergebracht. Das Zimmer war mit zwei am Tage hochgeklappten Betten, einem Waschbecken und einem Tisch mit zwei Stühlen sparsamst eingerichtet. Die einzige Möglichkeit, private Schätze unterzubringen, war das obere Brett auf dem Rahmen des Schrankbettes. Anna war entsetzt gewesen, selbst ein Gefängnisinsasse hatte mehr Sozialkontakte und Privatsphäre. Auch die Geräuschkulisse war erschreckend, fand Anna, die nur wenige Einrichtungen dieser Art besucht hatte. Die Schreie und unartikulierten Laute, der undefinierbare Geruch, die im Gang herumstehenden Rollstühle und fahrbaren Betten ... Nichts, woran ein blinder Mensch sich orientieren konnte, und da war auch niemand, mit dem Hans Kontakt hätte haben können. In der Werkstatt, in der er beschäftigt war, mochte das etwas anders sein, aber der Wohnbereich war unzumutbar. Die Mitarbeiter, immer unter Zeitdruck stehend, machten wenig Unterschiede zwischen den Bewohnern und hatten keinen Sinn für die besonderen Bedürfnisse von Hans. In der zurückliegenden Rehawoche hatte Hans sehr deutlich seinen dringenden Wunsch nach Ansprache, Austausch und Förderung artikuliert, wollte am Computer arbeiten und lernen. Anfangs war Hans empfindlich und leicht zu verunsichern gewesen, stotterte nervös und wurde erst gegen Ende der Rehawoche ruhiger und entspannter. Emma, die ihn beim Treffen am Bootshaus begleitete, hatte ihn während der Rehawoche kennengelernt und kannte seine Situation.

Das Wetter an diesem Samstag war geradezu ideal, sonnig, aber nicht zu warm, ein leichter Wind über dem Wasser. »Das hätten wir uns selbst nicht besser backen können«, freute sich Simone, die dafür sorgte, dass alle vier Ruderboote und die beiden Kajaks ständig in Bewegung blieben. Hans hatte noch nie in einem Ruderboot gesessen und sollte es heute doch einmal versuchen. Er hockte sich auf dem schwankenden Bootssteg nieder und Simone führte seine Hand zum Rand des breiten Ruderbootes, dann zum Sitz und zum Ruder. »Hier ist noch ein Platz frei, extra für dich freigehalten. Ich helfe dir beim Einsteigen und Horst ist schon im Boot und hält dich dann fest.« Hans reichte erst einmal seinen zusammengefalteten Langstock ins Boot, Andrea nahm ihn ohne Kommentar entgegen. Wenn Hans sich so sicherer fühlte ... Hans kletterte vorsichtig ins Boot, tastete die Sitzfläche ab und ließ sich ganz langsam niedersinken. Geschafft! Das Boot legte ab. Hans fühlte die schaukelnde Bewegung des Bootes, tastete nach seinem Nebenmann und fragte, wer alles an Bord sei. Er kannte sie alle und war endlich beruhigt. Andrea zeigte ihm, dass er seine rechte

Hand ins Wasser tauchen konnte, und Hans ließ das kühle Wasser an der Hand vorbeigleiten, spürte das Schaukeln des Bootes, den leichten Wind. Andrea bot ihm an, mit ihm den Platz zu tauschen, sodass er auch einmal rudern konnte. Hans nahm dieses Angebot dankbar an.

Als Sarah nach einer Tretbootrunde mit ihrem Bruder Benjamin an ihren Tisch im Garten zurückkam, saß dort Hans allein, ohne seine Begleiterin. Sarah versorgte ihn, ihren Bruder und sich selbst mit Kaffee und Kuchen. Andrea erzählte ihr, wie sehr Hans diese Ruderfahrt genossen hatte. Hans bestätigte das, war voller Begeisterung: »Dieses wunderbare Erlebnis werde ich in meinem Leben nicht vergessen. Dafür bin ich sehr dankbar. Eine großartige Erfahrung, durch die ich viel gelernt habe!« Hans sprach in seiner ihm eigenen gewählten Ausdrucksweise: »Andrea war sehr freundlich und hat mir gezeigt, wie man rudert. Das hat mir keine Schwierigkeiten bereitet. Das hat mich mit Freude erfüllt. Ich hätte nicht geglaubt, dass ich so etwas leisten kann.« Unvermutet kippte seine Stimmung, er wurde laut, schimpfte wütend, erregte sich immer mehr: »Diese Frau, diese Frau da war gemein zu mir, sie hat sich über mich lustig gemacht. Sie hat mich verspottet. Ich bin ein Mitglied der Fachgruppe für Taubblinde und ich muss mir das nicht bieten lassen.« Hans fing an zu stottern, bekam kaum Luft. Sarah versuchte zu beruhigen, fragte nach. Hans erregte sich weiter: »Ich habe vorhin zu Emma gesagt, dass ich unbedingt mit Anna reden will. Ich will mit Anna reden. Anna muss dieser Frau die Meinung sagen. Ich bin ein Mitglied der Fachgruppe und niemand darf mich verspotten.« Emma, die inzwischen an ihren Platz zurückgekehrt war und sich mit Kaffee und Kuchen versorgt hatte, blieb ruhig und sagte nichts dazu. Sarah stand auf und suchte nach Anna, fand sie und brachte sie an den Tisch. Anna führte ein sehr, sehr langes Gespräch mit Hans, ließ sich von ihm berichten, was vorgefallen war, versicherte ihm, dass jeder in der Fachgruppe ihn schätzte und mochte, versicherte ihm, dass es ganz normal und vernünftig sei, den Langstock immer bei sich zu haben, auch auf dem Boot. Man habe ihn ja, sobald man wieder an Land sei, dringend nötig. Anna gelang es schließlich, Hans zu beruhigen, ging dann zu der Helferin des Blindenwassersportvereins, erklärte ihr die Lage und erreichte, dass sich die Frau, widerwillig zwar, bei Hans entschuldigte. Nun war seine Welt wieder in Ordnung. Hoffentlich! Was war geschehen? Bei der Ankunft am Bootssteg wurde Hans von einer Helferin des Wassersportvereins gefragt, warum er denn seinen Langstock mit ins Boot genommen habe, ob er denn mit seinem »Zauberstab« auch fleißig gerudert habe? Hans, der es nicht gewohnt war, in dieser Weise gefrotzelt zu werden, fühlte sich tief verletzt und wie in der Einrichtung mit Geringschätzung und Herablassung behandelt. Er war in Zorn geraten und hatte von Emma verlangt, sie möge Anna rufen. Emma war daraufhin zur Toilette gegangen und hatte nichts weiter unternommen.

Beim Taubblindenseminar 2004 hatten sich neun Teilnehmer für den Schnupperkurs Computer angemeldet und Anna hatte einen ganz genauen Zeitplan ausgearbeitet, damit jeder gleichermaßen berücksichtigt werden konnte. Silvio, der bei Michael Plarre die Kommunikationsassistenz übernommen hatte, kam zu Anna in den Seminarraum, wo sie Bertolt in Punktschrift unterrichtete. »Weißt du, wo Friedrich ist? Ich kann ihn nirgends finden, hat er keinen Stundenplan bekommen?«

»Doch, doch, er weiß genau, wann er dran ist. Und ich kann mir nicht erklären, warum er jetzt nicht da ist. Er war so begierig darauf, am Computer zu arbeiten. Hast du schon im Foyer nachgesehen?«

»Da ist niemand bei dem schönen Wetter.« Und dann hörten beide im Eingangsbereich wütendes Schimpfen und Protest. Anna entschuldigte sich bei ihrem Punktschriftschüler und ging nachsehen. Was war passiert? Bernadette hatte Friedrich trotz seines entschiedenen Widerstands am Arm gepackt, ihn mit nach draußen geschleppt, wollte mit ihm einen Spaziergang machen. Anna fragte sich, wie es ihr gelungen war, den gut einen Kopf größeren Friedrich mitzuschleifen. Anna beschwichtigte, brachte erst Friedrich zu Michael, seinem Computertrainer, der von seiner Mittagspause ein bisschen Zeit abknappte, und versuchte von Bernadette eine Erklärung zu bekommen. Die war sich immer noch keiner Schuld bewusst. »Das Wetter war so schön. Da war es doch besser für Friedrich, nach draußen zu gehen und einen Spaziergang zu machen.«

Am Montagabend setzten sich die Mitglieder der Bewerbungskommission zusammen und gingen noch einmal alle die Fälle durch, bei denen Unstimmigkeit geherrscht hatte. Schließlich blieben 14 Bewerberinnen und Bewerber übrig, die mit der ersten Qualifizierungsmaßnahme für Taubblindenassistenten in NRW beginnen konnten. Zwei Teilnehmerinnen sprangen im Laufe des Jahres ab, eine erkrankte während der Prüfungsphase, sodass es schließlich nur elf Personen waren, fünf Hörende und sechs Gehörlose aus dem Ruhrgebiet, Münsterland und Ostwestfalen, denen am 30.07.2009 bei einer kleinen Abschlussfeier im Gehörlosenzentrum Recklinghausen ihr Zertifikat von Herrn Burkert, dem Vertreter des Ministeriums für Arbeit, Gesundheit und Soziales NRW, überreicht wurde.

6.7 Der zweite Lehrgang

Ende Januar 2009 setzte sich die Bewerberkommission in bewährter Konstellation zusammen und wählte acht Personen für den zweiten, von März bis Oktober 2009 dauernden Lehrgang aus. Die Projektleitung wertete die Erfahrungen der ersten Ausbildungsgruppe aus, veränderte das Curriculum einzelner Fächer inhaltlich und erzielte so eine qualitative Verbesserung der Ausbildung. Ende Oktober absolvierten die Teilnehmer in vier Tagen ihre Prüfungen. Die gehörlosen Teilnehmer konnten in den schriftlichen Fächern eine zeitliche Verlängerung als »behinderungsbedingten Mehrbedarf« in Anspruch nehmen.

6.8 Wie geht es weiter?

Gerade war Anna aus dem Weihnachtsurlaub zurückgekehrt, da erreichte sie ein Anruf aus Recklinghausen. »Möhlen. Guten Tag, Anna, wie geht es dir? Alles Gute zum neuen Jahr«, hörte Anna. Sie gab die guten Wünsche für das neue Jahr zurück, überrascht über diesen Anrufer – telefonische Kontakte mit Helmut Möhlen, dem stellvertretenden Vorsitzenden des Fördervereins, waren selten. Anna wartete gespannt auf den eigentlichen Anlass dieses Anrufs und sie erfuhr, was alle ihre Pläne durchkreuzen sollte. In diesem Jahr wollte sie die Leitung der Fachgruppe abgeben und sich allmählich aus der Taubblindenarbeit zurückziehen. Mehr Zeit haben zum Lesen, für lange Spaziergänge mit Twinkle, bevor er zu alt dazu wäre, mehr Zeit für sich, zuvor aber wollte sie eine stabile, hauptamtliche Unterstützungs- und Beratungsstruktur etabliert wissen. Die Erinnerung an das Telefonat mit Sabine vor zwei Jahren, als diese ihr von ihrer Kündigung berichtete, blitzte in ihrer Erinnerung auf.

»Andrea hat im Dezember ihren Arbeitsvertrag aufgekündigt, sie wird das Projekt nicht weiterführen. Sie hat uns gebeten, dir erst nach Weihnachten davon zu berichten, damit du in Ruhe die Feiertage genießen kannst.« Anna war fassungslos, sagte nichts, dachte nur: »Na super, da habe ich jetzt noch viel weniger Zeit, zu sehen, wie es weitergeht, jemanden anderes zu finden, so viele verlorene Tage, ich hätte schon viel früher mit der Suche nach einer neuen Projektleitung anfangen können.« Und zornig überdachte sie das hinterlassene Chaos: »Wie kann man nur mittendrin einfach aufhören, alles stehen und liegen lassen? Ist Andrea das Projekt so wenig wichtig? Weiß sie nicht, was es für Taubblinde bedeutet, wenn es nicht weitergeht mit der Assistenzausbildung? Was sollte nun werden?«

»Bist du noch dran?«, hörte sie Helmut Möhlen fragen.

»Was ist mit dem Abschlussbericht? Hat Andrea den schon fertig? Und was ist mit dem Antrag für einen möglichen weiteren Lehrgang und dem Konzept dafür, das Andrea schreiben sollte? Was ist mit dem Termin am 10. Februar mit Borosch vom Ministerium?«

»Andrea hat versprochen, den Abschlussbericht zu Hause fertigzustellen und auch das Konzept für den neuen Projektantrag will sie rechtzeitig schreiben.« Anna hatte da so ihre Zweifel und sie sollte, leider, Recht behalten. Der Abschlussbericht war nicht fristgerecht fertig, einige Kapitel mussten von Rita und Anna ergänzt werden. Norbert Korte, Kreisgeschäftsführer des Paritätischen Wohlfahrtsverbandes, tatkräftiger Unterstützer aller Projektanträge und geschickter Mediator bei schwierigen Verhandlungen, hatte den noch unvollständigen Bericht persönlich bei Andrea abholen müssen. Zwei Tage vor einem entscheidenden Gesprächstermin mit Roland Borosch, der in einem Rotationsverfahren innerhalb des Ministeriums Herrn Burkert als Ressortleiter abgelöst hatte und die Taubblindenarbeit des Fördervereins und vor allem das Taubblinden-Assistenz-Projekt kennenlernen wollte, hatte Andrea das Konzept für den nächsten Projektantrag immer noch nicht geliefert. Also hatte Anna sich am Vortag dieses Termins für die abendliche Vorstandssitzung des Fördervereins entschuldigen lassen und das Konzept für den dritten, vom 01.04.2010 bis 31.07.2011 geplanten Lehrgang in einer achtstündigen Marathonsitzung an ihrem PC zusammengestrickt.

Eine wesentliche Veränderung gegenüber den ersten beiden Lehrgängen ist die Konzentration des Unterrichts auf insgesamt zehn Wochenendblöcke mit bis zu 21 Unterrichtseinheiten. Nur der Unterricht in DGS wird fortlaufend an zwei Wochentagen über den gesamten Ausbildungszeitraum erteilt. Diese Änderung wurde notwendig, da eine Ausbildung mit Unterricht an fünf Abenden in der Woche Berufstätige von der Schulung ausschließt.

Wenn auch bei dem Gesprächstermin der Abschlussbericht als schriftlicher Nachweis für die getane Projektarbeit nicht vorgelegt werden konnte, so gab es doch wenigstens ein Konzept für den dritten, neu zu beantragenden Lehrgang. Herr Borosch wies auf eine wichtige Aufgabe des Projekts hin: die finanzielle Absicherung der Assistenzeinsätze. Dazu sollten dringend die Zusammenarbeit mit den Sozialdezernenten und Behindertenbeauftragten der Kommunen gesucht und Antragstellungen über die Eingliederungshilfe forciert werden. Anna konnte darauf hinweisen, dass im Rahmen der Projektarbeit zahlreiche Anträge auf Taubblindenassistenz gestellt, aber in der Mehrzahl der Fälle jedoch zurückgezogen wurden, als es darum ging, die Vermögensverhältnisse offenzulegen. Insgesamt war nur eine einzige Antragstellung erfolgreich: Fünf Wochenstunden Assistenz wurden bewilligt, ohne Mehrwertsteuer und ohne Erstattung der Fahrkosten. An einem weiteren Beispiel konnte Anna aufzeigen, wie mühsam der Weg zu einer Finanzierung der Assistenzleistungen sein kann. (siehe den Abschnitt »Corinna« im folgenden Kapitel).

Anna verwies auf die Schwierigkeit, Antragsverfahren überhaupt erst in Gang zu bringen. »Den taubblinden Personen ist das Verfahren nur schwer verständlich zu machen, und viele scheuen es, sich an ein Amt zu wenden.« Die Begleitung einer taubblinden Person bei einem solchen Antragsverfahren ist extrem zeitaufwendig. Es müssen Beratungsbesuche zu Hause, immer mit Unterstützung einer Kommunikationsassistenz, durchgeführt werden. Jeder Schritt des Verfahrens muss begleitet und jedes Schreiben des Amtes erläutert werden. Anna sagt: »Mit diesen Aufgaben gerate ich an meine Leistungsgrenzen als ehrenamtlich Aktive.« Eine Taubblindenberatungsstelle, beziehungsweise eine zentrale Anlaufstelle, ist aus Sicht von Herrn Borosch zwingend notwendig. Er wird dahingehende Bemühungen des Fördervereins unterstützen.

Fazit des Gesprächs: Herr Borosch steht einer Weiterführung des Projekts sehr positiv gegenüber, weist jedoch noch einmal sehr deutlich darauf hin, dass er eine Bewilligung von der schnellen Abgabe des Abschlussberichts, wörtlich am besten »gestern« abhängig macht.

Auf der Abschlussfeier des zweiten Lehrgangs Anfang März verspricht Staatssekretär Dr. Walter Döllinger: »Es geht weiter. Ab April wird im Integrationszentrum für Hörgeschädigte und Hörsehbehinderte am Oerweg in Recklinghausen die dritte Gruppe von TaubblindenassistentInnen ausgebildet. Das Ministerium für Arbeit, Integration und Soziales übernimmt die Kosten.«

Inzwischen war Anna eine Person mit sehr guten Gebärdensprachkenntnissen und Erfahrungen bei mehrfach behinderten Menschen empfohlen worden. Diese war auch gern bereit, die Projektleitung zu übernehmen, konnte aber erst im Mai ihre Stelle antreten, und da die Zeit drängte, führten Ute Stober, die sehr kompetente und zuverlässige Verwaltungsfachkraft des Projekts, und Anna die Bewerberakquise durch, schickten den Aushang »Teilnehmer gesucht« an alle Gehörlosenberatungsstellen, an alle Fachhochschulen mit Schwerpunkt Sozialarbeit, an die Ausbildungseinrichtungen für Heilerziehungspfleger, Erzieher und Ergotherapeuten. Zusätzlich ging der Aushang an die gehörlosen Leiter der »Gebärdensprachstammtische«, an alle Integrationsfachdienste und an alle Gebärdensprachdozenten.

Alle Leiter der Selbsthilfegruppen wurden informiert und gebeten, den Aushang an die Mitglieder weiterzuleiten. Ebenso wurden die Ausbildungsstellen für Gebärdensprache (z. B. Transignum, Loorens etc.) und die Organisatoren der Internetseiten für Taubblinde und Gehörlose angeschrieben.

Danach machte sich Anna an die Arbeit, schrieb die Behindertenbeauftragten und Sozialdezernenten der Kommunen an und informierte über die Ausbildung zum Taubblinden-Assistenten in Recklinghausen. Dazu gab es Hintergrundinformationen zum Behinderungsbild und Unterstützungsbedarf taubblinder Menschen. Anna verwies auch auf die schleppende bis nicht existierende Bearbeitung der von 2007 bis 2009 gestellten Anträge auf Eingliederungshilfe. Die Sozialdezernenten wurden gebeten, ihren Einfluss dahingehend geltend zu machen, die Bearbeitung der Anträge zu beschleunigen und die Ermessungsspielräume zu nutzen.

Auf dieses Schreiben gab es viele, überwiegend positive Rückmeldungen. Allerdings hatten diese Briefe keine Auswirkung auf die tatsächliche Bearbeitung der Anträge.

Von Mai bis Juli 2010 wurden Anträge auf Eingliederungshilfe in den Kreisen Coesfeld, Recklinghausen, Steinfurt und im Oberbergischen Kreis sowie in den Städten Bonn, Dortmund, Düsseldorf, Köln und Münster gestellt. Die Mitarbeiter dieser Behörden wurden in Telefongesprächen und per Mail mit Infomaterial zu den Themen »Taubblindheit« und »qualifizierte Assistenz« versorgt. Anna nahm an vielen Gesprächsterminen zur Ermittlung des Assistenzbedarfs in den Abteilungen für Behindertenhilfe der Sozialämter teil.

Ab Juni 2010 wird vom Förderverein für hör- und hörsehbehinderte Menschen in Recklinghausen zum dritten Mal eine Ausbildung zum/zur Taubblinden-Assistenten/in angeboten.

Ziel der Ausbildung ist, AssistentInnen mit umfassenden taubblinden-spezifischen Kompetenzen zu qualifizieren und langfristig ein neues Berufsfeld zu schaffen. Bei erfolgreichem Abschluss der Ausbildung erhalten die TeilnehmerInnen eine Bescheinigung, welche sie berechtigen soll, künftig für ihre Assistenztätigkeit entlohnt zu werden.

Wir bieten:

- *10 Wochenenden kostenlosen Unterricht mit Gebärdensprachdolmetschern*
- *2 Tage in der Woche Gebärdensprachunterricht in Köln oder in Essen*
- *Praktika bei verschiedenen Organisationen*
- *Qualifizierte Vermittlung von Kenntnissen unter anderem in*
    - *Deutscher Gebärdensprache*
    - *Taktilen Gebärden*
    - *Lormen (Tastalphabet)*
    - *Braille-Schrift (Blindenschrift)*
    - *Orientierung und Mobilität*
    - *Assistenz*
    - *Medizinisches, rechtliches und psychologisches Hintergrundwissen*

Voraussetzungen:

- *Hörende, schwerhörige, gehörlose Menschen, die über 21 Jahre alt sind*
- *Grundlegende Kenntnisse der Deutschen Gebärdensprache*
- *10 Monate Zeit (Juni 2010 bis Mitte März 2011)*
- *2 Mal in der Woche Teilnahme am DGS-Kurs in Essen oder Köln*
- *Bereitschaft und Lust an der Arbeit mit und für taubblinde Menschen*

Haben Sie Interesse? Dann bewerben Sie sich bei uns mit Anschreiben, Lebenslauf, Foto und ggf. Zeugnissen für die Ausbildung bitte bis zum 15. Mai 2010.

7. Finanzierung von Assistenzleistungen durch Eingliederungs»hilfe?«

7.1 Corinna

Annas Computerfachmann korrigierte gerade die Einstellungen in Outlook und stellte fest: »Da ist eine neue E-Mail angekommen.« Er las Anna den Absender vor: »Freunde.« »Den kenne ich nicht, diese Mail können Sie löschen.« »Vielleicht doch besser nicht! Schauen Sie!« Annas Helfer hatte im unteren Lesebereich gesehen »Sehr geehrte Frau ...« Nein, das war keine Spam-Mail. Da möchte jemand die Taubblindengruppe kennenlernen und den nächsten Termin für den Kegeltreff erfahren. Die Mail war ausgesprochen gut formuliert und machte Anna neugierig. Anna gab die gewünschten Infos weiter. Aus dem Treffen beim Kegeltermin wurde nichts, es war etwas dazwischengekommen. Einige Mails gingen so hin und her. Anna und Corinna wechselten vom »Sie« zum »Du« und warteten auf die nächste Gelegenheit, einander persönlich kennenzulernen. Die kam dann auch Ende Mai. Simone hatte zum Sporttag für Taubblinde eingeladen. Am Vormittag war das Drachenboot-Training angesetzt, eine Pflichtübung für alle, die am Integrativen Drachenbootrennen am Baldeney–See im Juni teilnehmen wollten.

Anna möchte den ihr unbekannten Weg von der S-Bahnstation bis zum Gelände des TV-Kupferdreh nicht allein suchen und hat sich in HBF Essen auf Gleis 11 mit Friedrich und Konrad, die von ihrer Schwester Lena begleitet werden, verabredet. An der S-Bahnstation Kupferdreh will sie sich mit Corinna treffen. Sie gibt Lena Corinnas Angaben zur Person weiter: groß, schlank, besondere Kennzeichen sind der schwarze, breitkrempige Hut à la Joseph Beuys und ein rotweißer Blindenstock. Anna hat auf einer Messe bei einem tschechoslowakischen Aussteller schon einmal einen solchen

Blindenlangstock gesehen, die rote Spirale auf dem sonst weißen Stock soll anzeigen, dass der Stockgänger zusätzlich hörbehindert ist. Eigentlich eine gute Idee zur Kennzeichnung einer besonderen Mobilitätseinschränkung, findet Anna. Nach kurzem Begrüßungsstopp geht es weiter. Eine breite, recht verkehrsreiche Straße muss überquert werden. Als Anna mit den drei Geschwistern auf der anderen Seite angelangt ist, stellt sie fest: »Corinna ist nicht mitgekommen. Lena, kannst du ihr bitte helfen?« Lena läuft noch einmal hinüber und bringt Corinna sicher über die Straße. Corinna überquert grundsätzlich eine Straße nur mit Begleitung. Zu Hause bittet sie den jungen Mann im Kiosk an der Ecke, sie über die schmale Stichstraße zu bringen, wenn sie mit ihrem Führhund den morgendlichen Waldlauf antreten möchte. Anna versteht ihre Angst, sie glaubt nicht, dass sie selbst eine Straße ohne Hilfe überqueren würde, wenn sie die herannahenden Autos nicht hören könnte. Den Ostring, der sie vom Stadtwald trennt, nur mithilfe der akustischen Analyse der Ampelphasen zu überwinden, ist für sie schon jetzt eine Unternehmung mit einem ganz besonderen Kick. Überhaupt, sie würde sich keine 50 Meter weit von ihrer Wohnung entfernen können. Rundum gibt es kleine, zeitweise viel befahrene Nebenstraßen. Sie würde sich vollkommen ihrem Hund anvertrauen müssen. Würde sie das wagen? Besser nicht daran denken!

Als sie gegen 10 Uhr auf dem Gelände des Turnvereins Kupferdreh eintreffen, wimmelt es schon von blinden, gehörlosen oder taubblinden Sportlern. Ein paar ganz »normale« Aktive sind auch in die Gruppe integriert. Neugierig und gespannt sind sie alle und voller Erwartung. Zunächst muss das lange Boot ins Wasser geschleppt werden. Twinkle springt erschreckt auf und bellt, als das vielbeinige Ungeheuer an ihm vorbeischaukelt. »Das hat Merlin früher auch öfter mal gemacht«, meint Corinna. »Hm«, ist Annas sparsame Antwort. Twinkle ist noch nie so nach vorn gesprungen und hat jemanden verbellt. Aber das mag sie jetzt nicht sagen. Außerdem, wer glaubt es einem Hundebesitzer schon, wenn der sagt: »Das hat mein Hund noch nie gemacht!?« Jeder bekommt jetzt ein überlanges Paddel in die Hand gedrückt, Anna lehnt dankend ab, sie steigt nicht mit ins Boot, da kann sie Twinkle nicht mitnehmen. Wie schön, dass sie diese Ausrede hat. Sie wäre ganz bestimmt nicht in dieses wackelige Ding gestiegen, sie hat nicht die geringste Lust, die Wasserqualität des Baldeney-Sees zu überprüfen. Simone zeigt jedem Einzelnen, wie er das Paddel in die Hand nehmen muss und wie es ins Wasser eingetaucht werden sollte. Und bevor es dann wirklich losgehen kann, werden die Hörgeräte und die Geräte der Cochlea-Implantate eingesammelt, in Plastiktüten sicher verwahrt und mit Namen beschriftet. Diese hochempfindlichen Geräte mögen das Wasser ebenso wenig wie Anna, die alle Geräte vorsichtig in ihrem Rucksack verstaut. 20 Paddler nehmen nach einer ausgeklügelten Sitzordnung in dem langen Boot Platz, jeder sollte den Rhythmus auf seine Weise spüren, hören oder sehen können. Eine ausgewogene Gewichtsverteilung soll das Unternehmen möglichst vor einem schnellen und feuchten Ende bewahren. Irgendwann ist es dann soweit und Simones dumpfes Aufstampfen des Paddels, ihre lauten Rufe und die Taktansagen des Steuermanns hallen über den Baldeney–See. Anna sitzt gemütlich mit einem Cappuccino und Irene auf der Terrasse und lässt sich alles genau beschreiben. »Ich weiß nicht, Anna, ob die irgendwann einmal vorankommen werden, das sieht sehr, sehr chaotisch aus. Na ja, allmählich scheinen Simones Bemühungen doch Erfolg zu haben, sie schreit und stampft und gestikuliert ja gewaltig. So langsam bewegen sich viele Paddel im gleichen Takt. Sie kommen jetzt tatsächlich voran. Auf dem Wasser geht ein ziemlich starker Wind. Das Boot schaukelt gefährlich. Jetzt wollen sie drehen. Oh oh, das sieht gar nicht gut aus. Wenn das Boot nur nicht umkippt.« Zum Glück gerät niemand in Panik, das Boot nimmt wieder Fahrt auf. Zurück am Ufer sind alle sehr zufrieden und sehr nass – auch wenn das Boot nicht gekentert ist, denn der richtige Umgang mit dem Paddel muss noch geübt werden. Ein zweites Mal macht das Boot die Runde über den See, dann ist erst einmal Mittagspause.

Corinna und Anna haben sich Verpflegung mitgebracht und setzen sich mit ihren Broten unten ans Wasser, wo es ein wenig ruhiger ist als auf der Terrasse. Corinna erzählt von sich. Sie hat eine angenehm warme und melodische Stimme. Anna spricht sie darauf an und erfährt, dass Corinna täglich Stimmübungen macht, um sich ihre klare und deutliche Aussprache auch nach ihrem Hörverlust zu erhalten. Anna erfährt, dass Corinna früher normal sehen und hören konnte, sich ihr Studium mit vielen Aushilfejobs finanzierte, viele Reisen in die USA und nach Nordafrika unternommen hat und noch vor zehn Jahren Auto gefahren ist. In einem Berufsförderungswerk hat sie eine blindentechnische Grundausbildung und eine Ausbildung zur Bürokauffrau bekommen, allerdings ohne jede

Aussicht, damit je Geld verdienen zu können. Dennoch war diese Reha für sie sehr wichtig, hat sie doch die Handhabung eines Computers mit blindenspezifischer Ausstattung lernen können. Jetzt kann sie bei Vorträgen oder Verhandlungen das gesprochene Wort auf der Braillezeile mitlesen, wenn ein Schriftdolmetscher (oder ein sehr fingerfertiger Assistent) für sie mitschreibt. Anna findet es sehr wohltuend, endlich wieder einmal ein Gespräch in Lautsprache ohne Lormen oder Kommunikationsassistenz führen zu können. Corinna hat eine Mikroportanlage und kann damit Anna recht gut verstehen.

Dank des Turnvereins Kupferdreh mit seinem überwältigenden Aufgebot an ehrenamtlichen Helfern gibt es am Nachmittag ein so reichhaltiges Angebot, dass nur wenige es schaffen, sich in allen sportlichen Disziplinen zu betätigen. Udo, voll taubblind und mit seinen 62 Jahren immer noch sehr fit, hat alles gemacht, hat gerudert, gepaddelt, gesegelt, ist mit dem Tandem gefahren und hat ganz besonders die schnelle Fahrt mit dem Motor-Dreirad genossen. Mit 80 km/h über die Straßen – da merkt man, dass man lebt. Andere haben es lieber ein wenig ruhiger: mit dem Paddelboot geräuschlos über den See gleiten, die Stille und die weite Wasserfläche, die Sonne und den leisen Wind auf sich wirken lassen – Genuss pur. Wer Ruhepausen einlegen und nur ein bisschen gemütlich sitzen und plaudern will, der kann das auch auf der Terrasse tun. Es ist für jeden die richtige Mischung aus sportlicher Bewegung und gemütlichem Zusammenhocken, ein Tag mit so viel Freundlichkeit und Offenheit und so wenig Berührungsängsten – ein Tag des reinen Wohlgefühls. Es sind einige Begleiter dabei, die in Recklinghausen die Ausbildung zum Assistenten für Taubblinde absolvieren. Für sie ist dieser Tag ein Teil der erforderlichen Praktika. Sie haben sich nicht vorstellen können, dass Taubblindenassistenz so viel Spaß machen kann.

Corinna und Anna trafen sich häufiger, fanden in der gemeinsamen politischen Arbeit zueinander und Anna war froh, in Corinna eine sprachlich gewandte und überzeugende Mittlerin zwischen der Taubblindengemeinschaft und der Öffentlichkeit gefunden zu haben. Aufklären, überzeugen, Lösungsstrategien entwickeln, so konnte Corinna die Interessen der Taubblinden mit Umsicht und Intelligenz vertreten.

Resolution über die Belange taubblinder Menschen

Das erste bundesweite Taubblinden-Treffen in Radeberg bei Dresden vom 1. bis 3. Mai 2009 erforderte ein Höchstmaß an Kreativität und Organisation: Wie kann bei einer Begegnung von mehr als 80 taubblinden Menschen die Kommunikation sichergestellt werden? Auf dem Gelände des evangelischen Taubblindendienstes war ein riesiges Zelt aufgebaut. Technische Ausstattung: vier Großbildschirme, eine Induktionsanlage und Stromanschlüsse für Computer mit Braillezeile und Tabli (computergestützte Kommunikationsgeräte für Taubblinde). Ausstattung mit Kommunikationshelfern: zwei Gebärdensprachdolmetscher, zwei Schriftdolmetscher, zwei Brailledolmetscher und für jeden Taubblinden mindestens einen persönlichen Assistenten zum Lormen, taktilen Gebärden oder Mitschreiben am PC oder Tabli. Ob Gebärdensprache, Lormen, taktile Gebärden, Punktschrift oder Sprechen – jeder wurde in seiner Sprache informiert und konnte sich zu Wort melden.

Fünf Vorträge standen auf dem Programm: Diakon Peter Hepp referierte über die Bedeutung der UN-BRK für taubblinde Menschen, Irmtraud Sieland von der Bundesarbeitsgemeinschaft der Taubblinden (BAT) sprach über die zentrale Bedeutung der Assistenz, während Ruth Zacharias über die Möglichkeiten des betreuten Wohnens berichtete. Lex Grandia, der Präsident der weltweiten Vereinigung Taubblinder, informierte über die Entwicklung, die zur UN-Konvention führte. Der Wahlspruch »Nichts über uns ohne uns« fand auch in Radeberg viel Zustimmung. Im fünften Vortrag stellte Dieter Zelle die aktuellen Aktivitäten der BAT vor. Im Anschluss an die Referate diskutierten die Teilnehmer die Ausführungen der Referenten. Corinna war sich sicher: »Für viele war es sehr ungewohnt, alle Infos zu verstehen und mitreden zu können!«

Wichtigstes Ziel des Treffens war die Verabschiedung einer gemeinsamen Resolution. Den ersten, von Corinna ausgearbeiteten Entwurf hatten alle Teilnehmer vorher per Mail, Fax oder als Blindensendung erhalten. Darin wird auf den hohen Unterstützungsbedarf taubblinder Menschen in den Bereichen Kommunikation, Mobilität, lebenspraktische Fähigkeiten, Teilhabe am kulturellen und gesellschaftlichen Leben und die Notwendigkeit einer persönlichen Assistenz verwiesen. Von zentraler Bedeutung ist ein eigenes Merkzeichen Tbl, das die Besonderheit der Behinderung deutlich macht und damit die Umsetzung der UN-Konvention voranbringen kann. Die Resolution wurde von Dieter Zelle, dem Vorsitzenden der BAT, und Ruth Zacharias, der Leiterin des evangelischen Taubblindendienstes in Radeberg, unterzeichnet und an die Sozialminister und die Behindertenbeauftragten aller Bundesländer versandt. Aus dem Rücklauf seien hier zwei Antworten beispielhaft aufgeführt. Ein Landtagsabgeordneter aus Sachsen führt aus:

»Die CDU-Sozialausschüsse (CDA) haben einen Antrag an den CDU-Landesparteitag gestellt, sich für das Merkzeichen Tbl einzusetzen. Die CDU Sachsen hat diese Forderung in das Wahlprogramm zur Landtagswahl aufgenommen, sodass Sie davon ausgehen können, dass wir dieses Ziel unterstützen und bei einer Verwirklichung mithelfen werden.«

Der Landesbeauftragte für die Belange behinderter Menschen in Rheinland-Pfalz schreibt:

»Als jemand, der selbst seh- und hörbehindert ist, freue ich mich über Ihr Engagement und hoffe, dass es verstärkt gelingt, die Belange von Menschen mit Hör- und Sehbehinderungen bzw. mit Taubblindheit ins Bewusstsein der Öffentlichkeit und der Politik zu bringen. Gerade Ihre Forderungen nach der nötigen Assistenz teile ich voll und ganz.«

Per Mail – Telefonieren ist leider nicht möglich – betreiben Corinna und Anna die Nachlese des Taubblindentreffens. Anna fragt: »Haben wir unser Ziel einer besseren Öffentlichkeitswahrnehmung erreichen können?« Corinna hat da so ihre Zweifel: »Das Presseecho auf das Taubblindentreffen war doch sehr sparsam. Und was die Politik angeht, so haben ja längst nicht alle auf die Resolution überhaupt reagiert und uns einer Antwort gewürdigt. Nein, ich glaube nicht, dass es uns gelungen ist, eine Bewusstseinsänderung auch nur im Ansatz zu erreichen. Wer will schon wissen, dass es Taubblinde gibt? Und wer möchte wissen, dass taubblinde Menschen in unserem Land nicht die Unterstützung bekommen, die sie brauchen und verdienen?« Anna stimmt ihr zu, kann aber doch einen positiven Effekt des Treffens ausmachen: Bei allen Teilnehmern sind das Gefühl der Zusammengehörigkeit und das Bewusstsein, für die Interessen der Taubblinden selbst eintreten zu müssen und das auch zu können, verstärkt worden.

Umsetzung der UN-Behindertenrechtskonvention in NRW

Bei der Abschlussfeier des ersten Lehrgangs im Juni 2009 machte Herr Burkert als Vertreter des Sozialministeriums in seinem Grußwort auf die seit März 2009 ratifizierte UN-Behindertenrechtskonvention (BRK) aufmerksam und forderte die Zuhörer auf, für die Gruppe der taubblinden Menschen entsprechende Forderungen einzureichen. Eine Bedarfsanalyse mit Forderungskatalog zu den Bereichen »Assistenz, Beratung, Wohnen, Arbeit und Hilfsmittel« wurde erstellt, an deren Redaktion Corinna maßgeblich beteiligt war. Als Vertreterin der Taubblindengemeinschaft nahm sie die Einladung des Ministeriums für die verschiedenen Sitzungen zur Umsetzung der BRK wahr.

Taubblindheit – eine Behinderung eigener Art

Das Fachgutachten zu den speziellen Bedarfen taubblinder Menschen, erstellt im Dezember 2010 durch den Gemeinsamen Fachausschuss Hörsehbehindert/Taubblind (GFTB) enthält eine umfassende Darstellung der Lebenssituation taubblinder Menschen, der Auswirkungen von Taubblindheit und des Unterstützungsbedarfs einschließlich einer Definition von Taubblindheit. Nachzulesen unter http://www.dbsv.org/fileadmin/dbsvupload/sozial/taubblindheit-behinderung-eigener-art.pdf

Dem Gutachten im Anhang angefügt ist das Qualifikationsprofil von TaubblindenassistententInnen. Als Mitglied des gemeinsamen Fachausschusses arbeitete Corinna an einzelnen Kapiteln des Gutachtens mit und nahm an den jährlich zweimal stattfindenden Sitzungen des Ausschusses teil.

Antrag auf Eingliederungshilfe – Taubblindenassistenz

Mit Unterstützung der damals noch amtierenden Leiterin der Beratungsstelle stellte Corinna im August 2007 beim Sozialamt ihrer Kommune einen Antrag auf Eingliederungshilfe und hoffte so, demnächst fachkundige Assistenz zu erhalten und von der Hilfe durch Bekannte und Freunde unabhängiger zu werden. Ein Auszug aus dem Antrag: »Aufgrund meiner Behinderung brauche ich bei sehr vielen Verrichtungen des täglichen Lebens eine speziell ausgebildete Assistenzperson. Ohne Assistenz kann ich nur äußerst eingeschränkt am gesellschaftlichen Leben teilhaben. Ich benötige die Assistenz u.a., um an Treffen der Selbsthilfegruppe und Freizeiten teilnehmen zu können. Ferner möchte ich auch nicht behinderte Menschen bei öffentlichen Veranstaltungen treffen. Außerdem benötige ich u.a. Hilfe beim Einkaufen, beim Kontakt mit Behörden, beim Briefe lesen und beantworten, beim Sortieren von Unterlagen, bei sportlichen Aktivitäten und anderen Freizeitbeschäftigungen. Die Assistenzperson muss gute Kenntnisse des Lormens haben, zwischen meinem Gesprächspartner und mir vermitteln können und die Techniken sehender Führung sicher beherrschen.«

Jahrelang verschleppte die Behörde den Antrag, leitete ihn rechtswidrig an andere Stellen weiter und hoffte ganz offensichtlich darauf, dass die Antragstellerin frustriert aufgeben würde. Das hätte Corinna nach drei Jahren Hinhaltetaktik auch beinahe getan. Anna bat sie dringend, nicht aufzugeben und es ein letztes Mal zu versuchen. Corinna schrieb also einen letzten Brief an die zuständige Abteilung des Sozialamtes: »... Angesichts der Tatsache, dass dieser Antrag schon mehrere Jahre läuft und durch alle möglichen Institutionen und Abteilungen gewandert ist, setze ich nunmehr eine Frist zur Entscheidung bis zum 4. Juni 2010. Ich kündige an, dass ich, sollte diese Frist verstreichen, Klage erheben werde.« Das Amt ließ diese Frist verstreichen. Daraufhin schrieb Anna per Mail und per Post an den Sozialdezernenten, wies auf die Dauer der Antragstellung hin, fügte die tabellarische Übersicht über die einzelnen Vorgänge bei und bat um schnelle Bearbeitung des Vorgangs. Am nächsten Tag fand Anna in ihrem Posteingang eine Mail des Amtsstellenleiters und Mitte August konnte ein Gesprächstermin im Rathaus der Stadt stattfinden. Es dauerte dann noch bis Mitte Oktober, bis der schriftliche Bewilligungsbescheid vorlag. Aber – Corinna konnte schon ab September Assistenzleistungen in Anspruch nehmen.

Antragsverfahren

24.04.2007	Corinna stellt einen Antrag auf Assistenz bei der Stadt.
17.03.2008	Corinna schreibt eine Erinnerung an die Stadt.
11.04.2008	Antwort der Stadt: Der Antrag auf Assistenz ist verlorengegangen. Ein Antrag auf Sozialhilfe ist beigefügt.
15.04.2008	Corinna sendet Kopien der Korrespondenz an die Leitung des Assistenz-Projekts mit der Bitte um Hilfe beim Ausfüllen der Formulare.
01.05.2008	Corinna schickt einen neuen Antrag auf Assistenz und den ausgefüllten Antrag auf Sozialhilfe an die Stadt.
26.02.2009	Corinna schreibt eine Erinnerung an die Stadt.
26.02.2009	Die Stadt teilt mit, dass der Antrag an den Landschaftsverband weitergeleitet wurde. Der Ansprechpartner beim Landschaftsverband ist der Stadt nicht bekannt.
26.02.2009	Corinna bittet die Stadt um Information, falls eine Benachrichtigung vom Landschaftsverband vorliegt.
26.02.2009	Corinna fragt beim Landschaftsverband nach einem Ansprechpartner und der zuständigen Abteilung. Zwischenzeitlich wird Corinna vom Integrationsfachdienst informiert, dass der Antrag an die Stadt zurückgeschickt wurde. Begründung: Corinna ist nicht berufstätig. Die Projektleitung fragt bei Corinna an, ob sie einen DGS-Dolmetscher für einen Untersuchungstermin braucht. Damit reagiert die Projektleitung auf eine Anfrage der Stadt. Corinna fragt nach, wer diese Anfrage gestellt hat, und erklärt, dass sie keinen DGS-Dolmetscher braucht, da sie die Gebärdensprache nicht beherrscht. Die Projektleitung teilt

	Corinna die E-Mail-Adresse des Ansprechpartners bei der Stadt mit, da diese auf der Internetseite nicht zugänglich ist.
10.03.2009	Corinna fragt bei der Stadt nach, wo ihre Akte sich befindet und um welche Untersuchung es sich handelt, wer die Untersuchung durchführt und mit welcher Qualifikation und in welcher Funktion.
11.03.2009	Die Sachbearbeiterin schreibt, dass sie nicht weiß, wo die Akte ist, und erläutert statt der Funktion und Qualifikation der untersuchenden Person deren Aussehen. Zwei Personen, deren Namen angegeben werden, sollen die Untersuchung durchführen. Ohne einen Hausbesuch kann es keine Bewilligung geben.
17.03.2009	Die Stadt fragt nach, ob ein Antrag auf Arbeitsassistenz bei der Krankenkasse oder Pflegekasse gestellt wurde. Wenn nicht, sollte dieser Antrag sofort gestellt werden, da die Sozialhilfe nachrangig ist.
17.03.2009	Corinna stellt klar, dass sie keine Arbeitsassistenz beantragen kann, da sie Rentnerin ist.
31.03.2010	Corinna schreibt ein Erinnerungsschreiben an die Stadt.
01.04.2010	Corinna zieht in eine andere Wohnung um, dadurch ergibt sich ein Wechsel in der Zuständigkeit bei der Stadt.
13.04.2010	Die Stadt informiert, dass der Antrag an die Krankenkasse weitergeleitet wurde.
14.04.2010	Corinna weist die Stadt darauf hin, dass nach §14 SGB IX eine Weiterleitung nicht zulässig ist.
10.05.2010	Corinna fragt nach dem Stand der Bearbeitung.

Anfänglich war sie sehr besorgt, wie das denn funktionieren würde und ob sie es aushalten könnte, nahezu täglich jemanden stundenlang um sich zu haben. Sie fand sehr schnell heraus, dass sie mit der richtigen Assistentin in der Lage war, Dinge selbstständig und in eigener Regie zu regeln, die sie vorher komplett anderen überlassen musste. Als ihre Braillezeile repariert werden sollte, konnte sie die Verhandlungen mit der Firma Papenmeier selbst führen. Ganz neue Möglichkeiten der Lebensgestaltung taten sich auf. Hier ein Auszug aus einer Mail von Anfang Oktober:

»Es war einfach zu aufregend gestern: TBA Sabrina und ich haben mit Papenmeier telefoniert. Wir haben eine neue Telefonstrategie entwickelt: Ich führe das Gespräch von Anfang an, sie drückt einen Finger von mir und lässt nur los, wenn ich sprechen kann. Sie drückt den Finger wieder, sobald das Gegenüber zu sprechen beginnt. Sie wiederholt die Infos, die sie vom anderen Ende der Leitung bekommt. Na, und Herr Braun von Papenmeier ist sehr aufgeschlossen und freundlich – allein das Telefongespräch hätte schon gereicht, um mich die ganze Nacht vor Freude herumwandern zu lassen.

Aber es kam noch viel besser: Ich hatte aus einem Werbeprospekt Angebote für Handtücher u. Ä. herausgesucht. Sabrina hat kontrolliert, dass ich alles richtig verstanden habe und die Preise, die ich gelesen habe, stimmen. Dann sind wir in den Laden gegangen. Über die Mikroportanlage habe ich das Meiste verstanden. Wenn das nicht klappte, hat Sabrina gelormt. Wir haben fast alles bekommen und den Angebotspreis gezahlt und nicht mehr. Danach war ich richtig fertig, weil ich alles geschafft habe. Sowas nennt man Eustress. Anschließend haben wir noch die Nachweise für die Assistenzeinsätze im September kontrolliert.

Solange ich keine Braillezeile hier habe, lasse ich Sabrina an dem Computer arbeiten. Die Ablagestruktur habe ich im Kopf. Die Struktur, wie ich was ausdrucke und wem ich was mitteile, auch. Sie hat sich darauf eingelassen! Es ging wie das ›junge Hunde werfen‹! Sie kennt die Programme teilweise nicht, aber sie kann genau nachvollziehen, was ich von ihr will und sie macht keine Fehler. Alles ist so neu für mich. Ich habe offensichtlich immer ›den richtigen Ton‹ getroffen. Ich habe immer rechtzeitig wahrgenommen, wenn ich müde wurde und eine Pause brauchte. Ich bin die ganze Nacht herumgewandert und habe einfach vor lauter Aufregung und Freude nicht schlafen können.«

7.2 Eva

Wieder einmal ist die Woche des jährlichen Taubblindenseminars viel zu schnell vergangen. Der große Abschlussabend am Freitag beendet mit einem furiosen Finale – eine spannende, ereignisreiche und aufregende Zeit. Nach dem Candle-Light-Dinner – Anna hat Menü 2 ausgewählt: Karottencremesuppe mit frischem Ingwer, Salm-Filet auf Gemüsebett, Yoghurtmousse auf Beerenfrüchten – haben sich die Teilnehmer in ihre Räumlichkeiten zurückgezogen, um sich für den feierlichen Abschluss mit Vorführungen und Tanz so schön wie irgend möglich zu machen. Die Reste des Dinners sind beseitigt, der Platz vor den Sitzgruppen, der als Tanzfläche genutzt werden kann, ist mit Trommeln in verschiedener Größe zugestellt. Allmählich trudeln die ersten Gäste ein. Der Raum füllt sich. Die freundliche Serviererin, die inzwischen längst das Lormen erlernt hat, nimmt die Bestellungen auf. Die Trommler kommen herein, setzen sich auf die bereitgestellten Hocker, nehmen die Trommeln zwischen die Beine, streichen einmal sanft über die Trommelfläche, tasten den Schläger ab. Alles in Ordnung! Allmählich wird es still. Ein lauter Schlag, dann geht es los. Simon und Corinna geben auf der großen Trommel den Takt vor. Elfriede, Helga, Anika, Mechthild und Konrad sind die Solisten des Abends. Als Erste beginnt Mechthild ihr Trommelsolo. Von ständigen Schmerzen gepeinigt, lässt sie gewöhnlich als Antwort auf die Frage nach ihrem Befinden ein langes Klagelied hören. In dieser Woche ist das ganz anders. Sie lächelt entspannt und sagt: »Das Trommeln – das ist schön!« Jetzt sitzt sie aufrecht in ihrem Rollstuhl, ohne den ihr sonst eigenen gequälten Ausdruck im Gesicht. Sie ist wie umgewandelt. Strahlend schwingt sie den Schläger mit einer Kraft, die niemand ihr zugetraut hätte. Ein Moment des Glücks! Hat Herbert Grönemeyer sein Lied für sie geschrieben? »Sie mag Musik nur, wenn sie laut ist, wenn der Boden unter den Füßen bebt, dann vergisst sie, dass sie taub ist …«

Für den nächsten Programmpunkt werden die Trommeln weggeräumt, die Tanzfläche ist frei für die Tänzerinnen und Tänzer, die bei Andrea, der Tanztherapeutin, eine Woche lang den Rhythmen der Musik mit ihren verbliebenen Sinnen nachgespürt und sie in Bewegung umgesetzt haben. Einige haben auf eigenen Wunsch einen Standardtanz geübt, damit sie sich bei gesellschaftlichen Veranstaltungen aktiver beteiligen können. Zusammen mit Andrea zeigt Edith den Tanz, den sie unbedingt in dieser Woche hat lernen wollen. Beide legen so gekonnt und schwungvoll einen Cha-Cha-Cha aufs Parkett, dass die Zuschauer dröhnenden Beifall trampeln, klatschen, bis die Hände brennen und nach einer Zugabe verlangten. Den großen Zuspruch und die Anerkennung des Publikums genießt Edith als einen besonderen Moment des Glücks!

Nach den Vorführungen und der großen Danksagungsrunde an alle, die zum Gelingen der Woche beigetragen haben, geht es zum ganz und gar gemütlichen Teil über. Wer will, kann in den Sesseln oder auf den bequem gepolsterten Bänken bei einem Glas oder zweien hocken bleiben und sich ins Gespräch vertiefen. Wer will, kann nach der von Andrea ausgesuchten Musik tanzen. Eva, mit ihren 89 Jahren die Seminarälteste, hat es sich nicht nehmen lassen, den ganzen Abend in der großen Runde zu genießen, und fühlt noch immer keine Müdigkeit, nur den Wunsch, das Leben zu spüren. Ihre zehn Jahre jüngere Begleiterin hat sich längst zur Nachtruhe verabschiedet. Eva möchte tanzen. Tom sieht ihr an, wie es ihr in den Füßen juckt, fordert sie zum Tanz auf und bittet Andrea, einen langsamen Walzer zu spielen. Die zierliche, schlanke Eva in ihrem schmalen, langen Rock und der cremefarbenen Seidenbluse sieht sehr elegant aus, ganz die liebenswerte alte Dame, die sie tatsächlich auch ist. Eva ist immer freundlich, heiter und gelassen, sieht kaum je einen Grund zur Klage. Tom ist ein ausgezeichneter Tänzer und führt sie behutsam. Die beiden sind ein anrührendes Paar. Eva lächelt vor sich hin. Woran mag sie denken? An Momente des Glücks wie diesen?

Jahrelang hatte Eva bei ihrer jüngeren Schwester gelebt, musste aber vor einiger Zeit eine andere Bleibe suchen und quartierte sich auf Wunsch einer langjährigen Begleiterin und Freundin in einem nahegelegenen Seniorenheim ein, wo ihre Freundin sie häufig besuchen und begleiten wollte. Nach einem Jahr wurde diese selbst pflegebedürftig und Eva war nun sehr allein. In der Einrichtung war sie die einzige blinde Bewohnerin, es fehlte also alles, was einer sehgeschädigten Person als Orientierung und Hilfe dienen könnte. Ohne Begleitung konnte sie ihr Zimmer nicht verlassen, nicht wie die anderen Senioren den Garten des Hauses aufsuchen. Die

Taubblindenassistentin Simone besuchte sie häufig, ging mit ihr spazieren und nahm sie mit zu den Treffen für Taubblinde. Ingo, der gerade die Assistenzausbildung in Recklinghausen absolviert hatte, organisierte ein Liegetandem, in dem Eva ganz bequem liegen und die Spazierfahrt genießen konnte. Simone und Ingo bemühten sich, das Pflegepersonal auf die besonderen Bedürfnisse einer hochgradig schwerhörigen und blinden Person aufmerksam zu machen. Eva hatte erzählt, wie sehr es sie beunruhigte, nicht zu wissen, ob sich jemand in ihrem Zimmer aufhielt. Die Pflegekräfte gingen im Zimmer aus und ein, stellten etwas zu Trinken oder Essen auf den Tisch, räumten und machten, ohne Eva direkt anzusprechen. Die spürte nur einen Luftzug, hörte nicht, wenn jemand mit ihr sprach, sah nicht, was vor ihr auf den Tisch abgestellt wurde.

Simone und Ingo vereinbarten einen Termin mit dem gesamten Pflegepersonal. Eine Taubblindenberaterin klärte das Team auf. Die Versorgung besserte sich, war aber weit davon entfernt ausreichend zu sein. Eva, die mangels Ansprache und Zuwendung in Verwirrtheitszustände abzudriften drohte, brauchte mehr Unterstützung und Begleitung. Auf Anregung von Simone stellte die rechtliche Betreuerin beim zuständigen Sozialamt einen Antrag auf Taubblindenassistenz. Das Antragsverfahren zog sich hin. Die rechtliche Betreuerin sah sich außerstande, das Verfahren in Gang zu bringen oder zu beschleunigen, ihre Zeit erlaubte es ihr nicht, ständig bei der Behörde nachzuhaken. Die Sachbearbeiter hatten ganz offensichtlich kein Interesse daran, sich um diesen Fall zu kümmern. Von Taubblindheit hatten sie noch nie gehört, und dieser Fall kam in ihren Regelwerken auch nicht vor. Sie hofften darauf, dass sich aufgrund des Alters der im Jahr 1922 geborenen Antragstellerin die Angelegenheit von selbst erledigen würde. Anna nahm Kontakt zu der rechtlichen Betreuerin auf und erhielt den Auftrag, sich in ihrem Namen um den Vorgang zu kümmern. Anna telefonierte in regelmäßigen Abständen, aber erst ein Schreiben an den Sozialdezernenten der Stadt brachte die entscheidende Wende.

Antragsverfahren

16.05.2012	Die rechtliche Betreuerin stellt einen Antrag auf Eingliederungshilfe.
23.05.2012	Sachbearbeiterin Nummer 1 hat eine Anfrage, ausführliche Auskunft wird erteilt von der rechtlichen Betreuerin.
07.11.2012	Anfrage der rechtlichen Betreuerin zur Sachstandsermittlung.
20.12.2012	Ein Schreiben des Sachbearbeiters Nummer 2 verweist darauf, dass der Fall noch bearbeitet wird.
28.02.2013	Nach Rücksprache mit der rechtlichen Betreuerin telefoniert Anna und bittet um Auskunft. Nach längerem Suchen (30 Minuten Wartezeit am Telefon) konnte der Vorgang aufgefunden werden. Sachbearbeiter Nummer 3 sicherte zu, sich um dieses Antragsverfahren zu kümmern.
05.03.2013	Erneute Anfrage nach dem Stand des Verfahrens. Sachbearbeiter Nummer 4 konnte keine zufrieden stellende Antwort geben, da diese Antragsstellung für ihn völlig neu war.

Am 16.03.2013 schrieb Anna an den Sozialdezernenten der Stadt, wies auf das hohe Alter der Antragstellerin hin, dass ihr nicht viel Zeit mehr bliebe, von der Assistenz zu profitieren, und bat um eine Beschleunigung des Verfahrens. Die Antwort des Sozialdezernenten kam prompt und erreichte Anna am 21.03.2013. Der Bewilligungsbescheid wurde erteilt, rückwirkend gültig ab Antragstellung.

Eva konnte noch fast drei Jahre von den Assistenzleistungen profitieren, lebte auf, feierte ihren 94. Geburtstag im Kreis ihrer taubblinden Freunde und erlebte so den einen oder anderen glücklichen Moment.

7.3 Ingeborg

Im Büro der Gehörlosenberatung des Fördervereins bereiten Sybille und Anna sich auf ein Beratungsgespräch vor. Sybille, ab Mai 2010 zusätzlich zu ihren Aufgaben als Beraterin für Gehörlose mit der Vermittlung von Taubblindenassistenten beauftragt, schleppt zwei Stühle in den kleinen Raum. Anna informiert sie über die taubblinde Person, die sich an diesem Tag zusammen mit ihrer Mutter zu einem Beratungstermin angemeldet hat: »Ingeborg hat vor zwei Monaten zusammen mit ihrer Mutter das Taubblindenseminar in Bad Meinberg besucht und dort verschiedene Taubblindenassistenten kennengelernt. Jetzt möchte sie wissen, wie sie die Unterstützung durch qualifizierte Assistenten bekommen kann.«

Mutter und Tochter erscheinen pünktlich, die Deutsche Bahn hat heute nicht allzu viele Hindernisse in ihren Weg gelegt. Die Mutter, einen Kopf größer als ihre Tochter, stützt sich auf einen Stock, deutet darauf: »Ja, den brauche ich inzwischen, ich bin immerhin 78! Aber ansonsten bin ich noch durchaus aktionsfähig.« Mit Entschiedenheit übernimmt sie die Gesprächsführung und schildert die Situation aus ihrer Sicht. Sie begleitet und unterstützt gern ihre Tochter, hat das ihr Leben lang getan. Einschränkend gibt sie zu: »Nicht immer interessieren mich die Veranstaltungen, die meine Tochter besuchen möchte. Und ich bin auch nicht mehr so gut zu Fuß wie früher.« Aber dennoch möchte sie ihre Tochter nicht so ohne Weiteres in fremde Hände geben. »Ich war immer für meine Tochter da, und das wird auch so bleiben.«

Anna möchte nun auch die Hauptperson des Tages zu Wort kommen lassen, nicht nur über ihren Kopf hinweg verhandeln und fragt: »Wie haben Sie denn überhaupt von der Taubblindengruppe erfahren?« Die Tochter spricht leise, aber mit ruhiger Gelassenheit, trotz ihrer vorsichtigen, zurückhaltenden Art empfindet Anna sie nicht als schüchtern, sondern als eine Person, die durchaus weiß, was sie will und das auch durchsetzt.

»Auf einem Seminar für blinde Diabetiker habe ich Anika Dorstfeld kennengelernt. Kennen Sie Anika?«

Anna bestätigt das und Ingeborg erzählt weiter:

»Anika hat mir empfohlen, doch einmal Kontakt zur Taubblindengruppe aufzunehmen. Das habe ich getan und die Einladung zum Taubblindenseminar bekommen. Ich habe mich gleich mit meiner Mutter angemeldet.«

»War das Ihr erster Kontakt mit taubblinden Menschen?«

»Ja, ich habe gar nicht gewusst, dass es eine Taubblindengruppe in NRW gibt. Ich habe auch nicht gedacht, dass es so viele Menschen mit meiner besonderen Behinderung gibt, ich habe mich eigentlich immer sehr allein damit gefühlt.«

Die Mutter schaltet sich ein: »Das stimmt, auch ich habe immer gefunden, dass ich mich allein mit den durch die Behinderung bedingten Schwierigkeiten meiner Tochter durchkämpfen muss. Ich habe nie eine Beratung bekommen, wir wurden mit der Diagnose völlig allein gelassen.«

»Sind Sie Mitglied in dem Blindenverein Ihrer Stadt?«, fragt Anna, die weiß, dass es dort einen sehr großen und gut organisierten Ortsverein gibt.

»Ja, zu den Veranstaltungen gehe ich regelmäßig. Aber dort hat mir nie jemand gesagt, dass es eine Gruppe nur für Taubblinde im Blindenverband gibt. Das hätte ich gern früher gewusst.«

Anna bestätigt: »Leider geht es vielen Taubblinden so wie Ihnen. Eher zufällig erfahren sie von der Selbsthilfegruppe und von den Unterstützungsmöglichkeiten für Taubblinde.« Anna fragt nach den Erfahrungen auf dem Taubblindenseminar. Ingeborg macht aus ihrer Begeisterung keinen Hehl: »Ich habe mich dort gleich sehr wohl gefühlt. Am ersten Abend gab es eine Info-Veranstaltung. Es war eine Induktionsanlage vorhanden. Es wurde sehr langsam und sehr deutlich gesprochen. Und man hat sich sehr viel Zeit genommen. Das ist auf den Veranstaltungen des Blindenvereins ganz anders. Da bekomme ich nicht immer alles mit und muss es mir nachher von meiner Mutter erzählen lassen.«

»Haben Sie auch an einem Kurs teilgenommen?«

»Nicht nur an einem Kurs. Ich habe beim Tanzkurs bei Andrea, beim Bastelworkshop mit Barbara und beim Lormen mitgemacht.«

»War Anika auch mit dabei?«

»Nein, Anika war nicht dort. Sie hatte schon etwas anderes geplant. Aber ich habe dort Edith getroffen. Wir haben uns abends sehr viel unterhalten. Edith war mit einer Assistentin da, die war recht jung und sehr nett, wir haben zusammen viel gelacht.«

»Waren auch noch andere Assistenten in Bad Meinberg dabei?«

»Ja, ich habe mindestens vier von ihnen gesprochen. Sie waren alle etwa in meinem Alter, alle sehr freundlich.«

Die Mutter bestätigt diesen Eindruck und meint, dass die Assistenten sehr aufmerksam und verantwortungsbewusst waren. Ermutigt durch dieses Eingeständnis ihrer Mutter, kommt Ingeborg auf ihren Plan zurück: »Ich denke, es wäre gut, wenn meine Mutter Entlastung bekäme. Meine Mutter sollte eigentlich auch viel mehr ihren eigenen Interessen nachgehen können. Was muss ich denn machen, wenn ich selbst auch Taubblindenassistenten bekommen möchte?«

Anna erklärt, dass bisher eine Finanzierung der Assistenzleistungen nur über die Eingliederungshilfe möglich ist. Eingliederungshilfe bekommt aber nur, wer ein geringes Einkommen und wenig Sparvermögen hat. Ingeborg war nie berufstätig, durch lange Krankenhausaufenthalte an einer regelmäßigen Berufsausübung gehindert. »Ich habe jetzt eine Arbeit in einer Werkstatt für behinderte Menschen. Dort fühle ich mich sehr wohl. Ich habe dort gute Kontakte. Aber viel Geld verdient man dort nicht.« Es wird klar, dass Ingeborg sozialhilfeberechtigt ist und einen Antrag auf Eingliederungshilfe stellen kann. Anna erklärt, wie es weitergeht.

In den nächsten Tagen klärte Anna zusammen mit Ingeborg ihren Unterstützungsbedarf, erstellte entsprechend ihrer Angaben eine detaillierte Liste, formulierte das Antragsschreiben, schickte es per Post an Ingeborg, die noch keinen Internetzugang hatte. Die Stelle für die Unterschrift markierte sie mit einem Klebepunkt. Ingeborg unterschrieb den Antrag, in dem ein Bedarf von monatlich 65 Assistenzstunden geltend gemacht wurde, und leitete ihn am 04.07.2013 an das Sozialamt der Stadt weiter. Die detaillierte Auflistung ihres Assistenzbedarfs war diesem Schreiben beigefügt. In dem Bescheid der Stadt vom 09.10.2013 wurde Freizeitassistenz im Umfang von zwölf Stunden pro Woche bewilligt, also 2,5 Stunden weniger als beantragt. Ein Eigenanteil von monatlich 315,00 Euro (50 Prozent des Blindengeldes) wurde angesetzt. Ingeborg legte mit Annas Hilfe Widerspruch ein. Die Antwort des Sozialamtes: »Ihnen verbleibt monatlich 315,00 Euro des Blindengeldes, sollten Ihnen blindenbedingte Ausgaben über diesen Betrag entstehen, bitte ich um Übersendung einer Aufstellung mit entsprechenden Belegen. Von hier erfolgt dann eine einzelfallbezogene Entscheidung der monatlichen Anrechnung der blindheitsbedingten Aufwendungen, bzw. wird dann geprüft, ob ich dem Widerspruch dementsprechend abhelfen kann.«

Hier sei angemerkt: Die Anrechnung des Blindengeldes zu einem Anteil von 50 Prozent ist rechtswidrig. Das Blindengeld wird pauschal für den behinderungsbedingten Mehrbedarf gezahlt. Das Blindengeld dient sicherlich auch dazu, dem Menschen die Teilhabe am Leben in der Gesellschaft und eine möglichst selbstständige und selbstbestimmte Lebensführung zu ermöglichen. Allerdings enthält das Blindengeld keinen festgelegten prozentualen Anteil für Leistungen zur Teilhabe im Leben in der Gesellschaft. Hinzu kommt in Ingeborgs Fall, dass das Blindengeld tatsächlich nicht für die Deckung des Assistenzbedarfs eingesetzt werden kann, da es, wie in einer Auflistung dargelegt wurde, für andere behinderungsbedingte Mehrbedarfe vollständig verbraucht wird.

Nach vielen Telefonaten und zusätzlichen Schreiben wurde dem Widerspruch in Teilen stattgegeben, der Eigenanteil auf 10 Prozent des Blindengeldes gekürzt, die Anzahl der bewilligten Assistenzstunden allerdings nicht erhöht. Da der Bescheid bis April 2014 befristet war, stellte Ingeborg einen Weiterbewilligungsantrag. In dem Bescheid der Stadt vom 12.06.2014 wurden wiederum nur zwölf Assistenzstunden wöchentlich bewilligt und es wurde erneut ein hoher Eigenanteil gefordert: »Der Eigenanteil beträgt monatlich 315,00 Euro und ist direkt an den Leistungserbringer zu zahlen. Der Eigenanteil ist auch dann in voller Höhe zu zahlen, wenn nur ein Teil der bewilligten Assistenzleistungen in Anspruch genommen werden.« Am 04.07.2014 legte Ingeborg Widerspruch ein. Am 10.10.2014 erinnerte Ingeborg an die inzwischen abgelaufene gesetzlich vorgeschriebene Frist von drei Monaten. Am 19.12.2014 kam endlich die Antwort auf den Widerspruch. »Zunächst bitte ich zu entschuldigen, dass ich erst heute auf Ihren Widerspruch vom 03.07.2014 zurückkomme. Ihrem o.g. Widerspruch wird in vollem Umfang abgeholfen. Kosten, die Ihnen im Vorverfahren entstanden sind, können von hier übernommen werden. Die Leistungen für die Taubblindenassistenz werden für den Zeitraum der Bewilligung (01.05.2014–30.04.2015) in voller Höhe ohne Anrechnung eines Eigenanteiles von hier gewährt. Für die Monate Mai bis Dezember 2014 erfolgt eine Nachzahlung.«

Bei Anna läutet das Telefon, am anderen Ende meldet sich Sybille. »Gerade hat sich Ingeborgs Mutter Frau W. gemeldet.« Anna stöhnt innerlich auf. Was ist passiert? Hat irgendeine Assistentin etwas falsch gemacht, sieht sich die Mutter in ihrer Skepsis bestätigt? »Hm, ja und? Was hat sie zu beanstanden?« Sybille lacht: »Du siehst aber auch immer gleich schwarz. Nein, nein, da kommt keine Beschwerde. Ganz im Gegenteil! Frau W. hat sich ans Telefon gehängt, um sich zu bedanken. Und ich soll dir diesen Dank weitergeben, was ich hiermit tue.«

»Wenn ich mit allem gerechnet habe, damit wirklich nicht. Ich hatte den Eindruck, dass Frau W. nur sehr widerwillig dem Verlangen ihrer Tochter nach externer Begleitung nachgegeben hat.«

»Ja, das war auch mein Eindruck. Aber es scheint mit der Taubblindenassistenz alles sehr gut zu klappen. Frau W. hat vor einigen Tagen eine Nachbarin getroffen, die wiederum ihre Tochter auf der Straße gesehen und erst gar nicht erkannt hat. Sie ging ganz entspannt und lachend aus dem Haus, zusammen mit einer jungen Frau. So vergnügt habe sie Ingeborg kaum je gesehen.«

»Da bin ich aber wirklich sehr erleichtert. So ein Feedback lasse ich mir gefallen. Dann habe ich mich wenigstens nicht umsonst mit dem Sozialamt und seinen ignoranten Mitarbeitern herumgeschlagen.«

7.4 Dirk

Mit gewohnter Hartnäckigkeit hatte Anna zwei Tage lang viele Male die Durchwahlnummer eingetippt, die sie von Dirks rechtlichem Betreuer erhalten hatte, und erreichte endlich den Sachbearbeiter des Sozialamts, Fachbereich 50, Eingliederungshilfe. Sie versuchte so viel Kompetenz und Professionalität in ihre Stimme zu legen wie irgend möglich, um nicht sofort als unbefugte Bittstellerin abgewiesen zu werden. »Ich bin Leiterin der Taubblindengruppe im Blinden- und Sehbehindertenverein. Der rechtliche Betreuer von Herrn B. hat darum gebeten, mich um dessen Angelegenheiten zu kümmern. Es geht um einen Antrag auf Eingliederungshilfe. Der Antrag wurde im Juni 2009 gestellt und müsste Ihnen vorliegen.« Anna holte Luft und wartete gespannt, ob ihr Auskunft erteilt oder ihr – wie es eigentlich korrekt wäre –, mitgeteilt würde, dass eine telefonische Auskunft an Dritte wegen der Schweigepflicht und des Datenschutzes nicht gegeben werden könne. Doch Herr L. hatte diese Skrupel nicht. Kein Problem, er blätterte in seinen anscheinend wohlgeordneten Akten, fand den Namen und stellte kundig fest: »Ja, der Herr B. ist seit Langem bei uns bekannt. Mit diesem Kandidaten haben wir schon öfter zu tun gehabt.« Und er breitete sein Wissen über diesen Kunden vor Anna aus, erzählte, was Anna nichts anging und was sie nicht hören wollte. Anna unterbrach ihn und kam auf den Antrag zurück. »Finden Sie den Antrag vielleicht auch in Ihrer Akte? Er wurde am 10.06.2009 gestellt und bisher hat es noch keine Rückmeldung Ihrerseits gegeben.« Das Jahr 2010 hatte längst begonnen und Anna vermutete, dass der Antrag inzwischen irgendwo im großen Rundordner verschwunden war. »Darf ich fragen, ob der Antrag bei Ihnen vorliegt? Und wann mit einer Entscheidung gerechnet werden kann?«

»Einen Moment, ich schau mal nach. Antrag auf Taubblindenassistenz, ja das sollte es sein. Hm, Taubblindenassistenz, den Fall hatte ich noch nicht.« Anna klärte auf, sprach von der Assistenzausbildung in Recklinghausen und der Notwendigkeit einer qualifizierten Unterstützung vor allem in den Bereichen »Mobilität« und »Kommunikation«. Dann kam sie auf Dirk B. zu sprechen. »Wie Sie ja wissen, ist Herr B. von Geburt an gehörlos.« Und sie wiederholte, was der rechtliche Betreuer vor einem Jahr als Begründung für den Antrag geschrieben hatte. »Herr B. leidet zusätzlich an einer progressiven Augenerkrankung. Auf einem Auge ist er völlig erblindet, das andere Auge verfügt über einen minimalen Sehrest, das Gesichtsfeld ist auf Stecknadelkopfgröße reduziert. Sie werden sicherlich nachvollziehen können, dass Herr B. dringend Unterstützung braucht.«

»Nun ja, das schon. Hier sehe ich, dass ein Stundenhonorar von 30 Euro gefordert wird, das ist aber sicherlich nicht Ihr Ernst! Bei uns hier in der Kommune beträgt das Honorar für Begleiter oder Helfer für Senioren oder Behinderte höchstens 15 Euro.« Anna wies erneut auf die benötigten Qualifikationen der Taubblindenassistenten hin und darauf, dass ein Stundenhonorar von 30 Euro das absolute Minimum darstellt.

»Na und dann sehe ich hier, dass in dem Antrag 15 Stunden Assistenz pro Woche gefordert werden. Das ist ja doch wirklich unverschämt. Was glaubt denn der Herr B., wer er ist und was ihm so alles zusteht? Wir sind hier doch kein Club Méditerranée mit Animatoren zur Freizeitbespaßung. Ganz schön hohe Ansprüche! Nicht arbeiten und in Urlaub fahren und 20 Stunden in der Woche spazieren gehen. Glaubt der Herr B. denn, wir könnten das Geld scheißen?« In Anna kochte und brodelte es. Wenn es um sie selbst ginge, würde sie jetzt sehr direkt und klar den Herrn L. zum Teufel schicken und nie mehr Hilfe bei dieser Behörde suchen. Aber es ging nun mal nicht um sie und Dirk B. war auf das wohlwollende Tun des Herrn L. angewiesen. Nun, sie würde schon deutlich machen, dass sie die Auffassung des Herrn L. über Sozialhilfeempfänger nicht teilte und eine andere Sprachregelung wünschte.

»Ich denke, Herr B. hat es sich nicht ausgesucht, arbeitslos und auf Sozialhilfe angewiesen zu sein. Mit seiner schweren doppelten Sinnesbehinderung kann er nirgendwo Arbeit finden. Ich selbst habe Glück gehabt, trotz meiner Blindheit konnte ich sehr lange berufstätig sein und kann jetzt sehr gut von meiner Pension leben. Diese Chance hat Herr B. nie gehabt.«

Es blieb einen Moment still am anderen Ende. Zwei, drei Sekunden zum Umschalten auf Political Correctness. »Ich wollte nur darauf hinweisen, dass die Stadt keine Luxusbedürfnisse befriedigen kann. Wir müssen mit den Steuergeldern sorgsam umgehen.«

»Nun, es geht glaube ich nicht darum, extravagante Wünsche zu befriedigen. Das, was er sehr gerne machen würde, wenn er die Möglichkeit dazu hätte: Schwimmen, Fußball schauen, Kegeln, Spazieren gehen, das kommt mir nicht sehr übertrieben vor. Herr B. braucht für seinen ganz normalen Alltag die Unterstützung von Assistenten, die die Gebärdensprache, das Lormen und die Führtechniken beherrschen.« Anna beendete das Gespräch und bat darum, in ein paar Tagen nach dem Stand der Bearbeitung fragen zu dürfen.

In der folgenden Woche hatte Anna einen Gesprächstermin mit der Behindertenbeauftragten der Stadt. In einem sehr ausführlichen und guten Gespräch konnte sie auf die ganz besondere Situation des taubblinden Klienten hinweisen, seinen Alltag skizzieren: die Schwierigkeiten beim Einkauf von Lebensmitteln oder Kleidung, der Mangel an Informationen über das Tagesgeschehen, keine Möglichkeit, Zeitungen zu lesen, Radio zu hören oder fernzusehen, keine Möglichkeit, wegen der Schwierigkeiten bei der Verständigung Hilfe bei den Nachbarn zu holen. Anna bat um schnelle Bearbeitung des Antrags.

Es war nun fast genau ein Jahr her, dass der rechtliche Betreuer, Herr T., der für einen erkrankten Kollegen drei taubblinde Klienten zeitweise übernommen hatte, in einem Zeitungsartikel von der Assistenzausbildung in Recklinghausen gelesen und sich sofort dort nach den Möglichkeiten einer Hilfe für diese drei Klienten erkundigt hatte. Anna machte sich mit Dagmar, einer frisch gebackenen Taubblindenassistentin, auf den Weg und gemeinsam mit dem rechtlichen Betreuer besuchten sie Dirk zu dritt in seiner kleinen, sparsam möblierten Wohnung. Die Verständigung mit Dirk war recht mühselig. Seine teils lautsprachlichen, teils gebärdeten Äußerungen konnten die Assistentin und der Betreuer recht gut verstehen, ihre Informationen dagegen mussten handschriftlich auf einen Zettel geschrieben werden. Die Gebärden visuell zu erfassen, gelang Dirk nicht mehr. Der rechtliche Betreuer und die Assistentin versuchten es bei unterschiedlichen Lichtverhältnissen, auf dem kleinen Balkon, im Zimmer mit Festbeleuchtung – alles vergebens. Das Gesichtsfeld auf dem einen, noch nicht vollkommen erblindeten Auge war zu sehr eingeschränkt. Ein erster Schritt zu einer verbesserten Kommunikation war sicherlich das Lormen. Anna würde Sarah bitten, mit ihr zusammen das Lormtraining durchzuführen.

Bei diesem Besuch hatte Anna ihren Führhund zu Hause gelassen und konnte, mit dem Blindenlangstock ausgerüstet, Dirk die Vorteile dieses Hilfsmittels zeigen. Dirk überzeugte sich, dass er mit dem Stock sehr viel sicherer gehen konnte und weniger riskierte, eine Treppe hinunterzufallen oder über eine Stufe zu stolpern. Er war ohne jede Scheu und Berührungsängste, hatte kein Problem damit, sich mit dem Langstock als blind zu outen. In den kommenden Wochen hatte Dirk nur einen Wunsch: »Ich will so einen Stock haben.« Als Erstes, noch vor einem eigentlich noch viel notwendigeren Kommunikationstraining wurde ihm ein Mobilitätstraining verpasst, das die Krankenkasse rasch und problemlos bewilligte.

Bei ihren Besuchen erhielt Anna einen Einblick in sein schwieriges Leben: Nach dem Besuch der Gehörlosenschule Ausbildung zum Autolackierer, ein Jahr Arbeit in diesem Beruf, Aufgabe dieser Tätigkeit wegen asthmatischer Beschwerden, verschiedene Jobs als Hilfskraft auf einem Friedhof und bei der AWO, die Arbeitslosigkeit, die Diagnose »Usher-Syndrom«, Frührentner mit 52 Jahren.

Dirk lebt seit Langem allein und ist, nach Annas Eindruck, als geborener Einzelgänger auch durchaus zufrieden damit. Die wenigen Angehörigen wohnen weit entfernt, eine Schwester kommt gelegentlich mit ihren Kindern zu Besuch. Im Haus gegenüber wohnt ein gehörloser Nachbar. Mit diesem trifft er sich hin und wieder. Zu anderen Nachbarn hat er keinen

Kontakt. Die überwiegende Zeit verbringt er allein in seiner Wohnung. Manchmal geht er zu einer Schrebergartenanlage ganz in der Nähe. Den Haushalt versucht er, so gut es geht allein zu bewältigen, er kocht für sich, wäscht, putzt die Wohnung, alles so gut wie es geht. Ihm liegt viel daran, seine Eigenständigkeit zu behalten.

Mithilfe der neuen Assistenten konnte der Kontakt zur Taubblindengruppe allmählich hergestellt werden. Er wurde zum Stammtisch und zu seiner großen Freude auch zum Kegeltreff begleitet.

Der rechtliche Betreuer besucht ihn alle zwei Wochen für circa eine Stunde und händigt ihm Geld für die nächsten zwei Wochen aus. Der Austausch ist auf einige wenige, auf Karteikarten notierte Sätze begrenzt, ein ausführliches Gespräch ist wegen der fehlenden Kommunikationskompetenz der beiden Gesprächspartner nicht möglich.

Am 01.09.2010 erhielt Dirk den Bewilligungsbescheid der Stadt: 15 Assistenzstunden im Monat, keine Fahrtkostenerstattung. Der rechtliche Betreuer legte Widerspruch ein, die Stadt lehnte ab und Ende 2010 wurde Klage beim Sozialgericht eingereicht. Da der Bescheid der Stadt nur 3,5 Wochenstunden Assistenz vorsah, wurde der überwiegende Teil der Assistenzleistungen ehrenamtlich, ohne jede Aufwandsentschädigung und ohne Erstattung der Fahrkosten erbracht. Da es seit 2007 keine hauptamtliche Taubblindenberatungsstelle in NRW mehr gibt, wurden auch alle erforderlichen Beratungen ehrenamtlich durchgeführt.

Überblick über verschiedene ehrenamtliche Tätigkeiten

1. Training in den Kommunikationstechniken »Lormen« und »taktiles Gebärden«
2. Anschaffung und Einweisung in die Nutzung eines Handys
3. Anschaffung und Einweisung in die Nutzung eines Computers mit sehbehindertenspezifischer Software
4. Teilnahme an dem jährlichen Taubblindenseminar, tägliche Assistenzleistungen etwa zehn Stunden
5. Beschaffung einer Haushaltshilfe
6. Versorgung mit Mahlzeitendienst
7. Beratung für eine blindengerechte Ausstattung der Wohnung

Antragsverfahren

27.11.2008	Rechtlicher Betreuer stellt Antrag auf LPF-Training.
12.02.2009	Rechtlicher Betreuer bittet um Sachstandsklärung.
14.04.2009	Rechtlicher Betreuer stellt Antrag auf einen Informationsbesuch im Deutschen Taubblindenwerk (Möglichkeiten einerRehabilitationsmaßnahme)
25.05.2009	Landschaftsverband lehnt Antrag auf eine Rehabilitationsmaßnahme im DTW ab.
10.06.2009	RechtlicherBetreuer stelltAntrag beiEingliederungshilfe aufTaubblindenassistenz.
19.06.2009	Rechtlicher Betreuer erinnert an Antrag und fügt augenärztliche Gutachten und eine ausführliche Begründung bei.
01.09.2010	Bescheid des Kreises: Bewilligung von 15 Assistenzstunden im Monat, keine Fahrtkostenerstattung
21.09.2010	Widerspruch gegen diesen Bescheid
25.11.2010	Ablehnung des Widerspruchs
14.12.2009	Antrag auf Kommunikationstraining
21.12.2010	Einleitung eines Klageverfahrens beim Sozialgericht
02.04.2012	Antrag auf Eilverfahren beim Sozialgericht
19.06.2012	Ablehnung des Eilverfahrens
18.05.2013	Erörterungstermin beim Sozialgericht

26.06.2013	Besuch der Pflegedienstleitung zur Erstellung eines Gutachtens über den Assistenzbedarf
17.06.2014	Antrag auf Grundrehabilitation im Deutschen Taubblindenwerk in Hannover
09.08.2015	Entscheidung des Sozialgerichts: 21 Assistenzstunden pro Woche, die Erstattung der Fahrkosten ist auf 80 km für Hin- und Rückfahrt beschränkt.

Anmerkung

Die Anträge von November 2008 auf LPF-Training und von Dezember 2010 auf Kommunikationstraining wanderten von einer Behörde zur anderen und blieben letztendlich unberücksichtigt. Die Bitte um Kostenübernahme eines Informationsbesuchs im Deutschen Taubblindenwerk in Hannover, durch den die Möglichkeiten einer stationären Grundrehabilitation abgeklärt werden sollten, wurde vom Landschaftsverband mit einer durchaus skurrilen Begründung zurückgewiesen. In dem Bescheid vom 25.05.2009 heißt es: »... Darüber hinaus ist die sozialhilferechtliche Notwendigkeit der Maßnahme nicht gegeben, da andere Maßnahmen vorrangig in Anspruch genommen werden können. Insbesondere können die Angebote der örtlichen Beratungsstellen in Anspruch genommen werden. Hier kann ich Ihnen die Beratungsstelle für taubblinde Menschen in Recklinghausen nennen sowie die Kontakt- und Beratungsstelle für Blinde und Sehbehinderte in Dortmund.« Zum Zeitpunkt des Bescheides war das Projekt »Unterstützungsstruktur für Taubblinde Menschen« in Recklinghausen seit zwei Jahren beendet. Es gibt in Dortmund eine Geschäftsstelle des Blinden- und Sehbehindertenvereins Westfalen, aber keineswegs eine Beratungsstelle für Blinde. Nebenbei angemerkt: Eine Beratungsstelle gleich welcher Art ist nicht der Ort, um Rehabilitationsmaßnahmen durchzuführen, allenfalls können dort solche Maßnahmen angeraten werden. In dem Bescheid heißt es weiter: »Ich weise Sie darauf hin, dass dies auch für eine sich eventuell anschließende stationäre oder teilstationäre Maßnahme im Taubblindenwerk Hannover gilt.«

Das DTW bietet für taubblinde Menschen aus ganz Deutschland eine Grundrehabilitation von mehreren Monaten in den Bereichen LPF, Orientierung und Mobilität sowie Training der taubblindenspezifischen Kommunikationstechniken an. Der im Juni 2014 erneut gestellte Antrag auf eine Grundrehabilitation im DTW wurde in eine ambulante Maßnahme umgewandelt, was den Bedürfnissen von Herrn B. sehr entgegenkommt. Inzwischen hat Dirk B. neben manchen Tipps für den Haushalt auch Unterricht in Blindenschrift erhalten, lernt jetzt die Kurzschrift und macht sich mit der Braillezeile vertraut.

Die Bearbeitung des Antrags auf Taubblindenassistenz erfolgte erst nach mehreren Gesprächen und Telefonaten. Im Bescheid vom 01.09.2010 wurden 15 Assistenzstunden im Monat bewilligt, eine Fahrkostenrückerstattung wurde abgelehnt. Dem Widerspruch mit dem Hinweis auf den durch die Taubblindheit bedingten hohen Assistenzbedarf wurde nicht stattgegeben. In der Begründung beruft sich das Sozialamt auf im Jahr 2004 beschlossene Regelungen des Kreises: »In den Richtlinien werden die Begleit- und Betreuungshilfen geregelt. Für die alltäglichen Bedürfnisse bei der Hilfe zur Teilhabe am Leben in der Gemeinschaft werden mtl. pauschalierte Leistungen altersabhängig gewährt. Für Personen ab dem 14. Lebensjahr stehen pro Monat fünfzehn Stunden zur Verfügung.« Die im Klageverfahren tätige Rechtsanwältin schreibt hierzu: »... die herangezogene Richtlinie darf nicht die gesetzlichen Bestimmungen der §§ 53, 54 SGB XII unterlaufen und zulasten der Betroffenen einschränken, sondern vielmehr ist die Richtlinie im Falle besonderer Bedarfslagen – wie hier – gesetzeskonform auszulegen und auch ein erhöhter Assistenzumfang zu gewähren.«

Der fristgerecht eingereichten Klage wurde fünf Jahre und fünf Richter später stattgegeben. Die Reduzierung der Fahrkostenerstattung auf 80 km für Hin- und Rückweg ist nicht hinnehmbar. Diese Einschränkung erschwert eine adäquate Versorgung außerordentlich, da in 40 km Entfernung vom Wohnort des Taubblinden nur wenige Assistenten leben.

7.5 Resümee

Die Antragsverfahren laufen meist nach dem gleichen Muster ab:

Eine taubblinde Person stellt einen Antrag und nach vielen Rückfragen und einem Gesprächstermin im Amt wird mit viel Glück der angegebene Bedarf bewilligt. Im Regelfall jedoch bleibt der Bescheid weit unter den beantragten Assistenzleistungen. In einem Fall wurden zehn Wochenstunden beantragt und auch vom Amt bewilligt, eine Fahrtkostenerstattung wurde abgelehnt. Sehr bald stellte sich heraus, dass die taubblinde Person mit diesen zehn Wochenstunden nicht auskommt. Allein für das einwöchige Taubblindenseminar in Bad Meinberg wurden pro Tag acht bis zehn Stunden Assistenz benötigt und auf dem Stundennachweis für das Sozialamt notiert. Anstatt einer Erhöhung des Stundenkontingents verringerte das Sozialamt im nächsten Bescheid die Anzahl der bewilligten Wochenstunden um die Hälfte: »Als Hilfe zur Teilhabe am Leben in der Gemeinschaft bewillige ich Ihnen die Übernahme der Kosten einer Taubblindenassistenz in einem Umfang von fünf Stunden wöchentlich oder 21,5 Stunden monatlich für die Zeit vom 01.07.2011 bis 30.09.2011 (...) Von der Bewilligung erfasst werden folgende Bedarfe:

- Teilnahme an Veranstaltungen in der näheren Umgebung, die der Geselligkeit, der Unterhaltung oder kulturellen Zwecken dienen
- sportliche Aktivitäten
- Einholen und Aufbereiten von Informationen
- Organisation und Aufbereitung des Schriftverkehrs
- Besuch von Freunden
- Teilnahme an Veranstaltungen und Ausflügen der Selbsthilfegruppen, die der Geselligkeit, der Unterhaltung oder kulturellen Zwecken dienen

Von der Bewilligung nicht erfasst sind:
- Teilnahme an Freizeitmaßnahmen der Verbände
- Kulturtage der Gehörlosen
- Urlaubsreisen

Gegen diesen widersinnigen Bescheid wurde Widerspruch eingelegt, ein neuer Bescheid stellte den Zustand des ersten Bescheides mit zehn Wochenstunden ohne Fahrtkostenerstattung wieder her. Die taubblinde Person war nicht bereit, erneut Widerspruch einzulegen, und fand für sich eine andere Lösung, um mit den zehn Wochenstunden auszukommen. Die jeweilige Assistenzkraft erstellte für einen Einsatz von sechs bis acht Stunden eine Rechnung über drei Stunden. Diese drei Stunden wurden nach »Tarif« mit 30 Euro pro Stunde bezahlt, die Fahrtkosten von der taubblinden Person selbst getragen. Ähnlich verfuhren anfänglich auch andere Taubblinde mit einem Bescheid, der deutlich unter ihrem Bedarf lag.

Problematisch ist das in doppelter Hinsicht: Die Assistenten müssen mit einem Verdienst auskommen, der nur geringfügig über der von den Taubblinden selbst gezahlten Tagespauschale liegt. Diese Tagespauschale wurde von den Selbsthilfegruppen als Richtschnur für das Entgelt gesetzt, das von denjenigen Taubblinden an die Assistenten entrichtet wird, die wegen ihres zu hohen Einkommens die Eingliederungshilfe nicht beanspruchen können. Die Sozialämter andererseits sehen sich in der Annahme bestätigt, dass die bewilligten Wochenstunden bedarfsdeckend sind.

In der Folgezeit war es Annas äußerst schwierige Aufgabe, die Taubblinden von der Notwendigkeit zu überzeugen, die tatsächlich erbrachten Assistenzleistungen sauber abzurechnen, damit auf Dauer Bescheide durchgesetzt werden können, die dem tatsächlichen Bedarf entsprechen. Nur mithilfe von Personen wie Tom Temming oder Marja Hummert, die das Vertrauen der Taubblinden und die nötige Kommunikationskompetenz besitzen, konnten diese schwierigen Sachverhalte geklärt werden.

Antragstellungen 2007–2014

Insgesamt: 27
Von TBL nach Einkommensprüfung zurückgezogene Anträge: 7
Vom Sozialamt zurückgewiesene Anträge: 2
Anträge in Bearbeitung: 5
Anträge für TBL in Seniorenheimen oder Wohnheimen: 4

Die Behörden bewilligen Assistenz in Höhe von 3,5 bis 20 Wochenstunden. Die Bescheide unterscheiden sich nicht nur im bewilligten Stundenkontingent, sondern auch in der Möglichkeit, über die Stunden frei zu verfügen, d.h. in einem Monat nicht abgeleistete Stunden auf den nächsten und übernächsten Monat zu übertragen, was die Möglichkeit bietet, für Freizeiten die benötigten Stunden anzusparen.

Dauer der Antragsverfahren: zwei Monate bis vier Jahre
Fahrtkostenerstattung nach Widersprüchen anerkannt
Eigenanteil: 5 Bescheide
  1x aus dem Blindengeld: 50 Prozent des Blindengeldes
  1x Eigenanteil durch die Mutter: 31 Euro im Monat
  1x Eigenanteil: 5,77 Euro im Monat
  1x Eigenanteil durch die Kinder: 200 Euro im Monat
  1x Eigenanteil: 2 TBA-Stunden (240 Euro) sowie Fahrtkosten

Widersprüche:

Abgelehnt: 10
Widerspruch stattgegeben: 2

Klageverfahren: 4

Die Eingliederungshilfe ist Sache der örtlichen Träger, das bedeutet: Bei nahezu jedem Antrag müssen mit ihren bisherigen Aufgaben schon überforderte Sachbearbeiter neu in die Thematik eingewiesen werden. Es wäre wünschenswert, dass die Landschaftsverbände mit dieser Aufgabe betreut werden, was bei anderen Aufgaben und Leistungen, die im Einzelfall hohe Kosten verursachen, schon so geregelt ist, wie beispielsweise die Leistungen zu einem möglichst selbstständigen Wohnen für erwachsene Menschen mit Behinderungen. Das Sozialministerium könnte durch Rechtsverordnung die Zuständigkeiten neu festlegen. Bei einem Gespräch im Dezember 2013 mit einer Mitarbeiterin der Abteilung V des Sozialministeriums wurde dieses Thema angeschnitten und nachträglich wurden Antragsverfahren mit besonders häufigen Verfahrensfehlern nachgereicht. Leider blieb auch dieses Gespräch, wie so viele andere, ohne spürbare Wirkung!

8. Finanzierung der Assistenzleistungen durch Krankenkassen

8.1 Pressemitteilung Mai 2012

Arztbesuche für taubblinde Menschen geregelt

Taubblinde Menschen haben endlich beim Arztbesuch einen Anspruch auf Assistenz. Der Taubblinden-Assistenten-Verband e. V. hat mit den gesetzlichen Krankenkassen in Nordrhein-Westfalen eine Vereinbarung unterschrieben. Es ist bundesweit die erste Vereinbarung, sie hat Signalwirkung.

Taubblinde Menschen können jetzt einen Arzttermin vereinbaren und bestellen einen Assistenten, der die Leistung direkt mit der Krankenkasse abrechnet. Bisher gab es die Unterstützung nur auf Antrag – wobei nicht sicher war, wie er entschieden wurde. Mit der neuen Regelung ist der Anspruch eindeutig geregelt. Er umfasst sämtliche gesetzlichen und freiwilligen Leistungen der Kranken- und Pflegekassen.

Taubblinde Menschen können Assistenten direkt beauftragen, sie bei den Krankenkassen erfragen oder über die Taubblindenassistenten-Vermittlung in Recklinghausen bestellen. Voraussetzung ist, dass die Assistenten in einer Liste des Taubblinden-Assistenten-Verbandes geführt werden.

8.2 Carsten

Der Anruf erreichte Anna spät abends. Carstens Vater war am Apparat: verzweifelt, wütend und frustriert. Er sprach schnell, atemlos, beschrieb die letzten Wochen der Angst und Sorge. Carsten hatte sich seit Längerem nicht wohl gefühlt, hatte über Schmerzen geklagt. Ein auf Drängen der Gebärdensprachdolmetscherin kurzfristig gefundener Termin beim Hausarzt, die Fahrt im Rettungswagen ins nächste Krankenhaus, die Notoperation, viel zu spät, »fünf nach zwölf«, wie die Ärzte später sagten, die Benachrichtigung an die Familie: »Bitte kommen Sie, um Abschied zu nehmen.« Die Notoperation gelang. Und Carsten überlebte. Eine Reha schien jetzt zwingend notwendig, aber, so wurde den Eltern erklärt: »Der Gesundheitszustand Ihres Sohnes ist für eine stationäre Reha nicht ausreichend. Er wird nach Hause entlassen und dort werden alle Maßnahmen mit dem Pflegedienst und den Physiotherapeuten durchgeführt.« Carstens Vater hatte ein langes und frustrierendes Gespräch mit dem zuständigen Sachbearbeiter der Krankenkasse geführt, vergeblich, sein Verlangen nach einer angemessenen Versorgung seines Sohnes wurde abgeschmettert. Der Vater fühlte sich hilflos, war wütend und ratlos. Vielleicht konnte Anna als Außenstehende mehr erreichen als der ängstlich betroffene Vater.

Anna erinnerte sich an ihren ersten Besuch bei Familie H. Das war nun schon wieder fast zwei Jahre her. Die Familie hatte bei der Assistenzvermittlung in Recklinghausen angerufen und um einen Beratungsbesuch gebeten. Der Name war ihr bekannt vorgekommen und sie hatte nachgefragt. »Haben Sie sich nicht schon einmal vor einiger Zeit bei mir gemeldet, wohnen Sie nicht in der Nähe des Aura-Zentrums in Bad Meinberg?« Und genau so war es gewesen. Anna hatte den Lormkurs des jährlichen Taubblindenseminars in das Programm der VHS Detmold aufnehmen lassen. Die Schwester eines Taubblinden hatte daraufhin bei Anna angerufen. Anna hatte vorgeschlagen, während des Seminars vorbeizukommen und die Gelegenheit wahrzunehmen, andere Taubblinde kennenzulernen. »Ja«, hatte die Schwester sich erinnert, »mein Bruder war aber viel zu schüchtern. Es ist mir nicht gelungen, ihn zu überreden.« Nun machte sich die Familie ernsthaft Sorgen, da Carstens Sehen immer weniger wurde und die Eltern sich zunehmend überfordert fühlten. Lange konnte es so nicht weitergehen. Anna hatte sich mit Dagmar, der Taubblindenassistentin, auf den Weg gemacht, zwei Stunden Fahrt quer durch NRW. Sie fanden den entlegenen Ort, das große Haus mit weitläufigem Gartengrundstück in ländlicher Idylle.

Inzwischen hatten die Teilnehmer des fünften Lehrgangs ihre Prüfungen überstanden und ihre Zertifikate erhalten. Es waren endlich auch Absolventen aus dem ostwestfälischen Raum dabei, der bisher ein weißer Fleck auf der Landkarte der Taubblindenassistenz geblieben war. Mit ihrer Hilfe hatte Carsten Kontakt zu anderen Taubblinden gefunden, vieles von seiner Schüchternheit abgelegt, ein Mobilitätstraining absolviert und war auf dem Weg heraus aus seiner Isolation.

Anna ließ sich von Carstens Vater die Kontaktdaten des zuständigen Sachbearbeiters geben und versprach, ihr Bestes zu tun. Gerade als Anna am nächsten Morgen sich ihre Argumente für das Gespräch mit dem Mitarbeiter der Krankenkasse zurechtlegte, läutete das Telefon. »Nicht jetzt«, dachte Anna, »das passt jetzt nicht. Ich bin gerade in der richtigen Stimmung.« Sie nahm aber doch den Anruf entgegen und war nachträglich sehr froh darüber. Die ihr unbekannte Anruferin stellte sich vor: »Ich bin als Gebärdensprachdolmetscherin tätig und bin von einem Klienten beauftragt worden, mit Ihnen zu sprechen. Sie kennen Carsten H.?« »Ja, gestern Abend hat mich sein Vater angerufen und mich über seine Situation informiert.«

»Gestern hatte Carsten H. das Abschlussgespräch mit der behandelnden Ärztin. Diese erklärte ihrem Patienten, dass sie versucht habe, ihn in einer Reha-Klinik anzumelden. Die Klinik habe seine Aufnahme wegen seiner Taubblindheit abgelehnt.«

Anna musste schlucken und fragte nach: »Hat die Ärztin das so klar und unmissverständlich gesagt?«

»Ja, sie hat keinen Zweifel daran gelassen, dass eine stationäre Reha sinnvoll und aus medizinischer Sicht möglich ist, aber die Klinik habe abgelehnt mit der Begründung, einen taubblinden Patienten nicht versorgen zu können.«

Anna bedankte sich bei der Dolmetscherin und hatte nun ein Ass in der Hinterhand, das sie auszuspielen gedachte. Es war noch früh am Morgen und Anna beschloss, ihre gute Stimmung zu nutzen, tippte die Durchwahl von Herrn M. ein und hatte Glück, er saß an seinem Platz. Anna erklärte ihm, dass sie seine Durchwahl von Carstens Vater erhalten hatte, konnte Carstens Geburtsdatum nennen und so befand Herr M. sie für ausreichend legitimiert und ließ sich auf ein Gespräch ein.

Er kam gleich auf die Ablehnung der Reha-Klinik zu sprechen.

»Nach dem Barthel-Index ist der Gesundheitszustand von Carsten H. nicht ausreichend für eine Erfolg versprechende Reha. Den Gesundheitszustand seines Sohnes kann der Vater nicht wirklich beurteilen, das muss er den Medizinern überlassen. Der Barthel-Index ist die Richtschnur. Danach ist Carsten H. wegen seines Gesundheitszustandes eindeutig für eine stationäre Reha nicht geeignet.«

»Nun, der Vater erzählte mir, dass gestern das abschließende Arztgespräch im Krankenhaus stattgefunden hat und seiner Meinung nach hat die Ärztin in diesem Gespräch den Zustand seines Sohnes als durchaus zufrieden stellend dargestellt, zumindest so weit, dass eine Reha sinnvoll und Erfolg versprechend ist.«

»Nein, nein, ich kann verstehen, dass der Vater das nicht verstehen möchte, aber wir können nicht anders vorgehen als uns nach dem Barthel-Index zu richten. Und ich wiederhole mich, da erreicht Carsten H. nicht einmal 40 Prozent.«

Anna kannte diesen Index nicht, hatte glücklicherweise selbst noch nie diesbezügliche Erfahrungen sammeln müssen, kannte aber die Aussage der Ärztin. Nun war es an der Zeit, von ihrem Wissen Gebrauch zu machen.

»Die Ärztin hat in dem Abschlussgespräch gestern den Gesundheitszustand ihres Patienten für gut befunden und gesagt, dass aus ihrer ärztlichen Sicht nichts gegen eine Reha spräche. Die Reha-Klinik ihrerseits habe die Aufnahme wegen der Taubblindheit von Carsten H. abgelehnt.« Es blieb einen Moment still. Anna nutzte die Pause und sprach weiter. »Ich kann die Bedenken der Reha-Klinik absolut nachvollziehen. Sie haben noch nie einen Patienten mit Taubblindheit erlebt und wissen nicht, wie sie damit umgehen sollen. Ihre Sorge ist ja durchaus berechtigt: Wie sollen sie sich mit dem Patienten verständigen, was kann der Patient selbst zu seiner Körperpflege beitragen, wie mobil ist er trotz seiner Blindheit, alles das können sie nicht einschätzen und sie haben natürlich auch nicht genug Personal, um so extrem hilfsbedürftige Patienten zu versorgen. Seit 2012 aber gibt es eine Rahmenvereinbarung mit allen gesetzlichen Krankenkassen in NRW. Assistenzleistungen werden in voller Höhe übernommen.« Und Anna erzählte von der Taubblindenassistentenausbildung in Recklinghausen, geriet ein wenig ins Schwärmen, wie immer, wenn sie darauf zu sprechen kam. Sie erzählte, dass in der Region auch qualifizierte Taubblindenassistenten wohnten, die mit Carsten H. von verschiedenen anderen Veranstaltungen bekannt waren, denen Carsten vertraute und die alles das übernehmen würden, was er aufgrund seiner Taubblindheit an Unterstützung brauchte. Sie würden vor allem die tägliche Kommunikation mit den Pflegern oder Physiotherapeuten sicherstellen, ihn von einem Ort zum anderen bringen, ihm bei den Mahlzeiten helfen usw. Allerdings: Pflege sei in keinem Fall ihre Aufgabe. Und für die Arztgespräche müsse dann auch ein Gebärdensprachdolmetscher bestellt werden. Aber das würden die Assistenten veranlassen.

Herr M. hörte sich das alles mit großem Erstaunen an, stellte ab und zu eine Zwischenfrage, die von Anna komplett und alle Zweifel ausräumend beantwortet werden konnte.

»Hmm, ja, das verändert die Situation und meine Einschätzung der Lage.«

Anna nutzte sofort dieses Zugeständnis und zeigte sich bereit, selbst bei der Klinikleitung anzurufen und um erneute Überprüfung der Aufnahme des taubblinden Klienten zu bitten. Das war Herrn M. nicht so sehr recht, er wollte nicht gern mit der Adresse der besagten Klinik herausrücken. »Hmm«, machte er noch einmal, »ich glaube, die Sache mit der Assistenz bedeutet wirklich, dass eine stationäre Reha für diesen Patienten möglich ist. Ich werde selbst noch einmal mit der Klinik Kontakt aufnehmen und Sie dann zurückrufen.«

Anna musste sich damit zufriedengeben, hätte lieber dort selbst angerufen und glaubte nicht an einen Rückruf. Sie machte sich bereit, am nächsten Tag wieder bei der Krankenkasse vorstellig zu werden. 20 Minuten später läutete das Telefon. »Meine Güte«, dachte Anna »heute rappelt das Ding ja ständig.« Sie nahm den Hörer ab. Herr M. von der Krankenkasse meldete sich: »Ich habe gerade mit der Klinikleitung gesprochen. Herr H. kann sofort seine Reha antreten, unter der Voraussetzung, dass die Frage der Assistenz komplett geregelt ist.« Anna lachte und freute sich, dankte dem Herrn M. für seine Mühe und versprach, sofort alle Hebel in Bewegung zu setzen. Das geschah. Und Carsten trat seine Reha wenige Tage später an, wurde gut umsorgt und assistiert. Die Assistenten taten ihr Bestes, wie immer!

9. Taubblindenassistenz – Ehrenamt oder Beruf?

9.1 Mein Ehrenamt als Taubblindenassistentin

Wie kommt man dazu, taubblinde Menschen zu begleiten? Bei mir war es reiner Zufall. Auf der Suche nach einer sinnvollen Tätigkeit bin ich auf einen Aushang gestoßen: Suchen Begleiter für Taubblinde – wer Lust und Interesse hat, solle sich melden. Ohne mir Gedanken darüber zu machen, was es heißt taubblind zu sein, habe ich die Telefonnummer, die dort stand, angerufen, einfach so, und begonnen hat eine Zeit mit vielen neuen Kontakten und vielen Aktivitäten und vielen neuen Erfahrungen, eine zum Teil sehr anstrengende, aber auch befriedigende Zeit.

Mein erster Kontakt mit Taubblinden war dann eine Feier. Begegnet bin ich tanzenden, lachenden und sich lebhaft unterhaltenden Menschen. Welch eine Überraschung, so viel Lebendigkeit trotz doppelter Sinnesbehinderung. Ich wurde herzlich in diesem Kreis willkommen geheißen. Die Gebärdensprache konnte ich schon, schnell hat sich auch meine Lormfähigkeit verbessert und so konnte ich mit allen kommunizieren. Aber ich war nicht nur ein neuer Kommunikationspartner, sondern hatte auch Zeit. So wurde ich bald auch angefragt zu Begleitungen auf Freizeiten oder zu anderen Veranstaltungen.

Was die Taubblinden nicht wussten: Mein Hobby ist Sport und dass ich mir einen Sport daraus mache, andere Menschen zum Sporttreiben zu bewegen. Jetzt hatte ich also meine neuen Opfer gefunden. Ständig habe ich überlegt, was auch für Taubblinde an Sport möglich ist bzw. wie Sport ermöglicht werden kann. Zunächst habe ich mich mit Mutigen zusammengetan und wir haben immer wieder neu ausprobiert, was man alles an

Sport machen kann. Am Anfang stand da das Tandemfahren – ja es geht, auch ohne dass man sich während der Fahrt Kommandos gibt. Nachdem ich selber immer mehr Sicherheit als Pilotin gewonnen hatte, habe ich mir zur Aufgabe gestellt, auch etwas ängstliche oder zurückhaltende Taubblinde zu überreden, das Abenteuer Tandemfahren zu wagen. Oft ist es dann dazu gekommen, dass ich nach der ersten Fahrt in strahlende Gesichter geschaut habe, weil eine Person zum ersten Mal Tandem gefahren ist und stolz war, eigene Ängste überwunden zu haben. Oder ein Taubblinder hat es als ein schönes Erlebnis empfunden, sich in dieser Weise fortzubewegen oder eine neue Freiheit entdeckt zu haben. Andere waren stolz, es geschafft zu haben, oder sie waren stolz, eine bestimmte Strecke geschafft zu haben oder das erste Mal auf einen Berg gefahren zu sein – toll, dazu beigetragen zu haben!

Aber beim Tandemfahren sollte es nicht bleiben. Dazu kamen Kanu, Rudern, Segeln, auch Segelfliegen oder eine besondere Form des Walkens und, und, und – immer wieder war da die Überlegung: Ist das möglich oder wie kann man bestimmte Sportarten möglich machen? Das tollste Erlebnis, was wir dann mit den Taubblinden ausprobiert haben, war das Drachenbootfahren. Beim Drachenboot sitzen 20 Paddler in einem großen Boot, dazu gibt es einen Steuermann und einen Trommler, der den Takt angibt. Ich habe gedacht, ja das ist auch etwas für Taubblinde, ja das schaffen wir. Und prima, da braucht nicht jeder Taubblinde auch einen Begleiter. Wir setzen einfach die Taubblinden ins Boot und dann müssen sie paddeln.

Was ich nicht bedacht habe: Es ist nicht ganz einfach, wenn man nichts hört und nichts sieht, trotzdem so ein Boot im Gleichtakt fortzubewegen, zumal wenn jeder an Bord über andere Sinneskanäle noch Infos aufnehmen kann. Ich habe genügend Freiwillige zusammenbekommen und alle haben mir vertraut, vertraut, dass es gut gehen wird. Ich bin der Chef im Boot und darf nicht zeigen, dass mir selber etwas mulmig zu Mute ist. Über Schreien, Gebärden und mit einem Paddel ins Boot Schlagen versuche ich den Rhythmus zu vermitteln und dank der anderen Assistenten an Bord klappt es auch ganz gut. Ja und wir haben es geschafft – eine tolle Erfahrung als Team etwas zu erreichen, gemeinsam Spaß zu haben und das Gefühl etwas geleistet zu haben und nach einem Wettkampf dann auch noch mit einer Medaille belohnt zu werden – so viel Freude, so viele lachende Gesichter – eine tolle Sache. Und noch etwas macht mich stolz und zufrieden: den Respekt und die Anerkennung mitzubekommen, die Sehende den Taubblinden und ihren Leistungen entgegenbringen.

Ein anderes tolles Erlebnis war die Teilnahme am Athenmarathon – also dem Klassiker des Marathons und das im Jubiläumsjahr. Ein Taubblinder liebt es zu walken und auch an Wettkämpfen teilzunehmen. Im Vorfeld galt es wieder, Widerstände und Bedenken beim Veranstalter auszuräumen und Überzeugungsarbeit zu leisten, dass auch ein Taubblinder mit seiner Assistentin teilnehmen kann. Da ich nicht so schnell bin, war das Besondere, dass ich den Taubblinden auf dem Fahrrad begleiten wollte. Auch vor Ort mussten dann immer wieder größere und kleinere Hindernisse überwunden werden, aber es ist mir eine Herausforderung, dem Taubblinden auch das Unmögliche möglich zu machen. Und dann war es soweit: Schon am Start wurde nicht nur dem Taubblinden gratuliert, sondern auch mir als seiner Begleitung, einfach so. Und dann hieß es laufen durch die Stadt und den Taubblinden sicher durch die Menge und über die Strecke zu bekommen und ihn gut zu versorgen unterwegs. Und dann der Einlauf in das berühmte Olympiastadion, das hat schon was. Nicht nur er hat es geschafft, nein wir! All die Mühen und Anstrengungen sind vorbei und ein unvergessenes Erlebnis bleibt.

Solche Aktionen treiben mich an weiterzumachen und mich einzusetzen. In meiner Zeit als Begleiterin von Taubblinden habe ich manch einen erlebt, der selbstbewusster und selbstständiger geworden ist allein dadurch, dass ihm durch Assistenz die Möglichkeit gegeben wurde, am Leben teilzuhaben.

Einen taubblinden Menschen zu begleiten und zu assistieren, in jedem Moment aufmerksam zu sein, zu kommunizieren in einer Sprache, die nicht meine ist, mitzuteilen, was passiert, sich dazu in fremder Umgebung zurechtzufinden, das kostet Energie und ein sehr hohes Maß an Konzentration. Manche Begleitungen gehen dabei über 14 oder gar 16 Stunden am Tag, das ist lang und anstrengend und trotzdem: Es ist befriedigend zu wissen, einem Menschen ein schönes Erlebnis ermöglicht zu haben. Ich muss das nicht tun, aber ich habe durch das Zusammensein mit den Taubblinden Respekt und Hochachtung bekommen, wie auch ein solches Leben zu meistern ist, und gebe gerne ein Teil meiner Zeit, um das jemandem zu ermöglichen.

Ich bin nun schon ein paar Jahre dabei und so konnte ich auch miterleben und in ganz kleinen Teilen mit dazu beitragen, dass sich etwas verändert. Verändert hin zu einer besseren Akzeptanz der Taubblinden und ihrer Lebenssituation, auch das ist schön.

Mittlerweile habe ich auch eine Ausbildung gemacht zum Taubblindenassistenten und weiß jetzt, wie man gut, sicher und richtig begleitet. Assistenz ist professioneller geworden. So gut das auch ist, aber es geht auch etwas verloren von der Unbefangenheit im Umgang miteinander, mal sehen, ob auch in Zukunft für mich in diesem Bereich noch Platz ist.

Ulrike Hampe

9.2 Tabelle 1: Assistenztätigkeit Simone

Simone war Teilnehmerin der ersten Gruppe des Projekts »Taubblindenassistenz«. Im Jahr 2009 war sie an über 100 Tagen als Assistentin für Taubblinde im Einsatz. Dabei waren die einzelnen Einsätze unterschiedlich lang (zweo bis zehn Std. bzw. bei Einsätzen über mehrere Tage können die Einsatzzeiten als 14-Stunden- oder, wenn man so will, als 24-Stunden-Einsätze bezeichnet werden). Die Anlässe für Einsätze waren dabei sehr unterschiedlich: vom Begleiten zum Stammtisch über Ermöglichen von Sport, wie Tandem fahren, Walken oder Paddeln, Übersetzen von Vorträgen bis zu Begleitungen zu Freizeiten oder zum Arzt oder zum Klinikaufenthalt.

Bei den einzelnen Einsätzen war die Kommunikationsform in der Regel Gebärden, taktiles Gebärden oder Lormen, in einigen Fällen auch über Laptop oder über Lautsprache. Es wurden etwa 20 verschiedene TBL begleitet. Alle Einsätze erfolgten auf ehrenamtlicher Basis.

Tabellarische Übersicht

	Anlass	Zahl d. Einsätze	Einsatz-zeit
Freizeiten	Privaturlaub	1	8 Tage à 14 h
Sport	Wanderwoche Sportverein	1	8 Tage à 14 h
	Sportveranstaltung Walkingmarathon	4	je 12 h
	Tandem, Kanu	16	je 2,5 h
	Tandem	12	je 7 h
	Assistenz für Blinde in Tandemverein	3	je 1 h
	Tandemtraining	4	je 3 h
	Radtour	2	je 6 h
	Veranstaltung »gemeinsam rollt es«	1	8 h
	Sporttag TVK u. Franz-Sales-Haus	1	9 h
Klinik	Klinikaufenthalt	1	6 Tage à 24 h
	Notaufnahme	1	8 h
	Einweisung ins Krankenhaus	2	je 5 h

Behörde	Anwaltssitzung	2	je 4 h
	Beratung bei Wohnungssuche	2	je 5 h
Veranstal-tungen der SHG	Treffen der SHG Recklinghausen–Köln Fachgruppe	9	je 8 h
	Vortouren	3	je 8 h
Sitzungen	Vorstandssitzung in Recklinghausen	2	je 6 h
	Sitzungen / Prüfungen Projekt	4	je 6 h
	Projektvorbereitung	5	je 4 h
Seminare	Computerschulung	1	8 h
	Reha-Woche 2009	1	8 Tage à 14 h
	Bundesweites TBL-Treffen Radeberg	1	5 Tage à 14 h
	Messebegleitung	2	je 10 h
	Workshop Assistenz	1	7 h

9.3 Tabelle 2: Assistenztätigkeit Felicitas

Felicitas war Teilnehmerin der ersten Gruppe des Projekts »Taubblindenassistenz« und war im Jahr 2009 an ungefähr 70 Tagen als Assistentin für Taubblinde im Einsatz. Die Anlässe für die Einsätze waren dabei sehr unterschiedlich, vom Begleiten zum Stammtisch über Übersetzen von Vorträgen, Begleitung zu Freizeiten, Arztbesuche, Einkaufsbummel und Spaziergänge bis hin zu diversen kulturellen Veranstaltungen (Museumsbesuche mit taubblindengerechter Führung).

Bei den einzelnen Einsätzen war die Kommunikationsform in der Regel Gebärden, taktiles Gebärden, Lormen oder Lautsprache. Felicitas hat ca. zehn unterschiedliche Personen begleitet. Sämtliche Assistenzeinsätze erfolgten ehrenamtlich.

Tabellarische Übersicht

	Anlass	Zahl d. Einsätze	Einsatzzeit
Seminare	Reha-Woche 2009	1	8 Tage à 14 h
	Bundesweites TBL-Treffen Radeberg	1	5 Tage à 14 h
SHG-Veranstaltungen	Treffen der SHG Köln, Gelsenkirchen, Recklinghausen	13	je 10 h
Kultur	Schlossbesuch	1	10 h
	Flughafenbesichtigung	1	9,5 h

	Zoobesuch	1	10 h
	Stadtbesichtigung	1	9,5 h
	RWE-Besichtigung	1	9,5 h
	Moscheebesuch	1	6,5h
	Museumsbesuch aus der Geschichte in Bonn	1	6,5 h
	Lehmbruck-Museum	1	9,5 h
Sport	integratives Drachenbootrennen	1	13 h
	Tandem	1	10 h
Spaziergang / Einkauf / Stadtbummel	Bootsfahrt	1	9 h
	Spaziergang / Einkauf	21	je 9 h
	Geburtstagsbesuch	1	12 h
Nachhilfe Punktschrift		2	je 8,5 h
TBA – Ausbildung Prüfungsbegleitung		2	je 8,5 h
Arztbesuch		2	je 9 h

9.4 Was ist Begleitung wert? – Ein Streitgespräch

In der Mittagspause des Stammtischs am ersten Maiwochenende brütete Anna mit Margot über der immer wiederkehrenden Frage: Wo nehmen wir die Begleiter her? Margot, seit zwei Jahrzehnten in der Taubblindenarbeit ehrenamtlich tätig, hatte fast alle Teilnehmer der bundesweiten Taubblindenfreizeit des DBSV im September 2004 versorgen können, fand aber niemanden für Jürgen, dessen Vater gerade verstorben und dessen Mutter krank und pflegebedürftig war, für den auch sonst niemand aus der Familie einspringen konnte. Jürgen, sehr deprimiert durch den unerwarteten Tod des sehr geliebten Vaters, seines zuverlässigen Freunds und Begleiters, sollte unbedingt einmal aus dem Haus und von trostlosen Gedanken abgelenkt werden. Anna hatte schon hin und her überlegt, alle Personen aus dem Begleiter-Pool angeschrieben oder angerufen und war nun auch ratlos. Da fiel ihr Melanie ein, die seit einigen Jahren als Begleiterin bei Taubblindenfreizeiten in der Schweiz und in Deutschland unterwegs war und heute ausnahmsweise auch den Stammtisch besuchte. Anna ging in den großen Raum, wo alle nach dem Mittagessen, satt und zufrieden, miteinander plauderten, lormten und lachten. Sie fand Melanie: »Kannst du mal eben mit nach nebenan kommen? Wir haben da ein dickes Problem! Vielleicht kannst du uns helfen!«

Melanie hörte zu und überlegte, sagte dann: »Für Jürgen kann ich einspringen. Ich habe ja noch Semesterferien und verdiene mir was beim Kellnern dazu. Den Ferienjob kann ich für 14 Tage unterbrechen.«

Margot war sichtlich erleichtert: »Ich freue mich, dass Jürgen nun doch noch eine Begleitung bekommt. Er war schon ganz traurig und hat befürchtet, dass er vielleicht zu Hause bleiben müsste.«

Anna bestätigte das: »Ja, ohne deinen Einsatz könnte Jürgen dieses Mal nicht mitfahren. Das wäre gerade für ihn jetzt sehr schade. Schön, dass du dir die Zeit freischaufeln kannst.«

Melanie zögerte, wusste nicht so recht, wie sie es formulieren sollte und traute sich dann doch: »Ich habe dazu noch eine Frage. Bekomme ich als Begleiterin für Jürgen eine Art Aufwandsentschädigung? Oder hat der DBSV ein Honorar für die Begleiter vorgesehen?«

Margot setzte zu einer ausführlichen Erklärung an: »Weil der DBSV Zuschüsse von der ›Aktion Mensch‹ und wahrscheinlich auch vom Bundesministerium für Jugend, Familie und Gesundheit bekommt, ermäßigt sich der Preis für den Teilnehmer von 600 auf 450 Euro. Die Begleitung zahlt nichts. Also muss Jürgen für dich nichts bezahlen. Du weißt sicherlich, dass du als Begleitung auch bei der Deutschen Bahn Freifahrt hast. Zuschläge für ICE oder EC-Züge …«

»Das war nicht meine Frage!«, gelang es Melanie endlich, sie zu unterbrechen. »Ich möchte wissen, ob für die 14-tägige Freizeit für die Begleiter ein Entgelt eingeplant ist, wie bei den von der Caritas Schweiz und dem Deutschen Katholischen Blindenwerk organisierten Taubblindenfreizeiten?«

»Ich muss dich bitten, deine Erwartungen nicht zu hoch zu schrauben«, bekam sie zur Antwort. »Die Taubblindenarbeit in Deutschland ist grundsätzlich ehrenamtlich. Seit 1991 bin ich ehrenamtlich für die Taubblinden und Hörsehbehinderten tätig. Nie habe ich gefragt, ob das honoriert wird.«

»Es ist anerkennenswert, dass du dich schon so lange Zeit für Taubblinde einsetzt. Schön für dich, dass du in einer Situation bist, wo du dir das leisten kannst und nicht auf finanzielle Mittel angewiesen bist. Ich kann das nicht. Ich kann es mir nicht leisten, ohne jedes Entgelt zu arbeiten.«

»Ich muss sagen, deine Anfrage erstaunt mich sehr. Von Begleitpersonen wurden diese Fragen bisher nie an den DBSV herangetragen. Ich finde es einfach unverständlich, dass ihr jungen Leute von heute immer erst die Hand aufhaltet.«

Anna fand es an der Zeit, in die Diskussion einzugreifen: »Wie kommst du dazu, eine junge Frau, die viele Male Taubblinde zuverlässig und aufmerksam begleitet hat, mit Personen gleichzusetzen, die herumhängen und nur daran denken, rechtzeitig ihre Hand aufzuhalten? Und welche jungen Leute meinst du? Denkst du an Sabine, die zu jedem Stammtisch kommt und ihren Samstag opfert? Denkst du an Silvio, der von Köln nach Hamm zum Judo-Treff gekommen ist, ohne lange Fragen zu stellen? Außer ihm waren fünf junge Leute dort, die alle ihren freien Samstag für den Judo-Schnupper-Tag zur Verfügung gestellt haben. Unter ihnen auch Melanie, die gekommen ist, obwohl sie in Prüfungsvorbereitungen steckte. Denkst du dabei an die zwölf Teilnehmer der Begleiterschulung, die im Januar ein ganzes Wochenende lang intensiv gearbeitet haben, nur um Taubblinde zukünftig besser begleiten zu können?« Und sie war noch nicht fertig: »Wärest du häufiger zu den Treffen unserer Taubblindengruppe gekommen und hättest du dich mehr für unsere Arbeit interessiert, so wüsstest du, dass ohne diese jungen Leute nicht ein einziger Stammtisch, kein Kegel-Treff und kein Taubblindenseminar mit Computerkurs und anderen besonderen Angeboten hätte stattfinden können.«

»Ich glaube, die Diskussion läuft in die falsche Richtung. Die Begleitungen haben mir bisher Spaß gemacht und viel Freude bereitet und ich würde es in Zukunft auch noch weiter machen wollen, wenn es in meinen finanziellen Möglichkeiten läge. Ich weiß, dass auch gerade junge Leute gesucht werden für junge Betroffene. Es geht doch nicht darum festzustellen, wie viel Engagement welche Personen aufbringen. Unabhängig davon sehe ich die Tätigkeit der Begleitung als eine sehr intensive und verantwortungsvolle Arbeit an. Und wie in allen anderen Bereichen sollte Arbeit entlohnt oder honoriert werden. Ich denke also nicht, dass ich unmögliche Forderungen stelle, sondern möchte nur für meine Arbeit honoriert werden.«

»Da bin ich ganz deiner Meinung. Auch ich halte die Begleitung von Taubblinden für eine sehr schwierige und anspruchsvolle Arbeit, die viel Konzentration, viel Kommunikationskompetenz und viel Einfühlungsvermögen erfordert. Ich bin auch der Meinung, dass diese Arbeit korrekt bezahlt werden sollte und Taubblindenassistenz ein Beruf und ein auskömmlicher Broterwerb sein sollte. Allerdings müssten dann die Assistenten auf ihren Beruf hin qualifiziert und ausgebildet werden. Das ist das eigentliche Problem. Taubblinde haben in Deutschland keinen gesetzlichen Anspruch auf eine persönliche Assistenz, das bedeutet: Es gibt keine gesetzliche Regelung für die Finanzierung dieser Arbeit. Wird eine Begleitung benötigt, muss sie entweder unentgeltlich, also quasi ehrenamtlich getan oder aber von der taubblinden Person aus eigener Tasche bezahlt werden. Das ist ein großes Problem und ein Unrecht. Aber eins möchte ich klar und deutlich sagen: Niemand sollte verlangen, dass Begleiter, ob jung oder alt, ob Student oder nicht, diese Arbeit ohne Bezahlung übernehmen. Ausgerechnet diejenigen, die sich engagieren und bereit sind nach ihren Möglichkeiten zu helfen, sollte man nicht für die Fehler und Versäumnisse der Politik haftbar machen.«

»Es ist mir jetzt noch nicht möglich, ehrenamtlich tätig zu sein, ohne dass ich dabei baden gehe. Ich nutze meine Semesterferien, um Geld zu verdienen, damit ich meine Studiengebühren, Wohnungsmiete usw. bezahlen kann. Ich fordere hier einfach nur ein ehrliches Honorar für ehrliche

Arbeit. Ich werde mit Jürgen und seiner Mutter darüber sprechen und fragen, wie sie sich das vorstellen und ob es möglich ist, für die zwei Wochen Ganztagsbegleitung ein Honorar zu bekommen. Ich denke, das ist eine ganz normale Sache und ich werde daraus auch keine unnormale Sache machen lassen.«

Margot hat mit ihrer 2004 geäußerten Bemerkung, die Taubblindenarbeit in Deutschland sei grundsätzlich ehrenamtlich, leider auch heute noch, im Jahr 2016, recht. Bis auf den Zeitraum von 2005 bis 2007, in dem das Projekt »Unterstützungsstruktur für taubblinde und hörsehbehinderte Menschen in Recklinghausen« durchgeführt wurde, ist Taubblindenberatung zu 100 Prozent ehrenamtlichen Aktivitäten überlassen. Erst seit August 2016 gibt es in NRW ein Kompetenzzentrum für sinnesbehinderte Menschen, in dem eine Stelle für Taubblindenberatung vorgesehen ist. Für die 1900 taubblinden Menschen (Hochrechnung einer vom Land NRW in Auftrag gegebenen Studie aus 2013) ist das, weiß Gott, zu wenig. Die Taubblindenassistenz ist immer noch überwiegend eine ehrenamtliche Betätigung, von der nur ganz wenige der qualifizierten Assistenten leben können. Bis heute ist die Rehabilitation vor allem im Bereich der taubblindenspezifischen Kommunikationstechniken, wie Lormen, taktiles Gebärden, Braille und Computerbraille, fest in ehrenamtlicher Hand. Für die verschiedenen Kommunikationsbereiche gibt es keine Programme, ebenso wenig wie ausgebildete Trainer. Schulungen gibt es nur in vereinzelten, von Stiftungen unterstützten Projekten, die keinesfalls bedarfsdeckend sind, weder was Umfang und Häufigkeit noch was ihre Qualität betrifft.

Bis heute sind taubblinde Menschen den Zufälligkeiten ehrenamtlichen Engagements ausgeliefert. »Verlässlichkeit ist für mich ein Schlüsselbegriff in der Behindertenpolitik. Das bedeutet: Angebote, Strukturen und gesetzliche Ansprüche müssen dauerhaft verlässlich sein. Alles andere führt zu Unsicherheiten und verhindert Lebensplanungen.« (Rede Karl Josef Laumann anlässlich der Fachtagung 2007) Wann endlich können taubblinde Menschen mit solchen verlässlichen Strukturen rechnen?

10. Es gibt noch andere, die sind wie du – Bruno

Die stickige, feuchtwarme Luft, die aus dem benachbarten Schwimmbad in die Kegelbahn herüberschwappt, vermischt mit dem Geruch von Kunststoff und Schweiß, schlägt den Neuankömmlingen entgegen. Friedrichs unverkennbares, keckerndes Lachen, Waltrauds durchdringend helle Stimme, das Scharren von Stühlen – das Kegeln hat längst begonnen. Eine Kugel setzt auf der Bahn auf, rollt langsam, wie unentschieden ein Stück voran und rumpelt in die Gasse. Elfriede hat noch einen Versuch, Rudolf berührt sie an der Schulter, reicht ihr die Kugel an. Breitbeinig steht Elfriede, fasst die Kugel mit beiden Händen, schwingt sie zwischen den gespreizten Beinen vor und zurück, wirft mit aller Kraft. Die Kugel setzt krachend auf, rollt zügig und entschieden und trifft. Sechs Kegel fallen. Rudolf schreibt eine »Sechs« in Elfriedes Hand und wird von ihrer Freude fast erdrückt. Elfriede gibt allen ihren Gefühlen entschieden und nachdrücklich Ausdruck, sie weiß, was sie will, und zeigt das auch. Simon ist gekommen, nimmt seine Frau bei der Hand und führt sie an ihren Platz zurück, wo sie das durch ihren Kegeleinsatz unterbrochene Gespräch mit Ruth wiederaufnimmt. Sie redet – lormt – ununterbrochen, ihr Gesprächsbedarf ist unstillbar. Rudolf hat inzwischen Edith an ihrem Platz abgeholt und redet ihr gut zu: »Jetzt kommt es darauf an, vielleicht schaffst du es, Ingrid zu schlagen.« Die beiden Freundinnen wetteifern regelmäßig um die ersten Plätze, sehr zum Ärger der männlichen Belegschaft.

Dagmar führt Bruno zur Garderobe und bittet ihn, die Schuhe zu wechseln. Er fragt ungeduldig: »Wo sind die Taubblinden?« Seit Tagen spricht er von nichts anderem, endlich will er ihnen begegnen, den Menschen, die wie er selbst taub sind und blind. Dagmar nimmt seine Hände und zeigt damit in den Raum. Rechts und links sind an den Längswänden jeweils zwei Tische aneinandergestellt, an denen die taubblinden Kegler mit ihren Begleitern sitzen. Dagmar schreibt die Zahl 20 in seine Hand und lässt ihn die Gebärde für Personen abfühlen. Sie hält Ausschau nach einem freien Platz. Dirk sitzt gerade allein, er ist noch neu in der Gruppe, hat auch gerade erst das Lormen erlernt. Vielleicht eine gute Gelegenheit für beide, die neue Technik zu erproben.

Dirk und Bruno sitzen nebeneinander, Dagmar hat ihre Hände zueinander geführt, hofft, dass sich beide verstehen. Bruno beginnt das Gespräch, er hat sich so lange darauf gefreut, endlich mit taubblinden Menschen zu sprechen. Er sagt seinen Namen und sein Alter, begleitet sein Sprechen mit Gebärden, genauso wie er es sonst auch tut. Auch Dirk hat noch nie mit einem Taubblinden kommuniziert, immer nur mit Hörenden oder Sehenden, hat mit ihnen gebärdet oder hat versucht, sich lautsprachlich zu artikulieren. So macht er es auch jetzt. Dirk und Bruno sitzen einander gegenüber, gestikulieren, gebärden und sprechen und finden nicht zueinander. Da holt Rudolf Dirk ab, er ist an der Reihe. Dirk steht unsicher auf, lässt sich zur Bahn führen, ist aufgeregt und nervös. Seit Jahren hat er nicht mehr gekegelt. Früher war er Kegelwart im Gehörlosenverein und einmal sogar Deutscher Meister gewesen. Der Pokal ist sein kostbarster Besitz. Dirk schiebt vorsichtig die Füße nacheinander voran, fühlt die Veränderungen des Bodens, tastet auf der linken Seite nach einer Kugel, findet nichts. Rudolf streicht ihm beruhigend über die Schulter, positioniert ihn in die richtige Stellung, reicht ihm eine Kugel. Dirk will Schwung holen, Anlauf nehmen und die Kugel einhändig mit elegantem Schwung in die Bahn werfen, sein Körper erinnert sich an die Bewegung und ist bereit. Rudolf kann ihn gerade noch stoppen, bevor er einen Querschläger landet. Geduldig schiebt er ihn noch einmal in die richtige Position, zeigt ihm, wie er die Kugel mit zwei Händen fasst und so möglichst gerade vor seiner Körperachse abwirft. Auch das Kegeln muss, wie alles andere, neu gelernt werden. Beim dritten Wurf fallen die Kegel. Dirk ist eine Naturbegabung, die beiden Freundinnen haben Konkurrenz bekommen.

Dagmar geht mit Bruno zum Start, er soll nun auch sein Glück versuchen, er sperrt sich und sagt: »Jetzt nicht kegeln. Will taubblinde Freunde sprechen.« Die Situation droht zu kippen. Wenn es heute nicht gelingt, einen guten Kontakt herzustellen, wird er sich dann allen weiteren Versuchen verweigern, wird er sich zurückziehen in die Sicherheit seines bisherigen, von der Außenwelt abgeschotteten Lebens? Er hat zu lange isoliert gelebt, Frustrationen kann er noch nicht hinnehmen. Der Platz neben Elfriede ist gerade frei geworden, Ruth hat eine andere Gesprächspartnerin gesucht. Anna weiß, dass Elfriede trotz ihres heftigen Temperaments mit Neulingen vorsichtig umgehen kann, sehr umsichtig und langsam lormt, immer wiederholt und nie die Geduld verliert. Anna sagt ihr Bescheid, bittet um Nachsicht mit dem Neuling und lässt Bruno neben ihr Platz nehmen. Elfriede lormt ihren Namen, muss jeden Buchstaben wiederholen, Bruno ist schrecklich aufgeregt, er zittert, kann kaum seine Hand ruhig halten. Endlich versteht er, möchte ihr Alter erfragen und versucht zu gebärden. Elfriede nimmt seine Hand, legt ihre eigene Hand darauf und zeigt ihm, wie er mit seinen Fingern in ihre Hand schreiben kann. Endlich versteht er. Er fragt sie: »Wie alt?« Elfriede schreibt die Zahl in seine Hand. Bruno lormt seinen vollen Namen und sein Alter. Beide sind gleich alt. Elfriede springt auf, gebärdet, gestikuliert. Ihr Mann stürzt erschrocken zu ihr. Was ist los? Dann begreift er. Elfriede hat einen Schulkameraden von der Gehörlosenschule getroffen. Seit damals hat sie ihn nicht mehr gesehen, vierzig Jahre ist das nun her. Jetzt sitzt Bruno neben ihr, ist wie sie selbst erblindet. Elfriede ist außer sich. Sie umarmt ihren Mann, dann drückt sie Bruno an sich, der noch nicht verstanden hat. Sie lormt ihm noch einmal ihren Namen, dieses Mal aber ihren Mädchennamen und dann versteht auch er. Elfriede drückt ihn fest. Aneinandergedrückt schwingen beide hin und her, lange. Kaum auszuhalten diese Freude! Vierzig Jahre, ein ganzes Leben muss erzählt werden. Es ist 15 Uhr, die Kegelzeit ist vorbei. Die Kegler und ihre Begleiter verabschieden sich, machen einen Bogen um Elfriede und Bruno. Die beiden lassen sich durch nichts stören. Sie sind in einer anderen Welt, versunken in Erinnerungen. Simon versucht seiner Frau zu signalisieren, dass es Zeit ist zu gehen. Sie fegt seine Hand weg, wendet sich wieder Bruno zu. Inzwischen ist die nächste Kegelgruppe im Raum, es wird wirklich Zeit. Dagmar und Simon gelingt es nicht, die beiden voneinander zu trennen. Sie schieben sie durch die Tür nach draußen. Simon nimmt energisch die Hände seiner Frau, es ist Zeit zu gehen. Dagmar verspricht: Nächste Woche Samstag wird sie Bruno begleiten und Elfriede zu Hause besuchen.

Drei Monate zuvor

Es ist glühend heiß, seit Wochen schon. Eine gnadenlose Julisonne knallt auf das Wagendach. Anna bittet Dagmar, den Wagen doch ja irgendwo im Schatten abzustellen. Sie sind eine Viertelstunde zu früh, wollen die Familie nicht vor der Zeit überfallen und warten in dem klimatisierten Wagen ab. Dagmar schaut sich um: »Gute Wohngegend, alles recht ruhig und ordentlich. Das Einfamilienhaus auf der Höhe müsste unser Zielort sein.« Eine Frau mittleren Alters keucht die Straße hoch, auf ihrer Höhe bleibt sie kurz stehen, schaut zu ihnen herüber und geht zu dem einzeln stehenden Haus. Die Tür öffnet sich und bevor sie geschlossen wird, ist eine lautstarke Auseinandersetzung zu hören. »In was für ein Wespennest sind wir da geraten?« Die Bitte um Beratung und Unterstützung wurde von einer rechtlichen Betreuerin an den Blindenverein des Ortes gerichtet. Ärger und Streit in der Familie, Dagmar und Anna wechseln einen Blick, sie werden vorsichtig und behutsam auftreten. Sie wollen helfen, sich nicht in Familienstreitigkeiten verstricken lassen.

Pünktlich um 16 Uhr klingeln sie an der Haustür, werden von einem alten, sorgfältig gekleideten Herrn hineingebeten. »Wenn es Ihnen recht ist, gehen wir in den Keller, dort ist es kühler«, befindet er und führt sie die Treppe hinunter. Der Kellerraum ist als zweites Wohnzimmer mit Teppichen, Sesseln und einem Sofa gemütlich eingerichtet. Eine Standuhr tickt in der Ecke mit gleichmäßigem, ruhigem Schlag.

Unten wartet der Rest der Familie. Bruno, dessen Betreuerin Hilfe angefordert hat, Willi, der gehörlose Bruder und Margarete, die Schwester der beiden, von Dagmar als die Frau identifiziert, die ihnen auf der Straße begegnet ist. Die rechtliche Betreuerin ist noch nicht da, hat aber ihr Kommen zugesagt. Bruno ist informiert, weiß, dass eine blinde Frau ihn besuchen wird. Anna spürt seine zitternde Unruhe. Es ist seine erste Begegnung mit einem Menschen, der blind ist wie er selbst. Er hält Annas Hand fest, zieht sie zu einem Sessel, den er neben seinem Stuhl aufgestellt hat. Dieser Besuch ist allein seinetwegen gekommen, das gab es noch nie. Er möchte in unmittelbarer Nähe sein, hautnahen Kontakt erleben, sich ein Bild machen, eine Vorstellung gewinnen. Bruno hält ihre Hand fest, er möchte die Kontrolle des Gesprächs behalten, wissen, was geschieht, sicher sein, dass nichts von ihm unbemerkt vor sich geht. Auf sich selbst zeigend nennt er seinen Namen und legt seine Hand in ihren Nacken. Anna ist überrascht, schaut fragend zu der Schwester: »Mein Bruder kann so fühlen, ob Sie mit dem Kopf nicken oder ihn schütteln. So weiß er, ob Sie verstanden haben.« Anna nickt brav mit dem Kopf, wird sie die Hand die ganze Zeit über im Nacken spüren? Bei dieser Hitze, und überhaupt, das ist gewöhnungsbedürftig. »Dein Name?«, sagt Bruno und Anna schaut sich wieder fragend um. »Sie können Druckbuchstaben auf den Unterarm schreiben.« Anna tut, was ihr gesagt wird. Wegen der Hitze ist der Unterarm textilfrei. Nach mehrmaligem Wiederholen versteht Bruno. Er möchte etwas über Annas Frisur erfahren und Anna führt seine Hände über ihr kinnlanges Haar. Anna darf ihrerseits seine Kurzfrisur ertasten und Bruno führt ihre Hände, sodass sie über sein Gesicht streichen. Anna stellt fest: Bruno ist glattrasiert, trägt keinen Bart, hat ein schmales, knochiges Gesicht. Es folgen, wie gewohnt, die Fragen nach Alter, Kindern, Partnern und Beruf. Die Ja- oder Nein-Fragen sind mit der Hand im Nacken am einfachsten zu klären. Die Frage nach Annas Beruf findet keine befriedigende Antwort, da Bruno die entsprechenden Gebärden nicht kennt, ein Abfühlen ihm also nichts bringt. Die auf den Arm geschriebenen Druckbuchstaben liest er nicht immer richtig ab.

Bruno möchte gern wissen, wo Anna und Dagmar wohnen. Dagmar wohnt in einem kleinen Ort am Rande des Ruhrgebiets, den Bruno anscheinend nicht kennt. Er versteht den Namen nicht, ob auf den Arm geschrieben oder als Gebärde abgefühlt. Annas Wohnort kann mit Fußball und Schalke in Verbindung gebracht, schließlich gut erklärt werden. Bruno hat einen sehr geringen Gebärdenwortschatz. Vermutlich hatte er nie sehr viel Kontakte zu anderen Gehörlosen und die letzten fünfzehn Jahre seines Lebens scheint er nur zu Hause verbracht zu haben.

Fast zwei Stunden sind vergangen, es wird höchste Zeit zu gehen. Anna zeigt auf ihre taktile Blindenuhr, klappt das Glas hoch und lässt Bruno fühlen. Er versteht und zeigt in Richtung der Standuhr, wenn er die Uhrzeit wissen möchte, fühlt er die großen Zeiger ab. »Ständig verstellt er die Zeiger«, stellt der ältere Herr verärgert fest. Auf Nachfrage gibt er sich als Bruder des Vaters zu erkennen. Die Eltern sind längst verstorben und der Onkel ist als Hausvorstand eingezogen. Anna merkt sich, dass sie eine taktile Taschenuhr besorgen muss, sie lässt sich gut am Gürtel festmachen, Zifferblatt und Zeiger sind deutlich größer als bei einer Armbanduhr, für Tastanfänger sehr zu empfehlen.

Anna und Dagmar müssen gehen, wollen aber vorher noch ein Treffen für die nächste Woche festmachen. Mit der Familie wird schnell ein Termin gefunden: nächste Woche, gleicher Tag, gleiche Uhrzeit. Nur die Person, die das eigentlich betrifft, versteht es nicht. Nicht mit Gebärden und nicht mit Druckbuchstaben ist das zu erklären.

Ganz klar: Der erste Schritt in die Welt wird eine neue Kommunikationstechnik sein müssen. In der nächsten Woche gibt es eine Einführung in das Lormen. Die Angehörigen werden gebeten, auch dabei zu sein, damit sie diese Technik in Zukunft auch anwenden können.

Beim Hinausgehen nehmen Dagmar und Anna die Außentreppe und kommen in den Garten, der kaum größer ist als Annas Wohnzimmer. An zwei gegenüberliegenden Pfosten ist über die gesamte Länge des Gartens eine Wäscheleine gespannt. Bruno zeigt ihnen den zusätzlichen Nutzen dieser Wäscheleine. »Ja«, bestätigt der alte Herr, »hier an der Leine entlang macht Bruno seine täglichen Spaziergänge.« Anna und Dagmar schauen sich entgeistert an. »Kommt er sonst nicht raus?«, platzt Anna heraus. »Doch, einmal alle vierzehn Tage fahren wir zum Friedhof.«

Eine Woche später

Sarah, um Unterstützung beim Lormtraining gebeten, sagt sofort zu. Sie hat bei der Caritas Schweiz an vielen Förderkursen für Taubblinde teilgenommen und mit Lormanfängern geübt. Wie vereinbart, finden sich Dagmar und Anna zusammen mit Sarah eine Woche später im Keller ein, wo sie schon erwartet werden. Die Schwester hat Manuela, ihre dreizehnjährige Enkelin, mitgebracht. Bruno begrüßt voll Freude, umarmt ausgiebig und teilt schmatzende Wangenküsse aus, rechts und links, und gleich noch einmal links und rechts. Anna schiebt ihn vorsichtig ein wenig von sich weg, legt seine Hand in die von Sarah, die ihren Namen auf seinen Unterarm schreibt. Er kennt diesen Namen nicht, fragt noch einmal nach. Sarah gibt ihm Holzbuchstaben in die Hand, die sie für ein solches Lormtraining bereithält. Bruno tastet sie bereitwillig ab. So gelingt es ihm, den

Namen langsam zusammenzusetzen. Er versucht ihn auszusprechen und schüttelt den Kopf: Diesen Namen kennt er nicht.

Nun wird es Zeit, ihre eigentliche Aufgabe in Angriff zu nehmen. Bruno hat keine Ahnung von dem, was auf ihn zukommt, weiß nicht, was geplant ist. Es gibt keine Möglichkeit, ihm das mit Worten oder Gebärden zu erklären. Anna war noch nie in einer solchen Situation. Immer hat sie nur nach langer Vorbereitung die neuen Techniken, Blindenschrift oder Lormen, eingeübt. Nur, wenn das ausdrücklich gewünscht wurde oder wenn es ihr gelungen war, den Nutzen überzeugend darzustellen. Das »Warum« und das »Wie« waren lange vorher diskutiert worden, Ängste ausgeräumt und Mut gemacht: »So viele haben das geschafft, du kannst das auch.« Nichts davon ist bei Bruno möglich.

Sarah hat eine kleine Topfblume, eine Sonnenblume, mitgebracht und gibt sie Bruno in die Hand. Bruno hat schnell erfasst, worum es sich handelt und sagt: »Blume.« Bruno vergewissert sich, dass er es richtig erraten hat, und legt seine Hand in Sarahs Nacken. Anna hat vergessen, sie vorzuwarnen und holt das rasch nach. Beim nächsten Mal werden sie die entsprechenden taktilen Gebärden üben, für »Ja« ein zweimaliges, kurzes Klopfen auf den Handrücken des Taubblinden und für »Nein« eine kurze Wischbewegung auf der Hand oder dem Unterarm. Aber das muss warten! Sarah nickt zur Bestätigung und reicht Bruno den Buchstaben B, er ertastet ihn sicher. Sarah greift Brunos Hand und streicht einmal an der Innenseite seines Zeigefingers von oben nach unten für den Lormbuchstaben »B«. Nacheinander werden so die fünf Buchstaben ertastet und in Lormschrift übertragen. Sarah gibt ihm noch einmal die Blume in die Hand und tippt nacheinander langsam die Buchstaben des Wortes »Blume« in seine Handinnenfläche. Das gleiche Verfahren wird für einen Ball, eine Banane, eine Birne und Brot angewendet. Bruno macht alles mit, verliert aber allmählich ganz offensichtlich das Interesse und hat noch nicht wirklich verstanden, worauf das Ganze hinausläuft. Anna weiß, dass sie jetzt bald das Aha-Erlebnis produzieren muss, wenn ihre Bemühungen nicht vergeblich sein sollen. Vielleicht ist der Reiz, die Namen der anwesenden Personen zu schreiben, größer. Anna nimmt Brunos Hand, zeigt auf sich und gibt ihm ein A in die Hand, tippt auf die Spitze seines Daumens, lässt ihn den Holzbuchstaben »N« abtasten, tippt kurz auf die Wurzel des Zeigefingers, wiederholt den Vorgang, und lässt wieder das A folgen. Anschließend lormt sie noch einmal langsam Buchstabe für Buchstabe ihres Namens in seine Hand. Dann hält sie ihm ihre eigene Hand hin, führt seinen Zeigefinger auf die Spitze ihres Daumens, dann auf die Zeigefingerwurzel und er begreift, schreibt selbstständig die fehlenden zwei Buchstaben ihres Namens weiter. Anna nimmt wieder seine Hand, zeigt auf ihn selbst, und schreibt »Bruno«. Alle Buchstaben sind schon einmal vorgekommen, das macht das Behalten leichter. Zweimal schreibt sie so seinen Namen in seine Hand, hält dann ihre Hand hin, fordert ihn so auf, seinen Namen selbst in ihre Hand zu lormen. Wenn er unsicher wird, fasst sie behutsam seinen Zeigefinger und setzt ihn an die richtige Stelle.

Gleichzeitig mit Bruno lernen die übrigen Familienmitglieder das Lormen, Dagmar zeigt ihnen, wie es geht. Der alte Herr lehnt kategorisch diesen »Kinderkram« ab. Es ist zu befürchten, dass er auch weiterhin die Bemühungen, Bruno aus seiner isolierten Situation herauszuführen, blockieren wird. Glücklicherweise hat die rechtliche Betreuerin eine andere Sicht auf die Dinge und die Möglichkeit, diese auch durchzusetzen.

Nachdem Bruno gelernt hat, Willi, den Namen seines Bruders zu lormen, kommt seine Großnichte zu ihm und lormt »Manu«, so wird sie gerufen, schön kurz und leicht zu lormen. Die Buchstaben sind alle bekannt, sind mehrfach geschrieben worden, Bruno versteht, ist gerührt, umarmt seine Großnichte fest, beide strahlen. Mit diesem Erfolg wird die Sitzung beendet. In der nächsten und übernächsten Woche geht das Training weiter, der halbe Hausrat wird angeschleppt: Zange, Zucker, Zeiger, Schere, Schachtel, Schuh, Stift, Streichholz etc. Das Erraten und Benennen der verschiedenen Gegenstände macht Bruno sichtlich Spaß. Er lernt schnell und hat entschieden Freude daran.

Schritt für Schritt in die Welt

In der vierten Woche soll es zum ersten Mal nach draußen gehen.

Dagmar hat um einen Einkaufszettel für Bruno gebeten. Mit dieser Bitte stößt sie auf völliges Unverständnis. »Was soll denn das? Für Bruno besorgen wir alles, was er braucht. Bruno entbehrt nichts. Es ist absolut unnötig, mit ihm einkaufen zu gehen. Wollen Sie damit andeuten, dass Bruno nicht ordentlich versorgt wird?« Dagmar hat Mühe, den alten Herrn zu beschwichtigen, und unternimmt einen Erklärungsversuch. Der will davon nichts hören, möchte am liebsten die Besuche unterbinden und will es schon gar nicht zulassen, dass Dagmar und Anna mit Bruno nach draußen gehen. Er mag es auch gar nicht, wenn Bruno in Erwartung ihres Besuchs vor der Haustür steht, sichtbar für alle Nachbarn. Der Widerstand nutzt dem alten Herrn nichts. Anna und Dagmar haben das Ziel fest im Blick. Mit der rechtlichen Betreuerin ist abgeklärt: Wenn Bruno es will, geht es Schritt für Schritt hinaus in die Welt.

Am Fuß des Hügels ein paar Straßen weiter ist ein großer Supermarkt. Das Wetter ist schön, glücklicherweise nicht so heiß wie bei ihrem ersten Besuch, und so machen sie sich zu viert auf den Weg, Twinkle, Annas Führhund ist mit von der Partie. Die Angestellten des Supermarkts sind bestens informiert und wissen, dass ein Blindenführhund zugangsberechtigt ist. Bruno hat keinen Zettel dabei, weiß aber genau, was er einkaufen möchte. Dagmars Gebärdensprachkenntnisse und Kombinationsgabe sind in höchstem Maß gefordert. Bruno macht die Gebärde für Wurst. Da gibt es viele Möglichkeiten. Bruno versucht näher zu beschreiben, stößt an seine Grenzen. Dagmar reicht ihm nach und nach Salamischeiben, Mettwurst und Teewurst. Alles gut verpackt, Fühlen erlaubt. Schließlich landet sie einen Treffer. Die langen, dünnen Pfefferknacker sind sein Begehren. Weiter geht es zur Abteilung mit dem »Süßkram«. Bruno möchte Schokoküsse, Dagmar findet schnell das Regal, aber eine andere Kundin ist schneller, schnappt die letzte Packung weg. Dagmar sieht einen Mitarbeiter des Supermarkts vorbeisausen, hält ihn an und bittet ihn, im Lager nachzuschauen. Und tatsächlich, fünf Minuten später hält Bruno zufrieden die Packung in der Hand, will sie gar nicht in den Wagen legen, will sie in der Hand behalten. Wer weiß, was mit ihr sonst geschieht. Sicher ist sicher! Es ist so lange her, dass er zuletzt in einem Supermarkt war. Und jetzt noch eine Tafel Schokolade mit Nüssen. Die ist schnell gefunden. Gemeinsam gehen sie zur Kasse. Der Einkaufswagen ist kaum gefüllt, dennoch haben sie eine halbe Stunde gebraucht. An der Kasse schreibt Dagmar ihm den Zahlungsbetrag in die Hand. Bruno reicht ihr sein Portemonnaie, Dagmar zahlt. Anna merkt sich, das nächste Mal eine Münzbox und einen Geldscheinprüfer mitzubringen. Wenn Bruno Lust dazu hat, kann er den Umgang mit Geld lernen.

Bruno ist sichtlich erschöpft. »Wir machen eine Pause«, beschließt Dagmar. Am Ausgang des Supermarkts gibt es einen kleinen Cafébereich. »Was willst du trinken?« Bruno möchte das Gleiche trinken wie Dagmar und Anna. Das wird schwierig. Dagmar trinkt Cappuccino und Anna Tee. Cappuccino, was ist das? Die Lormtechnik reicht noch nicht aus, um dieses Wort zu verstehen. Kaffee mit Milch. O.K. Das nimmt Bruno. Der Cappuccino schmeckt und schließlich machen sie sich auf den Rückweg. Gemächlich steigen sie die Anhöhe hoch. Bruno schwitzt stark, obwohl die Hitze jetzt, am Spätnachmittag, durchaus erträglich ist. Immer wieder bleiben sie auf der kurzen Strecke einen Moment stehen, Bruno hat große Mühe, die Steigung zu schaffen. Dagmar und Anna sind sich einig: Ergotherapie muss her. Dagmar wird das organisieren, mit der rechtlichen Betreuerin abklären. Es gibt noch immer keine Beratungsstelle für Taubblinde, also übernimmt sie, die Assistentin, auch diese Rolle. Schließlich haben sie es geschafft. Bruno verschwindet im Haus, läuft die Treppen hoch und bringt seine Einkäufe in sein Zimmer. Dagmar vereinbart den nächsten Besuchstermin. Das Murren des alten Herrn wird ignoriert.

In der Folge übernimmt Dagmar komplett die Rolle der Sozialberaterin, organisiert Termine beim Arzt und Ergotherapeuten, sucht nach einer weiteren Assistentin für Bruno, begleitet ihn nach dem geglückten Kegeltreff zum Taubblinden-Stammtisch und schließlich auch zum einwöchigen Taubblindenseminar in Bad Meinberg.

Bruno besucht seine Jugendliebe Elfriede und lernt bei ihr die ersten Buchstaben der Blindenschrift. Elfriede stupst ihn an, doch endlich die Blindenschrift zu lernen, damit sie sich Briefe schreiben können. Anna wird gefragt und ist gern bereit, das zu übernehmen. Nie hätte sie sich bei ihrem ersten Besuch vor einem Jahr träumen lassen, dass so etwas möglich wäre. Warum nur musste Bruno so lange darauf warten?

11. Auf der Suche nach verlässlichen Strukturen

11.1 Der Beauftragte der Landesregierung für die Belange der Menschen mit Behinderung in Nordrhein-Westfalen

Ungläubig starrt sie auf den Monitor, bringt den Cursor noch einmal an den Anfang der Mail und lässt sich mit der Pfeiltaste die Message Zeile für Zeile vorlesen. Kein Zweifel! Da steht es. Die Mail war um 10.21 Uhr abgeschickt worden. Wie spät war es jetzt? 10.30 Uhr! Wenn sie sofort im Büro des Landesbehindertenbeauftragten anriefe, müsste sie die Absenderin der Mail noch erreichen. Sie prägt sich den komplizierten Doppelnamen ein und spricht den Namen laut vor sich hin, auch um ihre Stimme zu festigen, sie will sich nicht so zittrig anhören, wie sie sich fühlt. Sie wählt, vertippt sich und wählt noch einmal. Das Rufzeichen ertönt, sie lässt es klingeln. Viermal, fünfmal! Dann kappt sie die Leitung. Fünf Rufzeichen, das war die Grenze, die sie sich für alle ihre Telefonate gesetzt hatte. Wer nicht abheben wollte, würde es auch beim sechsten Mal nicht tun. Würde nur genervt sein. Vielleicht war die Mitarbeiterin gerade mal eben zu ihrer Kollegin nach nebenan gegangen. Sie schaut auf die Uhr und wählt nach zehn Minuten noch einmal. Wieder lässt sie es fünfmal klingeln, vergeblich, der Ruf geht ins Leere.

Sie liest den Text zum dritten Mal. Da steht es: »... da der Landeshaushalt 2011 noch nicht verabschiedet ist und wir nur über sehr begrenzte Haushaltsmittel verfügen können, ist es uns leider nicht möglich, die Ihnen durch einen Gesprächstermin hier in Düsseldorf entstehenden Kosten zu übernehmen. Herr Killewald ist aber gerne bereit, Sie in Ihrem Kultur- und

Freizeitzentrum zu besuchen.« Sie ruft sich den Wortlaut des gestrigen Telefongesprächs in Erinnerung. Sie hatte vorsichtig gefragt: »Wäre es Ihnen eventuell möglich, die Assistenzkosten für die taubblinden Teilnehmer zu übernehmen?« Hätte sie ahnen können, dass der LBB ihre Nachfrage zum Anlass nehmen könnte, den Termin platzen zu lassen? Es hatte so viel Mühe gekostet, diesen Termin zu bekommen. Und der Termin war so wichtig gewesen. Die Stiftung Wohlfahrtspflege hatte dringend empfohlen, den Landesbehindertenbeauftragten einzuschalten und als Fürsprecher zu gewinnen. Die Stiftung war nur bereit, ein Projekt zum Aufbau einer Unterstützungsstruktur anzustoßen, wenn die Weiterfinanzierung durch das Land gesichert wäre. Sie hatte einen langen Bettelbrief an den Landesbehindertenbeauftragten geschrieben und ihn an seine eigenen Worte anlässlich der Amtsübernahme erinnert: »Einer meiner Schwerpunkte wird die Umsetzung der UN-Behindertenrechtskonvention sein. Hierzu besteht in vielen Bereichen Handlungsbedarf.« Sie hatte in ihrem Brief auf die desaströse Situation der taubblinden Menschen hingewiesen: »Auf eine von der Partizipation nahezu ausgeschlossene Gruppe möchten wir Sie mit diesem Schreiben aufmerksam machen. Taubblinde Menschen sind eine von der Öffentlichkeit nicht wahrgenommene Minorität, die aufgrund ihrer schweren Behinderung unter lebenslanger Isolation zu leiden hat.«

»Ja«, dachte sie, »Taubblinde sind unsichtbar, zu Hause eingesperrt oder in einer Einrichtung weggeschlossen.« Wie hasste sie es, immer wieder Formulierungen finden zu müssen, die überzeugen konnten. Immer wieder hatte sie mit ihren Schilderungen Erschrecken und Erstaunen ausgelöst, aber auch ungläubigen Zweifel dann, wenn sie auf die fehlende staatliche Unterstützung verwies. Wie viele Schreiben mit der Bitte um die Einrichtung einer überregionalen Beratungsstelle für Taubblinde waren verfasst worden! Wie viele Telefonate und wie viele persönliche Gespräche waren geführt worden! Niemand, der irgendwie verdächtigt werden konnte, politischen Einfluss zu haben, war verschont geblieben.

Nun hatten sie endlich einen Gesprächstermin gefunden und der Landesbehindertenbeauftragte sollte so aus eigener Anschauung zu dem Schluss kommen, dass tatsächlich dringender Handlungsbedarf bestand. Sie hatte eine kleine Truppe zusammengestellt. Bisher hatte sie noch niemanden erlebt, der sich von einer Begegnung mit taubblinden Menschen nicht hatte anrühren lassen. Vielleicht erging es dem LBB nicht anders und er würde sich tatsächlich für sie einsetzen und als Fürsprecher handeln. Alle hatten sich für diesen Termin den ganzen Tag frei genommen. Und nun war alles für die Katz!

Sie sieht auf die Uhr, noch keine 11! Sie setzt sich an den Computer und schreibt eine Rückantwort: »... Ich halte es aber nicht für vertretbar, den Termin aus finanziellen Erwägungen heraus abzusagen. Die taubblinden Menschen in NRW bauen darauf, dass ihnen endlich Gehör geschenkt und die notwendige Unterstützung gewährt wird. Ich werde bei der Stiftung ›Taubblind-Leben‹ nachfragen, ob sie in der Lage ist, die Gelder zur Verfügung zu stellen. Andernfalls werde ich die Assistenten bitten, ehrenamtlich tätig zu sein. Ich bitte Sie nochmals, diesen Termin nicht zu stornieren. Ich weiß nicht, wie ich den taubblinden Menschen diese Zurückweisung erklären sollte.«

Sie liest sich die Mail noch einmal sorgfältig durch, schickt sie ab und wiederholt noch mehrfach ihren Versuch, die Mitarbeiterinnen des LBB telefonisch zu erreichen. Nach 14 Uhr stellt sie ihre Versuche ein, es ist Freitag. Das Wochenende ist eingeläutet. Am Montag würde sie hoffentlich jemanden erreichen!

Bis Dienstagnachmittag checkt sie in regelmäßigen Abständen ihren Posteingang und lässt das Telefon klingeln. Das Büro des LBB reagiert nicht. Niemand zu Hause. Sie kann nicht länger warten, sie muss die Terminabsage weitergeben. Sie schickt eine Rundmail an alle Beteiligten: »Ich habe eine sehr schlechte Nachricht: Herr Killewald, der Landesbehindertenbeauftragte, hat den Termin am 28. Februar abgesagt. Grund: Er will die Kosten für die vier Taubblindenassistenten nicht übernehmen. Herr Killewald hat den Auftrag, behinderten Menschen zu helfen. Er sollte ihre Wünsche und Forderungen an die Regierung weitergeben. Wenn Herr Killewald mit taubblinden Menschen sprechen will, kann er das nur tun, wenn Assistenten helfen. Das will er nicht bezahlen. Bitte schreibt einen Brief an Herrn Killewald. Es tut mir sehr leid, dass ich euch Hoffnungen gemacht habe. Jetzt müssen wir uns an andere Menschen und an andere Stellen wenden, um Hilfe zu bekommen.«

Am Dienstagabend um 18 Uhr läutet bei Anna das Telefon. Sie nimmt den Anruf an und bleibt einen Moment vor Verblüffung sprachlos. Dann versucht sie gelassener zu klingen, als sie ist: »Guten Abend, Herr Killewald.« Sie macht eine Pause und fügt in Gedanken hinzu: »Was willst du jetzt noch? Tagelang habe ich gewartet, dass sich da jemand rührt. Weißt du überhaupt, wie man sich fühlt, wenn man so komplett ignoriert wird?« Sie wartet ab. Herr Killewald zögert, windet sich und sucht nach den richtigen Worten, spricht endlich von einem Missverständnis und dass eine Absage des Termins nicht gemeint gewesen sei. Die Mitarbeiterin habe da einen Fehler gemacht. Anna findet, dass der Text der Mail keine andere Interpretation zulässt, sagt das auch und wiederholt aus dem Gedächtnis den genauen Wortlaut. Schließlich hatte sie diese Mail, wütend und verzweifelt wie sie gewesen war, oft genug gelesen. Herr Killewald äußert erneut sein Bedauern über das Missverständnis und erklärt, dass ihm dieser Termin sehr wichtig sei. Selbstverständlich würden auch die Assistenzkosten in voller Höhe übernommen. Anna weiß nicht, was sie denken soll, sagt vorsichtig, dass sie versuchen werde, die Absage rückgängig zu machen. Mit schlecht unterdrückter Wut beendet Herr Killewald das Gespräch: »Es war völlig unnötig, diese Mail im gesamten Landtag zu verbreiten.« Anna macht nur: »Hmm, wie bitte, ich verstehe nicht. Wovon sprechen Sie?« Endlich kommt die Erklärung für den Kurswechsel: »Ich war das ganze Wochenende über in einem sehr wichtigen Seminar und hatte noch keine Gelegenheit, in meinem Büro vorbeizuschauen. Ich wurde heute Nachmittag mit Mails, SMS-Nachrichten und Telefonaten von meinen Kollegen aus dem Landtag überhäuft. Der Vorsitzende des Fördervereins hat Ihre Mail an die Taubblinden wegen der Terminabsage mit einer sarkastischen Anmerkung an sämtliche Landtagsabgeordnete, an den Sozialminister, die Ressortleiter im Ministerium und auch an das Büro der Ministerpräsidentin weitergeleitet. Das wäre doch wohl nicht nötig gewesen.« Anna hat größte Mühe, ihre boshafte Schadenfreude zu unterdrücken und ihre Stimme mit dem nötigen Bedauern auszustatten: »Es tut mir sehr leid. Von dieser Aktion wusste ich nichts.« Sie ist sich nicht sicher, ob Herr Killewald ihr da Glauben schenkt, das ist letztendlich auch völlig gleichgültig. Herr Killewald würde nun nie und nimmer einen Finger rühren für Taubblinde und deren Anliegen, auch wenn er sie jetzt notgedrungen empfangen musste. Sie hatten statt eines Fürsprechers jetzt einen ehrlichen Feind gewonnen. Dennoch, Anna gönnte dem Herrn von ganzem Herzen die Unbill, die er nun zu erleiden hatte. Der Termin im Ministerium würde allerdings ausgesprochen mühsam werden.

11.2 Viel Lärm um nichts

Anna erkannte die Anruferin, noch bevor sie ihren Namen genannt hatte, an dem ganz besonderen Timbre der Stimme, die Intelligenz und Anteilnahme verriet, und freute sich, nach langer Zeit wieder einmal diese Stimme zu hören. Seitdem sie die Leitung der Taubblindengruppe abgegeben hatte, waren die Kontakte sehr flüchtig und sporadisch geworden. Anna dachte an die Zeit vor etwa zehn Jahren, als Sabine Mieth in der Geschäftsstelle des Blindenvereins Westfalen als Verwaltungsfachkraft eingestellt worden war. »Endlich eine Mitarbeiterin, die ihre Arbeit ernst nimmt und auch etwas davon versteht«, hatte Barbara, Sozialarbeiterin und ABM-Kraft des Ortsvereins, zu Anna gesagt.« Dieser erste Eindruck hatte sich bestätigt. Tatkräftig und energiegeladen hatte Sabine Mieth dazu beigetragen, die Schaltzentrale des BSVW umzugestalten und Arbeitsprozesse zu beschleunigen. Inzwischen war sie die Assistentin des Geschäftsführers geworden und hatte wegen der häufigen Abwesenheit einen Großteil seiner Aufgaben übernommen. Bei ihrer ersten persönlichen Begegnung anlässlich einer Mitgliederversammlung war Anna überrascht gewesen, wie sehr Stimme und Person zueinander passten. Sabine Mieth war eine graziöse, mit gepflegter Eleganz gekleidete junge Frau, das naturblonde Haar zu einem französischen Knoten hochgesteckt. Warmherzig und freundlich klang ihre Stimme, mit der sie die Mitglieder begrüßte und die für jeden vorbereitete Mappe mit den Versammlungsunterlagen überreichte. Alles schnell, effektiv, aber ohne Hast.

Sabine Mieth nannte den Grund für ihren Anruf. Es ging um die ehrenamtlichen Berater für Blinde und Sehbehinderte, die in einem vom Sozialministerium finanzierten Projekt qualifiziert worden waren. Dieses Projekt war auf zwei Jahre befristet und nicht weitergeführt worden. Nach der Vorstellung der Geschäftsführung und des Vorstandes sollten einige dieser Berater in einem neuen, wiederum vom Sozialministerium geförderten Projekt weiterqualifiziert werden, um auch taubblinde Menschen beraten zu können. Sabine Mieth fragte: »Sie kennen die Intentionen des Vorstandes. Was halten Sie von dieser Idee? Sie haben ja jahrelang Taubblindenberatung gemacht, Sie kennen die Szene und wissen, was erforderlich ist.«

Anna überlegte kurz, fragte sich, ob sie ganz offen sprechen konnte, erinnerte sich an die vielen Male, bei denen Sabine Mieth ihr geholfen hatte, Stolpersteine aus dem Weg zu räumen. Wie sie dem Vorsitzenden Beine gemacht und veranlasst hatte, einen Antrag für ein Taubblindenprojekt zu unterschreiben, das vom Vorstand boykottiert wurde. Wie sie es erreicht hatte, dass die zweckgebundenen Spenden allein für die Taubblindengruppe verwendet wurden. Nein, sie hatte keinen Grund anzunehmen, dass Sabine Mieth den Interessen der Taubblindengruppe schaden wollte. »Also, ich halte diese Idee für wenig hilfreich. Drei Gründe sprechen aus meiner Sicht dagegen. Zum einen ist die Kenntnis der Gebärdensprache eine Grundvoraussetzung für die Beratung taubblinder Menschen. Und diese Sprache kann niemand in wenigen Monaten lernen. Um die für ein Beratungsgespräch notwendigen Kenntnisse zu erwerben, braucht man mindestens zwei Jahre eines intensiven Studiums. Ich selbst habe bei allen Beratungsgesprächen mit gebärdensprachlich orientierten Taubblinden immer eine Assistentin an meiner Seite gehabt, die für mich die Kommunikation sichergestellt hat. Zu glauben, dass man in drei Monaten Berater für Taubblinde qualifizieren könne, ist eine Illusion. Außerdem – und das ist der zweite Grund, warum ich dieses Projekt strikt ablehne – mit ehrenamtlicher Beratung ist den Taubblinden nicht gedient. Der Bedarf ist enorm und kann nur von in Vollzeit arbeitenden Sozialberatern mit Erfahrungen in der Gehörlosenszene und im Taubblindenbereich geleistet werden. Ein solches Projekt zu unterstützen, ist blanker Unsinn. Der Vorstand möchte meines Erachtens hier nur Geld für den Verband abschöpfen. Ehrlich gesagt, bin ich außerordentlich sauer, dass das Ministerium bereit ist, in ein solch vages, unausgegorenes Projekt Geld zu stecken, während die vom Förderverein geleistete Beratungsarbeit in keiner Weise unterstützt wird und wir alle Unkosten aus eigener Tasche berappen müssen. Wir bezahlen dafür, dass wir beraten dürfen. Und ein dritter Grund: Der Vorsitzende des Blindenvereins bezeichnet sein Projekt als Interimslösung, bis es ein Kompetenzzentrum gibt. Ich befürchte, dass sich das Ministerium damit zufrieden geben wird, ehrenamtliche Berater qualifiziert zu haben, und kein Geld mehr für hauptamtliche Mitarbeiter ausgeben wird.« Sabine Mieth hörte zu, konnte Annas Argumentation nachvollziehen.

Nachdenklich legte Anna den Hörer auf die Station zurück. Wie war das damals vor fünf Jahren gewesen, als das von der Aktion Mensch geförderte Projekt »Unterstützungsstruktur für taubblinde Menschen in NRW« ohne Aussicht auf Weiterführung beendet wurde? 2008 war das Projekt zur Assistenzausbildung angelaufen. Ein Minimum an Beratung und Unterstützung konnte in diesem Rahmen beibehalten werden. So blieb der Förderverein für die Taubblinden eine wichtige Anlaufstelle. Ratsuchende wurden an Anna weitergeleitet und bei Hausbesuchen konnte sie auf die Begleitung durch die neuen Assistenten zählen. Ab Mai 2010 übernahm eine Mitarbeiterin der Gehörlosenberatung im Förderverein, eine qualifizierte Taubblindenassistentin, die wichtigen und zeitraubenden Aufgaben der Assistenzvermittlung und Antragsstellungen bei Sozialämtern und Krankenkassen. Fünf Stunden konnten über Spenden finanziert werden. Taubblindenassistentinnen mit sozialpädagogischer Vorbildung erfüllten neben der Assistenz auch Aufgaben der Beratung – auf ehrenamtlicher Basis.

2010 versuchte der Förderverein erneut, die Taubblindenberatung strukturell abzusichern. Es wurden Anträge an die Landschaftsverbände gestellt, die sich jedoch als überörtliche Träger für nicht zuständig erklärten.

Gesprächstermin im Landschaftsverband Rheinland am 12.05.2010

Am Bahnhof Köln-Messe/Deutz wartet Anna auf Gerd Kozyk, den Vorsitzenden des Blindenverbands Nordrhein. Um 14 Uhr haben sie einen Termin bei Herrn Voigtsberger, dem Direktor des Landschaftsverbandes. Gerd Kozyk, der jahrelang beim LVR beschäftigt war, findet den richtigen Weg nicht auf Anhieb. »Ich bin immer mit der Taxe gebracht worden.« Jetzt wird es Zeit, wenn sie den Herrn Direktor nicht warten lassen wollen. Außer Atem kommen sie an, werden beim Pförtner abgeholt und von einer freundlichen Dame in Empfang genommen. »Nehmen Sie doch Platz. Ich habe für Sie Kaffee, Tee und etwas Gebäck vorbereitet. Bitte bedienen Sie sich, Herr Voigtsberger hatte einen wichtigen Termin in Düsseldorf bei der Landesregierung. Er wird nicht ganz pünktlich sein können. Bitte haben Sie Verständnis.« Natürlich haben sie Verständnis und Geduld auch. Geduld braucht jeder, der in Sachen Taubblindheit unterwegs ist. Gerd Kozyk und Anna unterhalten sich. Sie kennen sich nur flüchtig von einer Wanderung der Führhundehalter, jetzt können sie ihre Bekanntschaft vertiefen. In regelmäßigen Abständen kommt die Mitarbeiterin herein, um sich für die Verspätung zu entschuldigen und sie um

Geduld zu bitten. Endlich, nach mehr als einer Stunde Wartezeit kündigt sie sein Kommen an. Herr Voigtsberger betritt den Raum, gefolgt von seiner Assistentin. Er ist ganz offensichtlich im Stress, es ist ihm warm, das Jackett hängt er über den Stuhl, löst die Krawatte und entschuldigt sich für sein Zuspätkommen und für seinen aufgelösten Zustand. »Wir hatten eine sehr anstrengende Sitzung.« Höflich begrüßt er Anna, kollegial und fast freundschaftlich Gerd Kozyk, den er persönlich gut zu kennen scheint. Anna trägt ihr Anliegen vor, skizziert die Besonderheiten einer Taubblindenberatung, wie hohe Zeitintensität, die Kommunikationsbarrieren, die Notwendigkeit einer aufsuchenden Beratung. Herr Voigtberger schaut auf sein Handy, entschuldigt sich und verlässt den Raum. Seine Mitarbeiterin führt das Gespräch fort und Anna erkennt erleichtert, dass diese versteht, worum es geht: Eine stabile Unterstützungsstruktur muss aufgebaut werden. Anna weist zum x-ten Male darauf hin, dass es bislang für taubblinde Menschen in NRW keinerlei verlässliche Strukturen gibt, dass Unterstützung und Hilfeleistungen ausschließlich auf ehrenamtlicher Basis erbracht werden.

Am 15. Juli 2010 wird Harry Voigtsberger Minister für das Amt »Wirtschaft, Energie, Bauen, Wohnen und Verkehr«. Das MAGS, Ministerium für Arbeit, Gesundheit und Soziales, verwandelt sich in MAIS, Ministerium für Arbeit, Integration und Soziales. Auch das für Sinnesbehinderte zuständige Ressort wird umgebaut, wieder einmal muss ein Neuanfang gemacht werden.

Im Oktober 2010 stellt der Förderverein einen Antrag zur Einrichtung einer Taubblindenberatungsstelle bei der Stiftung Wohlfahrtspflege, die dem Antrag nur mit dem Vorbehalt einer gesicherten Weiterfinanzierung stattgeben will. Der Förderverein wird gebeten, den Landesbehindertenbeauftragten einzuschalten. Das geschieht, aber wegen der Schwierigkeiten bei der Terminabsprache ist das Gespräch von atmosphärischen Störungen begleitet. Es wird klar, dass Herr Killewald keinerlei Sympathien für den Förderverein aufbringt. Klar ist auch, dass er nicht bereit ist, eigene Fehler einzugestehen, die unglückselige Aktion eines Einzelnen zu vergessen, die Lage sachlich zu beurteilen. Wieder einmal sind die Taubblinden aus dem Rennen. Herr Killewald kündigt an, dass die Landesregierung eine Studie zur Untersuchung der Lebenssituation gehörloser, schwerhöriger und taubblinder Menschen in Auftrag geben werde. Beginn: 2011 – voraussichtliches Ende: 2013.

Wegen des immer noch bestehenden hohen Beratungsbedarfs, der bisher nicht gedeckt werden konnte, lädt das zuständige Ressort im MAIS zu einem Gespräch ein. Eingeladen sind VertreterInnen des ZSL Köln (Zentrum für Selbstbestimmtes Leben), von Mobile Dortmund und des BSVW. Eine Sprecherin der Fachgruppe für Taubblinde ist ebenfalls bei dem Termin am 24.01.2012 anwesend. Eine Frage soll geklärt werden: Welche Beiträge können die »Lotsen« und »WSW-Berater« leisten, um den Personenkreis der taubblinden und hörsehbehinderten Menschen zu unterstützen? Da über strukturelle Maßnahmen erst nach dem Gutachten der Studie entschieden werden soll, wird eine Zwischenlösung gesucht. Fazit des Gesprächs: Eine Lösung, bei der WSW-Berater oder Lotsen die Aufgabe von Taubblindenberatern übernehmen, wird von allen Gesprächsteilnehmern abgelehnt, weil sie als völlig unzureichend angesehen wird, keineswegs bedarfsdeckend sein kann und ein falsches Signal an die betroffenen Menschen setzt. Die Gesprächsteilnehmer sind sich einig in der Feststellung: Weder die Lotsen noch die WSW-Berater können das spezifische Unterstützungsangebot für taubblinde Menschen ersetzen.

Bei einem weiteren Gesprächstermin im April, bei dem nur die Vertreter des Ministeriums und des BSVW zugegen sind, wird ein Vorschlag ausgehandelt, der dem im Januargespräch gefundenen Konsens diametral entgegengesetzt ist.

Nach einem noch zu erarbeitenden Curriculum sollen geeignete WSW-BeraterInnen zu Taubblinden-Beratern weiter qualifiziert werden. Diese sind ehrenamtlich tätig, Auslagen wie Fahrtkosten werden aber erstattet. Die Vertreter von Mobile und ZSL haben in einem vorher mit dem Ministerium geführten Gespräch ihr Einverständnis signalisiert. Das Leitungsteam der Taubblindengruppe wird in diese Verhandlungen nicht einbezogen und erfährt von dem neuen Konzept erst durch eine Einladung des Blindenvereins zu einem gemeinsamen Termin Anfang Mai. Corinna, die als Vertreterin der Fachgruppe bei dem Gesprächstermin im Januar die Position der Taubblinden überzeugend dargestellt hatte, ist fassungslos. In einer Mail an den Vorsitzenden des BSVW heißt es: »... Im Namen der Fachgruppe verlange ich, dass du die Verhandlungen mit der Politik über die zukünftige (von dir so genannte Interimslösung) aussetzt … Du hast bisher keinen Auftrag für Verhandlungen über uns. Wir als Fachgruppe werden die Politik ggf. darüber informieren, dass du in eigenem und keineswegs im Interesse der Taubblinden handelst …«

Corinna fühlt sich ausgenutzt, hintergangen, vorgeführt. »Diese Taktiken und verbandspolitischen Intrigen halte ich nicht mehr aus. Ich kann das nicht mehr. Seitdem ich die politische Arbeit wiederaufgenommen habe, geht es mir sehr schlecht. Das alles ist einfach Gift für mich. Ich gebe die politische Arbeit jetzt endgültig auf.« Anna möchte es ihr gleichtun. Sie ist es müde, gegen Dummheit, Intrigen und Ignoranz anzukämpfen.

Am 12. Juni 2012 gibt es eine Besprechung zwischen dem Vorstand des BSVW und der Fachgruppenleitung. Da die Vertreter der Fachgruppe, dem nachdrücklich formulierten Verlangen des Vorstands zum Trotz, das Vorhaben konsequent ablehnen, nimmt der Vorstand des BSVW Abstand von dem Projekt. Anfang August wird das Ministerium informiert.

12. Da gehe ich nicht hin!

Das hatte Udo nach einem dreiwöchigen Probewohnen in dem Taubblindenheim gesagt. Der Tod seiner Frau war sehr plötzlich und völlig unerwartet gekommen, hatte ihn allein und ohne Angehörige zurückgelassen. Seine Mutter hatte auf dem Sterbebett ihrer Freundin Irene das Versprechen abgenommen, sich um ihren taubblinden Sohn zu kümmern. Irene nahm es sehr genau mit dem gegebenen Versprechen und sorgte dafür, dass Udo in der Wohnung bleiben konnte, in der er mit seiner gehörlosen Frau gelebt hatte. Mutig und lebensfroh, wie Udo trotz allem geblieben war, hatte er alles gelernt, was er für sein neues, eigenständiges Leben brauchte. Ein Orientierungstraining – 150 Stunden waren nötig gewesen – machte ihn mobil. Der Computer mit Braillezeile ersetzte Telefon und Fax. Viele Stunden Training und viel Geduld waren nötig gewesen. Ein Jahr zuvor hatte er die Computerschulung abgelehnt, war ihm doch seine Frau als Bindeglied zur Außenwelt genug. Mit E-Mails und SMS konnte er nun jederzeit Irene erreichen und sie um Hilfe bitten. Und Irene war immer da, wenn er sie brauchte, bis zu 20 Stunden in der Woche. Wenn Handwerker im Hause waren, war sie da. Wenn der Computer streikte, kam sie vorbei. Und da gab es noch viele andere »Wenns«.

Und nun sagte wieder jemand: »Da gehe ich nicht hin!« Hartmut war von einer dreiwöchigen Computerschulung zurückgekehrt, hatte in der Einrichtung gewohnt und sein Fazit lautete: »Da gehe ich nicht hin!« Aber eines war sicher: Irgendwann müsste er irgendwohin gehen und der Zeitpunkt rückte näher. Im August würde seine Mutter ihren 90. Geburtstag feiern. Jahrzehntelang hatten Mutter und Sohn zusammengelebt. Hartmut, der Nesthocker, war als einziger von vier Söhnen bei ihr geblieben. Nun wurde es ihr zu viel, das Leben mit ihrem taubblinden Sohn. Sie wollte endlich frei sein von der Last der Verantwortung und ihren Sohn in der Sicherheit des Heims untergebracht wissen. Der sonst so nachgiebige und anpassungsbereite Hartmut blieb allen Argumenten gegenüber verschlossen. »Da gehe ich nicht hin!«, sagte er nur.

Anna hatte versucht, sich schlau zu machen, hatte Ausschau gehalten nach einer Einrichtung, die ambulant betreutes Wohnen für gehörlose Menschen praktizierte. Sie hatte nachgeforscht in seiner geliebten Vaterstadt, die er auf gar keinen Fall verlassen wollte, kannte er dort doch jeden Winkel und hatte alles in seinem fotografischen Gedächtnis gespeichert. Immer wieder hatte er Anna mit seinen Ortskenntnissen verblüfft, wenn sie mit ihm und seiner bevorzugten Assistentin Felicitas am Rheinufer promenierte und er über den Fluss zeigte und auf etwas wies, das weder er noch Anna sehen konnten. Felicitas bestätigte jedes Mal die Richtigkeit seiner Angabe. Felicitas, Absolventin des ersten Lehrgangs des Assistenz-Projekts, war fünf Jahre zuvor in sein Leben gekommen und hatte vieles verändert. Eine langjährige ehrenamtliche Begleiterin war erkrankt und Hartmut suchte Ersatz. Der örtliche Blindenverein feierte sein 100-jähriges Jubiläum. Es gab ein leckeres Festessen und das ganz umsonst. Das wollte er sich nicht entgehen lassen. Anna und Felicitas waren mit dem Zug angereist und hatten sich in der engen Wohnung eingefunden, weit oben unter dem Dach. Felicitas hatte sich mit Hartmut unterhalten, sie lormte flüssig und verstand seine durch Gebärden ergänzte Lautsprache gut. Hartmut fasste Vertrauen. Anna beschrieb der Mutter den Lehrgang, den Felicitas erfolgreich durchlaufen hatte, sie erzählte von anderen Taubblinden und wie zufrieden diese mit ihrer Begleitung waren, und es gelang, die Vorbehalte der Mutter auszuräumen. Sie würde ihren Sohn dieser Assistentin überlassen. Zuerst kam Felicitas alle vierzehn Tage, dann jede Woche. Felicitas erkannte sein Interesse für die Geschichte seiner Heimatstadt, besuchte mit ihm Ausstellungen und nahm ihn mit zu den Treffen der Taubblindengruppe. Schließlich gelang es ihr, andere Assistentinnen und sogar einen männlichen, gehörlosen Kollegen ins Spiel zu bringen. Die Mutter hatte sich für ihren Sohn ausdrücklich eine weibliche Begleitung gewünscht: »Er ist in den letzten Jahren nur von Frauen umgeben gewesen.« Axel, ein kluger, aufgeschlossener Assistent, hatte Hartmuts Vertrauen gewonnen und endlich auch die Mutter überzeugt, die sich mit seinem Geschlecht und dann auch mit seiner Gehörlosigkeit versöhnte und ihre Zweifel überwand, ob denn ein Gehörloser ihren Sohn im Straßenverkehr der Großstadt sicher begleiten würde. Hartmut hatte ins Leben gefunden, hatte seine scheue Schüchternheit abgelegt.

Schließlich fand Anna eine Firma aus dem Nachbarort, die ambulant betreutes Wohnen für gehörlose Menschen zu ihren Aufgaben zählte, und vereinbarte mit einer Mitarbeiterin einen Termin im Parkcafé, da Hartmuts Mutter sich der Unruhe eines solchen Besuchs nicht mehr gewachsen fühlte. Es war einer jener sonnigen, verheißungsvollen Sommertage, die Anna, gleichgültig wo sie war und was sie tat, in unbeschwerte Urlaubsstimmung versetzten. Sie hatten draußen auf der Terrasse einen Schattenplatz unter den mächtigen Platanen gefunden. Anna und Felicitas beschrieben Hartmuts Situation, Frau J. hörte aufmerksam zu, stellte Fragen, während Axel das Gespräch für Hartmut übersetzte und ihm so die Möglichkeit gab, selbst die Fragen von Frau J. zu beantworten. Für Frau J. war es die erste Begegnung mit einem taubblinden Menschen. Sie hatte Zweifel, ob sie sich eine solche Aufgabe zutrauen sollte, versprach aber, sich zusammen mit ihren Kollegen die Sache zu überlegen. Ein zweiter Termin, zu dem Frau J. einen Kollegen mitbringen wollte, wurde vereinbart. Frau J. erschien ohne ihren Kollegen und Anna befürchtete schon, dass dies das Ende dieser Verhandlungen war. Aber dem war nicht so. Es hatte einen triftigen Grund für die Abwesenheit des Kollegen gegeben und Frau J. war in Absprache mit den anderen Mitarbeitern der Firma bereit, diesen besonderen Fall des ambulant betreuten Wohnens zu übernehmen. Ende Juli schickte sie einen Vertragsentwurf an Hartmuts Familie, in dem alle Kosten aufgelistet wurden. Hartmut war Selbstzahler, musste also nicht das mühsame und langwierige Antragsverfahren der Eingliederungshilfe auf sich nehmen, aber für sämtliche Kosten würde er selbst aufkommen müssen und sein mühsam erspartes Vermögen würde wie Schnee an der Sonne dahinschmelzen. Seine Eltern hatten für Hartmuts Zukunft gespart, ihn konsequent zum Sparen erzogen, Sparen war ihm zur zweiten Natur geworden. Aus Sparsamkeit stellte er die Heizung ab, auch wenn es winterkalt war und seine Mutter und er sich erkälteten, schaltete das Licht aus, auch wenn seine Mutter dann im Dunkeln saß. So wuchs das Polster auf der Bank, das Sicherheit bedeutete, Sicherheit versprach in einem Leben, in dem es so viele Unsicherheiten und Verluste gegeben hatte. Das »Was wird nun werden …« und die Sorge, über das eigene Leben nicht selbst bestimmen zu können, verließen ihn nie.

In dem an die Familie übersandten Vertrag wurden die Aufgaben der sozialpädagogischen Fachkräfte definiert: Kontakte zu Behörden, Ärzten usw., Gestaltung einer taubblindengerechten Wohnung und Einbinden der Nachbarschaft, Beantragung von Hilfsmitteln, Kooperation mit Assistenten. Die Stunden der sozialpädagogischen Fachkräfte sollten nach Tarif abgerechnet werden. Anna ergänzte diese Kostenaufstellung durch die Kosten für die Assistenzeinsätze und führte deren Tätigkeitsbereich in Abgrenzung zu den Aufgaben der sozialpädagogischen Fachkräfte auf: Einkaufen, Besorgungen, Freizeitgestaltung, Treffen der Selbsthilfe, kulturelle Veranstaltungen, Arztbesuche. Wie das Honorar der Assistenten zu berechnen war, musste noch ausgehandelt werden. Sollten sie nach den offiziellen Sätzen der Eingliederungshilfe stundenweise bezahlt oder nach der sogenannten Tagespauschale entlohnt werden?

Ab 2007 hatten die Selbsthilfegruppen in NRW beschlossen, dass die Assistenten eine festgesetzte Tagespauschale erhalten sollten. Kosten für Fahrt und Verpflegung während des Einsatzes waren zusätzlich von den taubblinden Auftraggebern zu zahlen. Diese Tagespauschale war aus Sicht der Assistenten viel zu gering und reichte bei Weitem nicht aus, um davon leben zu können. Für Taubblinde war diese Pauschale je nach den finanziellen Möglichkeiten durchaus eine Belastung und nicht leicht zu stemmen.

Die Kostenaufstellung beinhaltete auch das Honorar für einen rechtlichen Betreuer, der mit der Verwaltung des Vermögens zu beauftragen war. Hartmut war entsetzt über die Beträge, die monatlich von seinem mühsam angesammelten Vermögen abgezogen werden würden, und fragte: »Was ist, wenn ich kein Geld mehr habe?« Und es würde sehr schwierig werden, ihm ein angemessenes Honorar für die Assistenzleistungen zu entlocken. Anna würde ihn dann auf die Kosten einer Unterbringung im Heim hinweisen müssen. »Im Heim musst du pro Monat noch sehr viel mehr zahlen und dort bist du dann nicht frei zu entscheiden, wann und was du tun willst, kannst viel weniger bestimmen, wie du leben möchtest.« Hartmut musste begreifen, dass er ohne den Einsatz der vielen Assistenten nicht selbstbestimmt in einer Wohnung würde leben können.

Dann geschah etwas, was alle Planungen und Überlegungen über den Haufen warf. Hartmut war mit dem Tandem gestürzt, kam für drei Wochen ins Krankenhaus und anschließend in eine Reha-Klinik, wo er, das war nun ganz selbstverständlich, von Assistenzkräften begleitet wurde. Wie aufs Stichwort begab sich die Mutter in Behandlung in eine Klinik, kehrte nach dem Klinikaufenthalt nicht mehr in ihre Wohnung zurück und zog in ein Seniorenheim mit ambulantem betreuten Wohnen um. Und Hartmut? Würde er nach Klinikaufenthalt und Reha in die früher gemeinsam mit der Mutter genutzte Wohnung zurückkehren können?

Diese Frage wurde rasch und eindeutig durch ein Schreiben von Frau J. beantwortet: »Nach Rücksprache mit unserer Geschäftsführung muss ich Ihnen leider mitteilen, dass wir das ambulant betreute Wohnen für Herrn T. nicht übernehmen können.« Anna versuchte bei den örtlichen Einrichtungen der Behindertenhilfe von Caritas und Diakonie, Unterstützung für Hartmut zu finden, alles vergeblich, es gelang ihr nicht, die dort bestehenden Strukturen für ihn zu öffnen. Eine Rückkehr in die alte Wohnung war unter diesen Voraussetzungen nicht denkbar.

Anna war nahe daran aufzugeben und Hartmut zu sagen, dass sie für ihn nichts mehr tun könne. Da fiel ihr ein, dass sie vor etwa sechs Jahren mit Andrea, der damaligen Leiterin des Assistenz-Projekts, eine Einrichtung der Caritas für geistig behinderte Menschen aufgesucht hatte, um die Möglichkeiten einer Kooperation im Bereich des ambulant betreuten Wohnens auszuloten. Anna fand die Kontaktdaten des Bereichsleiters und schickte ihren Hilferuf. Und – es erschien ihr wie ein Wunder – in dem Haus für das ambulant betreute Wohnen war gerade eine Wohnung frei, sogar möbliert, die für mindestens zwei Monate zur Verfügung stand. Dort gab es eine Nachtbereitschaft und ein Büro, das tagsüber von einem Mitarbeiter besetzt war. Das Mitarbeiterteam wurde zusammengetrommelt und auf den Einzug einer taubblinden Person vorbereitet. Sybille und Anna informierten über die Person, führten in das Lormen ein und fanden bei allen Mitarbeitern ein großes Interesse für diesen Personenkreis. Nach der Reha zog Hartmut dort mit kleinem Gepäck ein, fand Kontakt zu einer Bewohnerin, irgendwie klappte die Verständigung. Die Mitarbeiter hatten sehr schnell das Lormen erlernt und Kommunikationsbarrieren gab es so gut wie nicht mehr. Für das tägliche Allerlei waren die Assistenten zuständig. Hartmut musste sich einer weiteren Herausforderung stellen, er musste lernen, SMS zu verschicken und E-Mails zu schreiben und zu lesen! Die Fähigkeit, jederzeit Kontakt zur Außenwelt herzustellen, war eine unabdingbare Voraussetzung für sein selbstständiges Wohnen. Findige Assistenten lösten das Problem: Sie fuhren mit ihm zum Büro für barrierefreie Bildung nach Herne und dort lernte er alles, was für ihn wichtig war. Hartmut musste diese Schulung selbst finanzieren, einen anderen Kostenträger als die Eingliederungshilfe, die ja bekanntermaßen nur einkommensabhängig gewährt wird, gibt es für solche Rehabilitationsmaßnahmen nicht. Auch die dreiwöchige Computerschulung im Deutschen Taubblindenwerk in Hannover hatte Hartmut aus eigener Tasche bezahlt. Dennoch war er vielen anderen Taubblinden gegenüber im Vorteil. Er hatte das Geld, um sich diesen »Luxus« leisten zu können. Anderen Taubblinden, wie beispielsweise Dirk, wurde eine solche Schulung verweigert und erst sechs Jahre später bewilligt. Heimbewohner bleiben oft ohne jede Schulung, werden häufig über solche Möglichkeiten nicht einmal informiert.

Anna musste an ihren Besuch in einem Wohnheim für gehörlose Menschen denken. Sie hatte die Mail eines Mitarbeiters erhalten: »Ich habe Ihre Kontaktdaten von einer Mobilitätstrainerin bekommen und möchte Sie um Unterstützung bitten. Einer unserer Bewohner möchte gern das Lormen erlernen. Leider kenne ich diese Kommunikationstechnik nicht ...« Anna dachte: »Mobilitätstraining in einer Einrichtung für gehörlose Menschen? Das hört sich so an, als wären dort etliche Usher-Betroffene untergebracht. Das wird sicher interessant.« Anna telefonierte, vereinbarte einen Termin und fuhr zusammen mit Herta, einer Taubblindenassistentin aus dem ersten Lehrgang, wieder einmal quer durch NRW. Herta fand sofort Zugang zu dem stark sehbehinderten, gehörlosen jungen Mann, brachte ihm die Lormzeichen für die Buchstaben seines Namens bei. Der junge Mann war begeistert, schien von rascher Auffassungsgabe und fähig, das Lormen zu erlernen. Anna ließ sich von ihm sein Zimmer zeigen und war entsetzt. Eine das Zimmer nur schwach beleuchtende Lampe unter der Decke, sonst nichts! »Kriminell«, fand Anna, »so ist es überhaupt nicht möglich, das bisschen noch übrig gebliebene Sehen zu nutzen.« Sie dachte daran, wie sie vor einigen Jahren ihre Wohnung in einen Lichtpalast verwandelt hatte, um aus ihrem Sehrest herauszuholen, was irgend möglich war. Anna fragte nach Hilfsmitteln und der junge Mann zeigte ihr eine Handlupe, wie sie ihr eigener Großvater für seine Briefmarkensammlung benutzt hatte, mit höchstens zweifachem Vergrößerungsfaktor. Andere Hilfsmittel gab es nicht, kein Bildschirmlesegerät, keine Lichtlupe. Anna gab dem Mitarbeiter die Adresse eines spezialisierten Optikers in der näheren Umgebung, bat ihn, bei der Heimleitung um eine Weiterbildung für sich und andere Mitarbeiter nachzufragen. Offensichtlich gab es etliche Bewohner, die taubblind oder von Taubblindheit bedroht waren. Sie versprach, sich auch ihrerseits mit der Leitung in Verbindung zu setzen. Was sie auch tat, aber ohne sichtbaren Erfolg. Eine Antwort bekam sie nie und die Mitarbeiter kamen auch nicht in den Genuss einer Weiterbildung. Das erfuhr Anna durch die Mail einer Bewerberin des vierten Lehrgangs des Assistenzprojekts. »Vielen Dank für die Ausschreibung. Ich habe persönlich Interesse und habe es an meine Leitung weitergeleitet und leider die Information erhalten, dass dieses Jahr keine Seminare oder Fortbildungen bewilligt und finanziell unterstützt werden. Somit muss es doch leider warten und ich hoffe, irgendwann mich in diesem Bereich weiterbilden zu können. Entschuldigen Sie bitte, dass ich Ihnen erst mal absagen muss. Ich möchte dennoch gerne mit meiner Klientin vorbeikommen, um ihr in diesem Bereich zu helfen. Vielleicht wäre das der erste Schritt, eine Beratung zu bekommen. An wen müsste man sich da wenden?«

Hartmut hatte eine schwere Zeit. Sein Leben war mit einem Paukenschlag ein anderes geworden, sein sehnlichster Wunsch erfüllte sich nicht: Er durfte nicht in seiner geliebten Vaterstadt leben und er musste in eine provisorische Wohnung mit alten, angeschlagenen Möbeln einziehen, musste sich völlig neu orientieren und – was ihn ganz besonders erschütterte – er durfte in den ersten Wochen seine Mutter nicht besuchen. Sie war noch schwach und sehr schonungsbedürftig. Anna machte sich Sorgen, ihr Magen krampfte sich zusammen, wenn sie an Hartmut dachte. Hatte sie wieder einmal in ein Leben eingegriffen und die Folgen nicht bedacht? Würde Hartmut das packen? Aber Anna hatte seinen Mut und seinen Lebenswillen unterschätzt. Hartmut hielt durch.

Anna bemühte sich, in der näheren Umgebung der Einrichtung eine dauerhafte Bleibe für Hartmut zu finden. Der rettende Anruf kam von Simone, sie hatte im Internet eine Wohnung in einem größeren Mietobjekt einer gemeinnützigen Wohnungsbaugesellschaft entdeckt und nachgefragt, ob auch Taubblinde als Mieter willkommen seien. Sybille und Anna machten vorab eine Besichtigung der drei unterschiedlich großen Wohnungen und hielten sie mit der sehr großzügigen Gartenanlage hinter dem Haus, den Einkaufsmöglichkeiten ganz in der Nähe und einer guten Verkehrsanbindung an den Hauptbahnhof für sehr geeignet. Sie vereinbarten mit dem Hausmeister einen weiteren Termin, zu dem sowohl Hartmut mit Felicitas und Ingo, einem Assistenten aus dem vierten Lehrgang, als auch Dirk mit Sybille kommen würden.

Der Regen setzt prasselnd ein, als Felicitas und Anna bei dem großen, alleinstehenden Haus ankommen. Sie retten sich unter das weiträumige, vielen Personen Platz bietende Vordach. Beide haben sich am Hauptbahnhof getroffen und sind gemeinsam mit der S-Bahn hergekommen. Von den anderen ist noch niemand da, sie warten fröstelnd. Ingo soll Hartmut in seiner provisorischen Wohnung abholen und hierherbringen. Anna klappt den Deckel ihrer Blindenuhr hoch, es wird Zeit. Na endlich, da kommen zumindest Ingo und Hartmut! Nach kurzer Begrüßung schauen sie sich, trotz des Regens, erst einmal den Garten an. Jetzt, Ende Oktober, ist dort nicht mehr viel zu sehen, aber im Frühjahr muss der weitläufige, gepflegte Garten eine Pracht sein. Hartmut wird sich dort recht gut allein zurechtfinden können, vorausgesetzt, er lernt den Umgang mit dem Blindenlangstock. Dagegen hatte er sich bisher gesträubt. Es hatte vieler nachdrücklicher Bitten von Felicitas bedurft, bis er endlich einwilligte, den weißen Blindenstock wenigstens zur Kennzeichnung auf ihren gemeinsamen Gängen mitzuführen. Jetzt wird er nicht mehr um ein Mobilitätstraining herumkommen. Jeannette, die nach der Assistenzqualifizierung in Recklinghausen sich in Hamburg zur Rehabilitationslehrerin für Orientierung und Mobilität hat ausbilden lassen, wird sein Training übernehmen. Der Hausmeister kommt und möchte gleich losgehen. Es fehlen noch Sybille und Dirk. Der Nachbarn wegen möchte Dirk ausziehen, er fühlt sich in seiner Wohnung nicht mehr wohl, glaubt sich ständig beobachtet. Anna weiß: Dirk ist kein Frühaufsteher und stellt sich vor, wie Sybille vor seinem Haus steht, die Klingel betätigt und hofft, dass er die Vibrationen spürt, wie sie ihm zusätzlich noch eine SMS schickt ... Doch da kommen die beiden gerade um die Ecke. Ohne Begrüßungszeremonie geht es ins Haus. Doch so schnell, wie der Hausmeister es sonst bei Wohnungsbesichtigungen gewohnt ist, geht es heute nicht voran. Schon bei den Briefkästen bleibt der Trupp stehen. Zehn Briefkästen in einer langen Reihe nebeneinander, acht Reihen untereinander, da müssen Markierungen her, damit aus 80 verschiedenen Briefkästen der richtige herausgefunden werden kann. Drei Wohnungen sind im Moment frei, die Wohnung im Erdgeschoss ist zu klein und kommt auch wegen der Lage zu ebener Erde nicht infrage. Die beiden anderen Wohnungen liegen in der ersten und der sechsten Etage, also geht es zum Aufzug. Gleich stellen Sybille und Felicitas Überlegungen an, wie dieser Aufzug taubblindengerecht nachgerüstet werden kann. Sibylle und Dirk steigen mit dem Hausmeister in der ersten Etage aus, Hartmut, Felicitas, Ingo und Anna fahren weiter bis zur sechsten Etage, warten dort auf den Hausmeister und sind ein wenig enttäuscht, die Wohnung muss erst noch renoviert werden. Der Fußboden ist an vielen Stellen defekt, die Wände sind fleckig und müssen dringend gestrichen werden. Die Wohnung ist gut geschnitten, hat zwei große Wohnräume, eine schmale Ein-Mann-Küche, ein sehr kleines Bad und einen Balkon in luftiger Höhe. Ingo und Anna schauen über das Land, bei klarem Wetter wäre Annas Wohnung zu sehen. Anna würde gern so hoch oben wohnen, weit über den Wipfeln der Bäume. Aber ist es das Richtige für Hartmut oder Dirk? Anna schaudert, sie drängt die Erinnerung zurück. Felicitas und Hartmut erkunden die Wohnung. Länge und Breite der Räume werden mit dem Langstock erkundet.

Ingo stellt fest, dass in der Küche ein Wasseranschluss tropft, der Hausmeister notiert es. Wohnungswechsel. Erfreut stellen Ingo und Anna fest: Diese Wohnung kann sofort bezogen werden. Alles frisch und sauber, keine tropfenden Anschlüsse oder feuchte Wände. Diese Wohnung ist ein wenig größer, hat zwei Balkone, Küche und Bad sind allerdings ebenso winzig und eng wie in der anderen Wohnung. Ingo hat ein Maßband mitgebracht, misst nach, ob der große Kühlschrank und die Waschmaschine, die Hartmut aus der Wohnung der Mutter mitnehmen darf, in die Küchenzeile passen. »Geht so grade!«, meint er. »Aber die anderen Küchenmöbel müssen sehr genau ausgewählt werden, ist Maßarbeit.« Er wird sich Gedanken machen und dann mit Hartmut zusammen die Möbel aussuchen. Für Hartmut ist diese Wohnung gut geeignet, ihm selbst scheint sie sehr zu gefallen. Zusammen mit Felicitas hat er sie genau abgemessen, überlegt, wie seine Möbel, die jetzt noch im Haus seines Bruders stehen, in Schlaf- und Wohnzimmer verteilt werden können. Anna hofft, dass sich die beiden Interessenten, Hartmut und Dirk, nicht ins Gehege kommen. Aber – Dirk kann sich die größere Wohnung nicht leisten. Außerdem fürchtet er, dass er als starker Raucher die Mieter in den Wohnungen über ihm stören könnte. Der Balkon der kleineren Wohnung im 6. Stock hat nur den Himmel über sich, da wird sich niemand über seine Rauchwolken ärgern. Felicitas würde es begrüßen, wenn beide in dieses Haus einziehen könnten, so hätten sie ein wenig Gesellschaft aneinander. Sybille winkt ab: »Nein, nein. Da sollte sich Hartmut keine Hoffnungen machen. Dirk ist wirklich ein Einzelgänger. Es würde ihm sehr schnell zu viel werden, wenn Hartmut zu oft Gesprächsbedarf anmeldet.« Man wird sehen.

Vier Wochen später. Anna und Felicitas treffen sich wieder am Hauptbahnhof und fahren mit der S-Bahn zu Hartmuts neuer Wohnung. Anna ist gespannt, wie das Ergebnis so vieler Stunden mühevoller Arbeit von so vielen Helfern aussehen wird. Zwei Umzugsunternehmen wurden geordert. Ein Transporter holte Hartmuts von der Schwägerin in Kisten verpackte Habe, die Kühlkombination und die Waschmaschine aus der Wohnung der Mutter ab. Ingo und sein Umzugshelfer mussten alles mühsam die Treppe vom 6. Stock bis zum Fahrstuhl in den 5. Stock schleppen. Der Transport der anderen Möbel aus dem Haus des Bruders wurde so organisiert, dass Ingo den Möbeltransporter in der neuen Wohnung in Empfang nehmen konnte. Die sozialpädagogische Fachkraft organisierte eine Klingelanlage mit Vibration. Ingo und Hartmut wählten die Küchenmöbel zusammen aus und waren ein so überzeugendes Team, dass die Lieferung sehr kurzfristig und noch gerade rechtzeitig vor dem Einzugstermin erfolgte. Eigentlich ein Wunder, dass alles geklappt hatte und Hartmut tatsächlich zum 1. Dezember einziehen konnte.

Auf ihr Klingeln öffnet Hartmut die Tür. Die Vibrationsklingel funktioniert. Test bestanden! Hartmut fasst Anna an der Hand, zieht sie in die Wohnung und zeigt ihr alles: Im Flur die Einbauschränke mit viel Stauraum, im Wohnzimmer das Prachtstück, ein beigefarbenes Ledersofa, der ausziehbare Couchtisch, ein bequemer Sessel und das wegen der niedrigeren Zimmerdecke um zehn Zentimeter gekürzte Regal, dann gegenüber das zentrale Nervensystem der Wohnung: Der Computer mit Braillezeile, auf den Hartmut ungeheuer stolz ist. Er erklärt Anna die Funktionsweise im Detail und, ob sie will oder nicht, sie muss selbst ausprobieren. Ein Esstisch fehlt noch. Wenn Hartmut Gäste hat, wird er ihn brauchen können. Auch das ein Vorteil der eigenen Wohnung: Endlich kann er seine Freunde bei sich zu Hause empfangen. Und sie sind auch schon gekommen und haben sich überzeugen können, wie gut ihm sein Schritt in die Selbstständigkeit gelungen ist. Anna möchte endlich auch die Küche sehen. Sie ist sehr neugierig, wie der große Kühlschrank und die Waschmaschine in der Küche untergekommen sind, und ist ehrlich überrascht, wie gut alles seinen Platz gefunden hat. Hängeschränke, eine Spüle, ein Schrank mit vielen Schubladen in der Fensternische, ein schmaler Tisch gegenüber der Arbeitszeile, alles das hat Hartmut mit Ingos Hilfe ausgesucht. Alles ist da, was ein Ein-Mann-Haushalt braucht. Hartmut ist ein guter Hausmann, hat bei seiner Mutter die Wäsche gewaschen, Fertiggerichte in der Mikrowelle erhitzt und die Wohnung geputzt. Er hatte seine Mutter gebeten, ihn in die Kunst des Kochens einzuweihen, aber dazu hatte sie die Kraft nicht mehr. Jetzt braucht Hartmut dringend ein Training mit Tipps für den Haushalt, aber auch das wird er selbst finanzieren müssen. Per SMS und E-Mail ordert Hartmut die Assistenten und notiert sich alle Termine. Hartmut zeigt Anna die dicke Kladde, in die jeder seiner Assistenten seinen Einsatz vermerkt und Hinweise für die anderen Assistenten einträgt. Hartmut hat zusätzlich alles in Punktschrift notiert, den Überblick will er behalten, nichts aus der Hand geben, was er selbst erledigen kann.

Zum Mittagessen gehen die drei in das Restaurant der Einrichtung, wo Mitarbeiter und Bewohner gleichermaßen gern gesehen sind. Es ist ziemlich leer, Mittag ist längst vorbei. Drei Menüs zur Auswahl, gut gekocht und spottbillig, da kann selbst Hartmut nicht meckern. Schade nur, dass er dorthin nicht allein gehen kann, selbst nicht nach einem erfolgreichen Mobilitätstraining. Eine verkehrsreiche Straße ist zu überqueren, eine Ampel ohne Signalanlage und Vibration, eine unüberwindliche Barriere. Anschließend machen die drei noch einen Einkaufsbummel im Zentrum. Anna hat dort vor vielen, vielen Jahren oft eingekauft, weil sie ganz in der Nähe gearbeitet hatte. Sie kennt nichts wieder, alles ist völlig verändert. Wo früher der meist befahrene Platz der Stadt mit Bussen und Straßenbahnen in alle Himmelsrichtungen gewesen war, ist jetzt eine Fußgängerzone.

Auf der Rückfahrt tauschen Felicitas und Anna ihre Eindrücke aus. Anna ist immer noch besorgt, ob Hartmut in seinem neuen Leben zurechtkommt und ob sie Recht daran getan hat, ihn in seinem Widerstand gegen das stationäre Wohnheim zu unterstützen. Felicitas sagt: »Anna, du brauchst dir wirklich keine Sorgen mehr zu machen«, und mit dem ihr eigenen, ironischen Lächeln in der Stimme: »Hartmut ist lebensfähig. Der schafft das!«

Danksagung

Mein Dank gilt zuerst und vor allem den vielen taubblinden Menschen und ihren Angehörigen, die mir ihr Vertrauen und ihre Freundschaft geschenkt haben. Mein Dank gilt allen Aktiven, ohne deren Unterstützung und Hilfe meine ehrenamtliche Arbeit nicht hätte gelingen können.

Mein besonderer Dank gilt Saskia Döring für eine gleichermaßen heitere und effektive kollegiale Zusammenarbeit, Norbert Korte für seine ruhige und gelassene Unterstützung im Hintergrund, Ute Stober für ihre Fähigkeit, Fakten und Daten zu ordnen und jederzeit zur Verfügung stellen zu können, Ulrike Hampel und Nadine König für ihre kontinuierliche und engagierte Assistenz bei der Vorbereitung und Durchführung von Seminaren und Studienfahrten. Ganz besonders danken möchte ich Katharina Köninger, meiner persönlichen Assistentin der letzten acht Jahre, für ihre zuverlässige und kompetente Assistenz, dafür, dass ihr nichts zu viel und nichts zu schwierig war, weder der »Küchendienst« beim Stammtisch noch die Aufbereitung behördlicher Dokumente, unerlässlich für Antragstellungen und Widersprüche, weder das Erstellen von Tabellen, das Formatieren und das mühsame Korrekturlesen meiner Texte noch das Herstellen von Materialien für den Punktschriftunterricht. Und schlussendlich möchte ich meiner Schwester danken, die als meine Supervisorin immer ein verschwiegenes Ohr für mich hatte, mir ihre Aufmerksamkeit schenkte und mich klug und umsichtig in den schwierigsten Situationen beriet.

Abkürzungen

ABM	Arbeitsbeschaffungsmaßnahme
ASL	American Sign Language
BMAS	Bundesministerium für Arbeit und Soziales
BAT	Bundesarbeitsgemeinschaft Taubblinder Menschen
BOB	Bildung ohne Barrieren e. V.
BSVN	Blinden- und Sehbehindertenverband Nordrhein
BSVW	Blinden- und Sehbehindertenverein Westfalen
DBSV	Deutscher Blinden- und Sehbehindertenverband
DGS	Deutsche Gebärdensprache
DTW	Deutsches Taubblindenwerk
GFTB	Gemeinsamer Fachausschuss Taubblind / Hörsehbehindert
IRIS	Institut für Rehabilitation und Integration Sehgeschädigter
LBB	Landesbehindertenbeauftragter
LVR	Landschaftsverband Rheinland
LWL	Landschaftsverband Westfalen-Lippe
LINGs	Landesinstitut für Gebärdensprache
MAGS	Ministerium für Arbeit, Gesundheit und Soziales
MAIS	Ministerium für Arbeit, Integration und Soziales
TBL	Taubblind
TBA	TaubblindenassistentInnen
TBD	Taubblindendolmetscher
WSW	Wir sehen weiter (Motto des BSVW)
ZSL	Zentrum für selbstbestimmtes Leben

Lexikon

A

Ambulant betreutes Wohnen für taubblinde Menschen

Ambulant betreutes Wohnen ermöglicht die im Sinne des § 9 SGB IX verankerte Selbstbestimmung und Teilhabe am gesellschaftlichen Leben. Dazu ist jedoch ein spezielles Angebot im Rahmen des ambulant betreuten Wohnens notwendig, das nicht durch die üblichen vorhandenen Angebote abgedeckt werden kann. Dem besonderen behinderungsbedingten Bedarf an Begleitung und Assistenz taubblinder Menschen muss das ambulant betreute Wohnen durch ein individuell angepasstes Angebot Rechnung tragen. Daher ist zusätzlich zu den Hilfeleistungen der sozialpädagogischen Fachkräfte die Unterstützung durch qualifizierte Taubblindenassistenzkräfte erforderlich.

Aufgaben der sozialpädagogischen Fachkraft sind die Beratung und Unterstützung in den maßgeblichen Bereichen des täglichen Lebens:

- Kontakte mit der Nachbarschaft aufbauen
- Nachbarn mit den Möglichkeiten der Kommunikation vertraut machen
- Unterstützung bei behördlichen und sozialrechtlichen Angelegenheiten
- Unterstützung bei der Erledigung von Bankgeschäften und bei der Geldverwaltung
- Unterstützung bei der Gesundheitsförderung und -erhaltung
- Unterstützung bei der Einrichtung der Wohnung (Wohnberatung durch LPF-Trainer)

Aufgaben der Assistenzkräfte:

- Begleitung bei bisherigen Freizeitaktivitäten und Hobbies

- Reisen, Freizeiten, Ausflüge, Besichtigungen, Veranstaltungen der Selbsthilfegruppen
- Teilnahme am kulturellen, gesellschaftlichen, politischen und religiösen Leben

Das unterstützte Wohnen erfolgt je nach Einzelfall in verschiedenen Wohnformen, wie dem Einzelwohnen, Wohnen in Wohngemeinschaften und Wohnen mit PartnerIn und/oder mit Kindern in häuslichen Lebensgemeinschaften. Die Intensität und Dauer der zu erbringenden Leistungen sind einzelfallbezogen und orientieren sich an der Höhe des individuellen Hilfebedarfs.

Aura – Inklusiv in Bad Meinberg

Eine Erholungs- und Begegnungsstätte für Blinde und Sehbehinderte am Rande des Teutoburger Waldes. Mit Sauna, Schwimmbad und Kegelbahn bietet das Haus viele Möglichkeiten der Entspannung. Mit seinen großen und kleinen Seminarräumen ist das Haus ein guter Ort für Kurse und Seminare.

B

Blockschrift

Mithilfe der Blockschrift werden Druckbuchstaben oder Zahlen mit dem Finger auf die Handinnenfläche oder den Unterarm des Taubblinden geschrieben. Dieses System setzt Kenntnisse der Schriftsprache voraus, ist sehr zeitintensiv und wird dann verwendet, wenn andere Kommunikationstechniken (noch) nicht zur Verfügung stehen.

Braille (s. Punktschrift im Anhang)

Die Brailleschrift, 1825 von dem Franzosen Louis Braille entwickelt, besteht aus insgesamt sechs unterschiedlich angeordneten Punkten, die mit den Fingerspitzen als Erhöhungen zu ertasten sind. Für die Ausgabe von Texten in Brailleschrift durch den Computer werden Braillezeilen verwendet. Da für die Arbeit am Computer mehr Zeichen notwendig sind, als sich mit sechs Punkten darstellen lassen, werden bei der Braillezeile noch zwei weitere Punkte hinzugefügt, sodass acht Punkte zur Verfügung stehen.

D

Daktylieren (s. Fingeralphabet)

Der Deutsche Paritätische Wohlfahrtsverband ist ein Spitzenverband der freien Wohlfahrtspflege Deutschlands mit Sitz in Berlin. Neben seiner Lobbyarbeit für die Kranken und Schwachen der Gesellschaft versteht sich der Verein als Dienstleistungsverband. Seine Mitgliedsorganisationen werden in fachlichen, rechtlichen und organisatorischen Fragen beraten und erhalten Hilfe bei der Finanzierung von Projekten. Weiterhin gibt es im Aus- und Fortbildungsbereich für haupt- und ehrenamtliche Mitarbeiter Kurse, Lehrgänge und Seminare.

DGS

Die Deutsche Gebärdensprache (abgekürzt DGS) ist die Sprache, in der Gehörlose und Schwerhörige untereinander und mit Hörenden kommunizieren. Es handelt sich hierbei um eine eigenständige Sprache, deren Grammatik sich grundlegend von derjenigen der deutschen Lautsprache unterscheidet. DGS ist eine visuelle Sprache, die neben den Gebärden auch Körperhaltung und Mimik verwendet. Die Gebärden unterscheiden sich voneinander durch Handform, Handstellung, Ausführungsort und Bewegung. Als Hilfsmittel zum Buchstabieren von Eigennamen, Fremdwörtern oder unbekannten Vokabeln dient das Fingeralphabet.

In der Annahme, dass durch die Verwendung der Gebärden das Erlernen der Lautsprache behindert würde, war die Gebärdensprache 175 Jahre lang in den Gehörlosenschulen verboten. Eltern wurden dazu angehalten, mit Kindern nur in der Lautsprache zu kommunizieren. Die rechtliche Anerkennung der DGS in Deutschland erfolgte 2002 mit dem Behindertengleichstellungsgesetz.

E

Eingliederungshilfe für behinderte Menschen

Menschen mit einer nicht nur vorübergehenden geistigen, körperlichen oder psychischen Behinderung haben Anspruch auf Eingliederungshilfe nach dem zwölften Sozialgesetzbuch (SGB XII), wenn ihre Fähigkeit zur Teilhabe am gesellschaftlichen Leben durch die Behinderung wesentlich eingeschränkt ist. Die Leistungen der Eingliederungshilfe werden erbracht, um die Behinderung oder deren Folgen zu beseitigen oder zu mildern und behinderten Menschen so die Chance zur Teilhabe am gesellschaftlichen Leben zu eröffnen.

Die Eingliederungshilfe für behinderte Menschen ist eine Leistung der Sozialhilfe. Es gilt auch hier der Grundsatz der Nachrangigkeit, das heißt, dass Sozialhilfe nur geleistet werden kann, wenn die betroffene Person sich nicht selbst helfen kann oder die notwendige Unterstützung nicht durch vorrangige Dritte (z. B. Angehörige oder Sozialversicherungsträger) erlangen kann.

Evangelischer Taubblindendienst Radeberg

Im Jahr 1987 wurde der Taubblindendienst zusammen mit anderen Diensten als eine Arbeitsgemeinschaft im Diakonischen Werk der evangelischen Kirchen in der DDR gegründet. Diese Arbeitsgemeinschaft fasste 1988 den Entschluss, die inzwischen zur Ruine verfallene Villa Storchennest zu restaurieren und als Vereinsgebäude zu nutzen. Der Taubblindendienst erhielt 2005 das Nutzungsrecht für den Spatzenhof. Die Umbauarbeiten dieses Gebäudes zu einem Küchen- und Gemeinschaftsgebäude begannen 2012.

F

Fingeralphabet

Das Fingeralphabet dient dazu, die Schreibweise eines Wortes mithilfe der Finger zu buchstabieren. Dieses Buchstabieren, auch Daktylieren genannt, wird zusätzlich zur Gebärdensprache bei der Kommunikation benutzt, um

Namen und Worte zu buchstabieren, für die noch kein Gebärdenzeichen bekannt ist (s. grafische Darstellung im Anhang).

Förderverein für hör- und hörsehbehinderte Menschen im Vest Recklinghausen

1977 wurde der Verein für hör- und sprachgeschädigte Mitbürger in Recklinghausen gegründet. 1990 wurden das Gehörlosenzentrum und 2008 der Erweiterungsbau als Schulungsstätte für das Projekt »Taubblindenassistenz« gebaut. Von 2005 bis 2007 war der Förderverein Träger des von der Aktion Mensch geförderten Projekts »Unterstützungsstruktur für taubblinde und hörsehbehinderte Menschen in NRW« und seit 2008 Träger des vom Arbeits- und Sozialministeriums NRW finanzierten Projekts »Taubblindenassistenz«.

H

Hieronymus Lorm

Hieronymus Lorm, 1821–1902, eigentlich Heinrich Landesmann, ein österreichischer Schriftsteller, gilt als Erfinder des Lormalphabets. Mit 15 Jahren ertaubte er und musste sein Musikstudium aufgeben. 1881 erblindete er und erfand die Lormschrift, um sich mit seinen Mitmenschen verständigen zu können. Das Lormalphabet wurde erst nach Landesmanns Tod von seiner Tochter veröffentlicht.

Hörhilfen

FM-Anlage: Eine drahtlose Tonübertragungsanlage, die Töne mit frequenzmodulierten Funksignalen, FM, überträgt.
Induktionsanlagen ermöglichen Menschen mit Hörgeräten und einer aktivierten Telefonspule die Teilhabe am akustischen Geschehen. In ihren Hörgeräten empfangen sie direkt das im Saal auch hörbare Lautsprechersignal.
Cochlea-Implantat: Eine Hörprothese, die nicht auf funktionierende Sinneszellen im Innenohr angewiesen ist, für die jedoch der Hörnerv intakt sein muss.

Mobiler Vibrationsfunkempfänger: Kann in der Tasche getragen oder an der Kleidung befestigt werden. Der Sender kann für die Türklingel, als Wecker oder als Rauchmelder verwendet werden. Bei Lärm oder Geräuschen wird vom Sender aus ein Signal an den Empfänger geschickt, der dann die Vibration auslöst.

I

Institut für Rehabilitation und Integration Sehgeschädigter (IRIS) in Hamburg

1979 gründeten Pamela und Denis Cory das Institut mit der Idee, blinden und sehbehinderten Menschen Hilfe zur Selbsthilfe anzubieten. Durch Schulungen in Orientierung und Mobilität sowie eine blindenspezifische Vermittlung der lebenspraktischen Fähigkeiten erfahren blinde Menschen ein hohes Maß an Selbstständigkeit. Das Institut bildet Rehabilitationslehrer für Orientierung und Mobilität und lebenspraktische Fähigkeiten aus. Seit 2005 ist das Training hörsehbehinderter und taubblinder Menschen Teil dieser Ausbildung. Es werden auch Intensivkurse für Usher-Betroffene angeboten. Seit 2008 ist IRIS an den Qualifizierungsmaßnahmen für Taubblindenassistenten beteiligt.

K

Kleinraumgebärden

Dabei werden die Gebärden in Gesichts- bzw. Halshöhe ausgeführt. Zusätzlich wird der Abstand zwischen dem Gebärdenden und dem Empfänger vergrößert (ca. 1,5 m). Diese Kommunikationsform wird häufig von Betroffenen mit Restsehvermögen und einem eingeschränkten Gesichtsfeld verwendet.

L

Lebenspraktische Fähigkeiten (LPF)

Inhalte dieses Trainings sind alltägliche Verrichtungen in der eigenen Wohnung, wie Essen zubereiten, Kleider- und Wäschepflege, Körperpflege, Kennzeichnen von Kleidungsstücken, Schiebe- und Schneidetechniken bei der Nahrungsaufnahme, Strategien zum Einkaufen, Reinigen der Wohnung. Zum Trainingsprogramm gehört auch das Erlernen von Kommunikationstechniken: Brailleunterricht und die Handhabung der Braillezeile sind Inhalte des Trainings.

Lormen (s. Lormhand im Anhang)

Das Lorm-Alphabet wurde von Hieronymus Lorm (eigentlich Heinrich Landesmann, 1821–1902) entwickelt. Das Lormen ist ein taktiles Handalphabet, bei dem bestimmten Stellen und Punkten der Hand jeweils Buchstaben zugeordnet sind. Den Betroffenen wird das Gesagte mit Punkten und Strichen in die Handinnenfläche gezeichnet. Beide Kommunikationspartner müssen die Schriftsprache beherrschen.

Das Lorm-Alphabet als Verständigungsmittel für taubblinde Menschen wird besonders im deutschsprachigen Raum, den Niederlanden und Tschechien praktiziert.

O

Orientierung und Mobilität (O&M-Training)

Das Mobilitätstraining erfolgt immer im Einzelunterricht nach einem auf die Bedürfnisse und Wünsche des Teilnehmers abgestimmten Programm. Bei Bedarf wird ein Gebärdensprach- oder Lormdolmetscher hinzugezogen. Beim Training lernen taubblinde Menschen, wie sie sich (wieder) sicher und selbstständig fortbewegen können: in der Wohnung / in der Wohngruppe, im Gebäude, auf dem Gehweg, im Straßenverkehr oder auch in Bus und Bahn.

Zu den Unterrichtsinhalten gehören: Techniken der sehenden Begleitung, Körperschutztechniken, verschiedene Langstocktechniken, Arbeiten mit Kommunikationskarten zum Erfragen von Informationen.

S

Sehhilfen

Monokulare mit einer 2- bis ca. 12-fachen Vergrößerung dienen zum Erkennen von Straßenschildern, Hausnummern usw. Für die Nähe helfen Lupen mit oder ohne Beleuchtung zum Lesen von Preisschildern. Zum Lesen längerer Texte sind elektronisch vergrößernde Sehhilfen geeignet. Bildschirmlesegeräte arbeiten mit einer Kamera und einem Bildschirm und vergrößern dabei bis zu 60-fach.

Storchennest

Die Villa Storchennest ist ein 1912 errichtetes Gebäude in der sächsischen Stadt Radeberg. Gemeinsam mit einem Nebengebäude (einem Wirtschaftsgebäude) steht die Villa auf der Kulturdenkmalliste der Stadt. Ursprünglich als Fabrikantenvilla für die Radeberger Glasindustrie erbaut, dient es seit 1993 dem ev. Taubblindendienst als Begegnungsstätte. Rings um das Gebäude befindet sich der Botanische Blindengarten.

T

Taktile Gebärden

Der Taubblinde legt seine Hände auf die Hände desjenigen, der gebärdet, und fühlt dessen Gebärde ab. Damit die Verständigung gelingt, müssen die Gebärden langsamer, sehr präzise und mit kleinen Bewegungen durchgeführt werden. Da das Beherrschen der Deutschen Gebärdensprache hierfür Voraussetzung ist, wird diese Kommunikationsform hauptsächlich von geburtsgehörlosen Taubblinden genutzt.

Taubblindheit

Durch die Komplexität der Sinnesbehinderung und die gravierenden Auswirkungen auf Mobilität und Kommunikation unterscheidet sich Taubblindheit wesentlich von Gehörlosigkeit oder Blindheit. Durch den völligen oder teilweisen Funktionsverlust beider Fernsinne, Hören und Sehen, ist eine Kompensation des einen beeinträchtigten Sinns durch den jeweils anderen Sinn nicht möglich. Der Bedarf taubblinder Menschen an Unterstützung und Assistenz ist daher ungleich höher als der »nur« blinder oder »nur« gehörloser Menschen.

Taubblindheit wurde 2004 von der Europäischen Union als eigenständige Behinderung anerkannt und wird auch in der 2009 von der Bundesrepublik ratifizierten UN-Behindertenrechtskonvention als eine Behinderung mit besonderem Teilhabebedarf aufgeführt. Ein eigenes Merkzeichen »TBL« zur Kennzeichnung dieser Behinderung konnte trotz vielfacher Anläufe bisher nicht realisiert werden. Es fehlen zudem Leistungsgesetze, die den Bedürfnissen taubblinder Menschen Rechnung tragen.

Ursachen für Taubblindheit können sein: Virusinfektionen, Gehirnhautentzündungen, Schädel-Hirn-Traumata, Tumore, vorgeburtliche Schädigungen u. Ä. Zu den genetisch bedingten Ursachen zählt das Usher-Syndrom.

Entscheidend für die Auswirkungen der Behinderung ist der Zeitpunkt, zu dem die jeweilige Sinneseinschränkung aufgetreten ist. Danach können drei Personengruppen unterschieden werden:

1. Geburtstaubblinde Menschen

Diese Menschen sind je nach dem Schweregrad der Sinnesdefizite zur Erfassung der Umwelt auf die verbliebenen Sinne Riechen, Schmecken, Fühlen und ihre Körperwahrnehmung angewiesen. Häufig liegen zusätzlich zu den Sinnesbeeinträchtigungen noch weitere körperliche oder geistige Einschränkungen vor.

2. Gebärdensprachlich orientierte Taubblinde

Sie sind von Geburt an gehörlos oder vor dem Spracherwerb ertaubt. Sie fühlen sich vielfach der Gehörlosengemeinschaft zugehörig und betrachten die Gebärdensprache als ihre Muttersprache.

3. Lautsprachlich orientierte Taubblinde

Blind, sehbehindert oder sehend geborene Menschen, die erst nach dem Spracherwerb ertaubt sind, haben die Laut- und Schriftsprache erlernt und können sich nach wie vor lautsprachlich verständlich äußern.

U

Usher-Syndrom

Wurde nach dem englischen Augenarzt Charles Usher genannt, der im Jahr 1914 das Krankheitsbild dieser Hör- und Sehschädigung sowie deren Vererbung untersuchte. Das Usher-Syndrom gilt als häufigste Ursache einer genetisch bedingten Hörsehbehinderung und ist durch früh einsetzende Innenohrschwerhörigkeit oder Gehörlosigkeit von Geburt an sowie durch eine später einsetzende progressive Verschlechterung des Sehvermögens charakterisiert. Die Sehschädigung wird verursacht durch Retinopathia pigmentosa (RP), von der Peripherie ausgehend sterben die Sinneszellen ab. So kommt es im Verlauf zunächst zu Dämmerungsblindheit und schließlich zu einer Verengung des Gesichtsfeldes bis hin zu dem sog. »Tunnelblick« und vielfach zur völligen Erblindung. Die Hörbeeinträchtigung wird verursacht durch eine zumeist von Geburt an bestehende Schädigung der Haarzellen in der Schnecke des Innenohres. Taubheit oder mittel- bis hochgradige Schwerhörigkeit sind die Folgen.

Usher-Typ 1, der schwerste Verlauf dieser Krankheit, bedeutet Gehörlosigkeit von Geburt an und eine ab dem zehnten Lebensjahr einsetzende Einschränkung des Sehvermögens. Zusätzlich besteht vielfach eine Störung des Gleichgewichtssinns. Bei Usher-Typ 2 liegt eine konstant bleibende, aber hochgradige Schwerhörigkeit vor. Die Sehstörungen setzen während der Pubertät ein. Usher-Typ 3 unterscheidet sich von den vorgenannten Formen durch das spätere Einsetzen sowohl der Taubheit als auch der RP. Der progressive Hörverlust setzt nach dem Spracherwerb ein. Die RP beginnt bei diesem Typ erst in der zweiten Lebenshälfte.

Anhang

Punktschrift

Gruppe 1

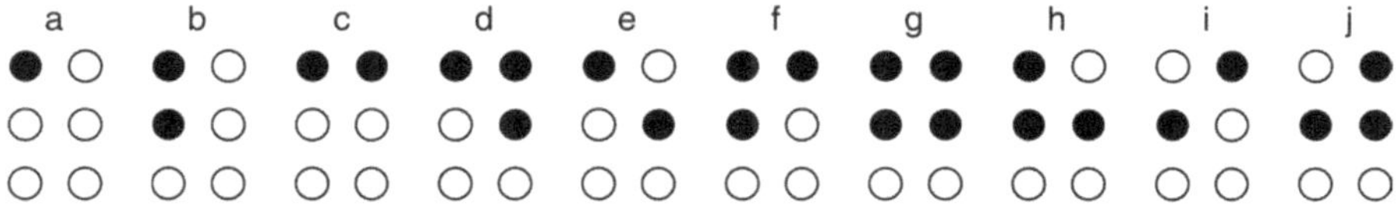

a b c d e f g h i j

Gruppe 2

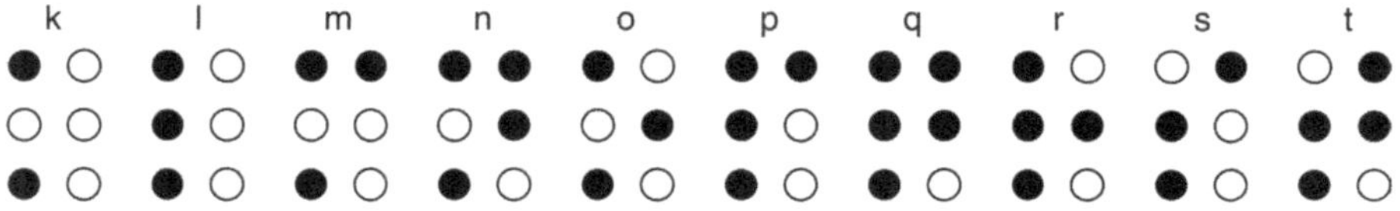

k l m n o p q r s t

Gruppe 3

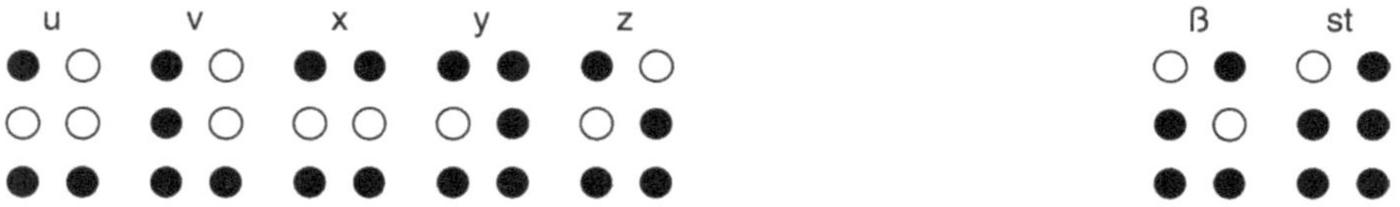

u v x y z ß st

Gruppe 4

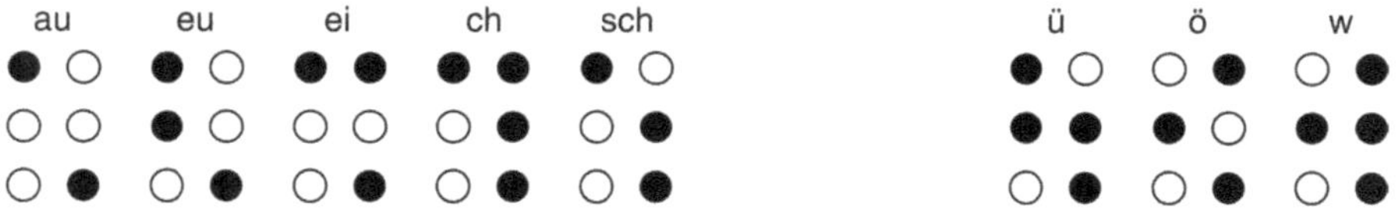

au eu ei ch sch ü ö w

Gruppe 5

äu ä ie Zahlz. Großb. . - ‘

Gruppe 6

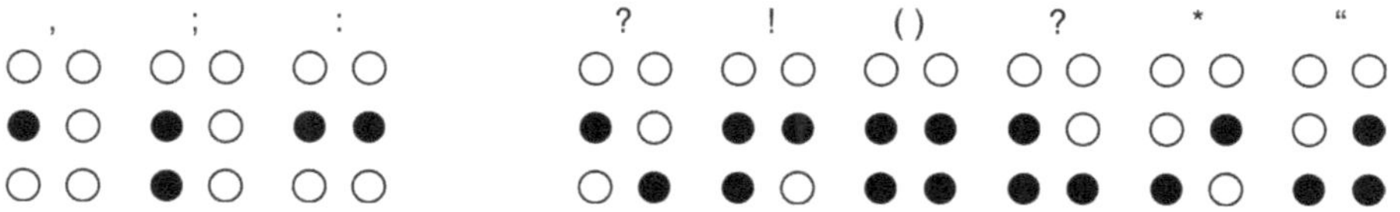

, ; : ? ! ( ) ? * “

Fingeralphabet

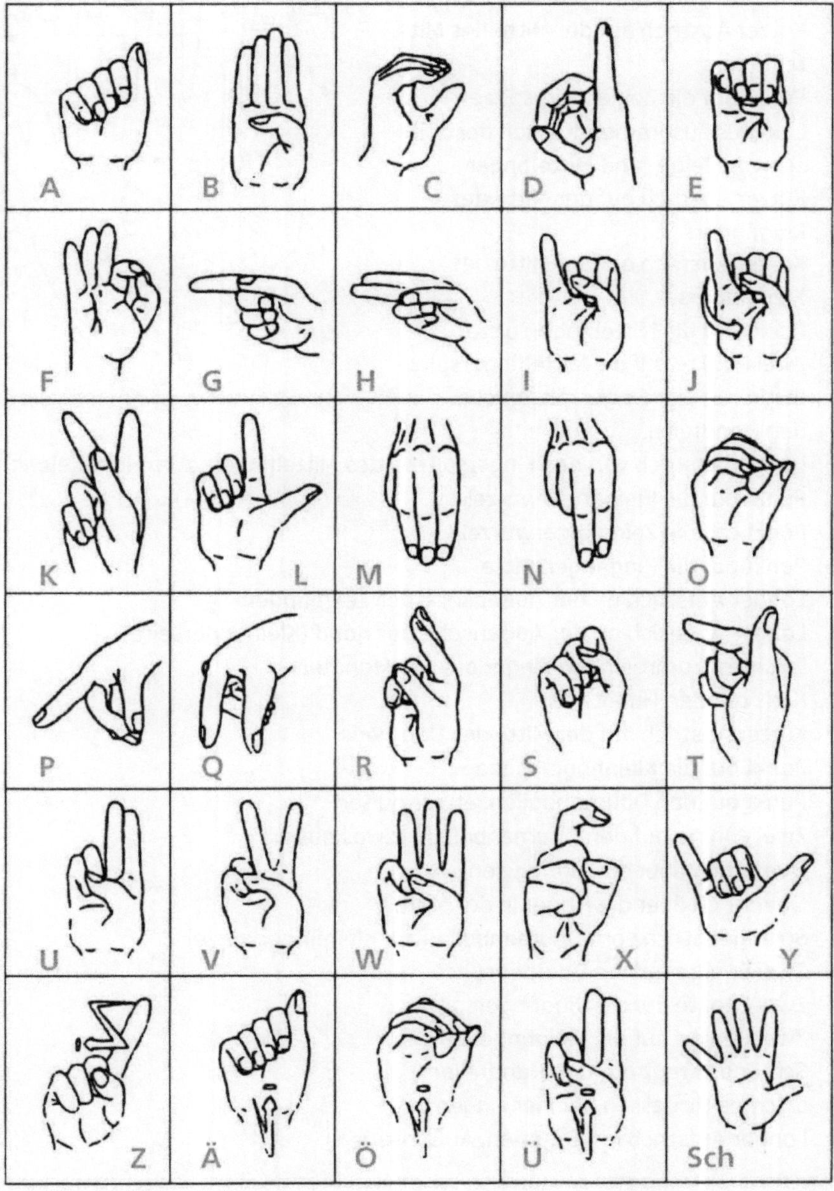

Lormhand

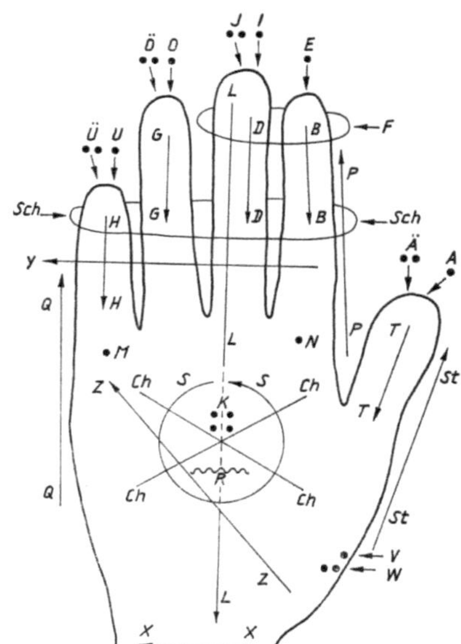

A	Punkt auf die Daumenspitze
B	Kurzer Abstrich auf der Mitte des Zeigefingers
C	Punkt auf das Handgelenk
D	Kurzer Abstrich auf der Mitte des Mittelfingers
E	Punkt auf die Zeigefingerspitze
F	Leichtes Zusammendrücken der Spitzen von Zeige- und Mittelfinger
G	Kurzer Abstrich auf der Mitte des Ringfingers
H	Kurzer Abstrich auf der Mitte des Kleinfingers
I	Punkt auf die Mittelfingerspitze
J	Zwei Punkte auf die Mittelfingerspitze
K	Punkt mit vier Fingerspitzen auf den Handteller
L	Langer Abstrich von den Fingerspitzen des Mittelfingers zum Handgelenk
M	Punkt auf die Kleinfingerwurzel
N	Punkt auf die Zeigefingerwurzel
O	Punkt auf die Ringfingerspitze
P	Langer Aufstrich an der Außenseite des Zeigefingers
Q	Langer Aufstrich an der Außenseite der Hand (Kleinfingerseite)
R	Leichtes Trommeln der Finger auf den Handteller
S	Kreis auf den Handteller
T	Kurzer Abstrich auf der Mitte des Daumens
U	Punkt auf die Kleinfingerspitze
V	Punkt auf den Daumenballen, etwas außen
W	Zwei Punkte auf den Daumenballen, etwas außen
X	Querstrich über das Handgelenk
Y	Querstrich über die Finger in der Mitte
Z	Schräger Strich vom Daumenballen zur Kleinfingerwurzel
Ä	Zwei Punkte auf die Daumenspitze
Ö	Zwei Punkte auf die Ringfingerspitze
Ü	Zwei Punkte auf die Kleinfingerspitze
CH	Schräges Kreuz auf den Handteller
SCH	Leichtes Umfassen der vier Finger
ST	Langer Aufstrich am Daumen, Außenseite